名家精译史学经典

三国志选译

陈稼禾 译注

长江出版传媒 | 崇文书局

图书在版编目（CIP）数据

三国志选译 / 陈稼禾译注. -- 武汉 : 崇文书局，2022.2（2023.3重印）
（名家精译史学经典）
ISBN 978-7-5403-5617-0

Ⅰ. ①三… Ⅱ. ①陈… Ⅲ. ①中国历史－三国时代－纪传体②《三国志》－注释③《三国志》－译文 Ⅳ. ①K236.042

中国版本图书馆CIP数据核字（2021）第242605号

策　　划　叶　蓬
责任编辑　程可嘉
封面设计　九　光
责任校对　董　颖
责任印制　李佳超

三国志选译

SANGUOZHI XUANYI

出版发行　长江出版传媒 | 崇文书局
地　　址　武汉市雄楚大街268号C座11层
电　　话　（027）87677133　邮政编码　430070
印　　刷　武汉精一佳印刷有限公司
开　　本　880mm×1230mm　1/32
印　　张　8.5
字　　数　217千
版　　次　2022年2月第1版
印　　次　2023年3月第2次印刷
定　　价　49.00元

出版说明

“名家精译史学经典”丛书是为中国史学爱好者提供的一套普及型史学读物，它包括中国首部国别史《国语》、中国首部编年史《左传》、先秦历史散文的杰作《战国策》、二十四史中水准最高的“前四史”《史记》《汉书》《后汉书》《三国志》和规模空前的编年体通史巨著《资治通鉴》。这八种史书不只开创、确立了国别体、编年体、纪传体等不同的史书体裁，而且在史识、史裁、叙事技巧、语言艺术等方面也颇有建树，影响广泛而深远，历来被视为中国史学的经典，是学习中国历史必读的史籍。

由于原著大多卷帙浩繁，从读选本入手就成为史学爱好者的普遍选择。在众多的选本版本中，我们经过权衡比较，遴选了这些由名家选注的、且历经时间检验和学识文笔俱佳的选本。

这些从民国至今不同年代的选本，其选注者既有功力深厚的老辈学人，也有治学严谨的当代学者。其年代跨度之大，学者风格之鲜明，是目前同类丛书中仅见的。整套书所呈现出的丰富的文化意蕴和多元的学术风格，一定会给读者带来别样的阅读兴味。

秦同培先生是民国初期的教育家、民国时期三大出版机构之一的世界书局的老编辑。他译注的《史记选译》初版名为《史记评注读本》，由世界书局于1924年首次出版，后重版多次。1949年后，该书又流传到港台地区，依然备受读者青睐。《汉书选译》和《后汉书选译》原为一本，初版名为《汉书评注读本》，由世界书局于1924年首次出版。这几部作品虽已面世百年，但仍有独特的价值和鲜明的特点。其选篇别开生面，独具慧眼，大大拓展了读者的历史视野。特别是每篇的评语，尤显功力，散发着民国学者特有的、醇厚的古典气息，值得细细品读。

瞿蜕园先生是著述等身的文史大家，他在20世纪50年代致力于史学普及，出版了多种广受欢迎的史籍选本。他译注的《左传选译》由春明出版社于1955年首次出版。该选本“选择精审，译文畅达，注释简要”，上海古籍出版社于1981年重版。《资治通鉴选译》初版名为《通鉴选》,由古典文学出版社于1957年首次出版,这是《资治通鉴》的第一部选注本，从选篇、题解到注释都深具匠心，后曾一度再版。本次出版则特邀瞿氏弟子俞汝捷先生配写了晓畅雅洁的译文。

邬国义先生、胡果文先生译注的《国语译注》由上海古籍出版社于1994年首次出版。该选本内容丰赡，注释贴切，译文流畅，题解精辟，有研究者评该选本“译文很得《国语》原义，为《国语》各译注本中不可多得的佳作”。

赵丕杰先生译注的《战国策选译》由人民文学出版社于1994年首次出版。该选本“所选都是思想内容好，文学性较强的作品。历来为人传诵的名篇都包括在内，……力求能反映《战国策》的全貌”，是目前研究《战国策》的重要参考书。

陈稼禾先生译注的《三国志选译》初版名为《三国志菁华》，由上海教育出版社于2001年首次出版。该选本选篇全面精当，注释简明详实，译文通俗畅达，题解言简意赅，是一本十分适合初学者阅读的选本。

为帮助读者更好地阅读和欣赏这些古典巨著的佳妙之处，书中内容有前言、原文、译文、注释和评语或题解几大部分，这样的体例安排也给读者提供了很好的学习便利。

本丛书依据的底本为多年前的旧作，此次出版，底本中是繁体字竖排的，一律改为简体字横排；为便于今天的读者阅读，对个别底本中的部分译文作了重译；底本中有些词汇的使用与现代汉语规范不尽一致，为尊重作者的行文风格，没有按现代汉语规范统一修改；底本中所注的今地名，由于时代的变迁多有变化，今遵从原著，基本不作改动。限于水平，错误难免，恳请方家不吝赐教。

崇文书局

2021年11月

前言

三国时期的历史起自东汉末年黄巾起义失败，终于西晋灭吴，共约九十年，大体上可分为四个阶段，即军阀混战阶段、封建兼并阶段、三国鼎立阶段和新的统一阶段。

184 年，黄巾起义爆发，摧毁了腐朽的东汉王朝，各地地主武装、豪强集团纷纷起兵，镇压了黄巾起义。190 年，以征讨凉州军阀董卓专擅朝政为标志，开始了军阀混战。196 年，曹操奉迎汉献帝于都许，开始封建兼并战争，200 年官渡之战后曹操统一北方。208 年赤壁之战后，曹操、刘备、孙权三个军事政治集团鼎足而立的局面开始形成，他们各自在北方、西南、东南地区进行兼并战争，扩充地盘，但都打着汉室藩臣的旗号。220 年，曹丕代汉称帝，国号魏；次年，刘备称帝，国号汉；又次年，孙权称帝，国号吴。三国正式建立，维持了四五十年的稳定局面。249 年，魏国司马懿发动政变，从此司马氏掌握了魏国朝政。263 年，司马昭遣邓艾、钟会攻蜀，蜀汉亡；265 年，司马炎代魏称帝，建立西晋，曹魏亡；280 年，晋军攻入建业，东吴亡。全国重新归于统一。

三国时期历史的特点是阶级矛盾和统治阶级内部矛盾错综复杂，

斗争激烈，政局变幻，战争频仍，社会混乱。劳动人民长期处于战乱之中，蒙受了极大的痛苦。经济的凋敝，社会生产的破坏，也威胁着统治阶级的政权和自身的存在，所以当时目光较为远大的政治家先后采取了发展经济的措施。占据黄河流域的曹魏，最先重视恢复和发展农业生产，使北方地区经济发展较快，因而具备了新的统一的条件。东吴和蜀汉，也重视自己统治区域内经济的发展，使南方经济得到开发。全国经济重心的逐渐南移，基于三国时期。

三国时期的特殊历史背景，使这一时期涌现了一批杰出的政治家、军事家、文学家和科学家。他们各自的活动，使三国时期的政治、军事、经济、文化和科学技术都取得了相当的进步，也使三国的历史舞台显得更加丰富多彩。奉献给读者的这本《三国志菁华》，就是选译、注释了《三国志》中重要人物的传记，将他们的主要事迹介绍给大家的。

《三国志》是一部记载三国时期历史的书籍。我国是一个具有悠久历史的文明古国，数千年的历史记载从来没有中断过，这在世界上是独一无二的。在所有历史记载中，有二十四部被封建统治阶级称为“正史”；而二十四史中，“前四史”，即《史记》《汉书》《后汉书》和《三国志》又被视为最重要的文史名著。

《三国志》的作者陈寿（233—297年），字承祚，巴西郡安汉县（今四川省南充市）人，曾任蜀汉东观秘书郎、散骑黄门侍郎等官职。蜀汉亡，司马氏代魏，他又任晋朝的著作郎、治书侍御史。晋军灭吴后，陈寿开始整理三国史事，著《魏书》《蜀书》《吴书》共六十五篇，称为《三国志》。

陈寿才学出众，在史学方面修养深厚。他的《三国志》，超出了他同时代其他各家关于魏、蜀、吴三国史事的著作。刘勰在《文心雕龙·史传》中认为《三国志》“文质辨洽”，陈寿可与司马迁、班固相提并论。历来史学家也都认为《三国志》在史料的取舍上审慎斟酌;其语言简约爽洁,不蔓不枝;有的传记颇有文采,所以是一部“良史”。

为《三国志》作注的裴松之(372—451年),字世期,河东闻喜(今属山西)人,任南朝宋的中书侍郎,奉宋文帝刘义隆之命作《三国志》注。裴松之博览群书,学识丰富,他的注增补了很多三国时期的史料,并且对《三国志》的记载作了考订，加以评论，在史学上开始了注解史籍的新体例，有创新之功。

陈寿的《三国志》和裴松之的注,都是我国历史文化的宝贵遗产,值得介绍给广大读者。

当我们说到三国时期的历史和《三国志》的时候，不能不提及《三国演义》这部著名的历史演义小说。三国故事，在北宋时已经广泛流传，元代出现了不少三国戏，并刊刻了话本《全相三国志平话》。明初罗贯中在民间讲说三国故事的基础上，吸取了陈寿《三国志》和裴松之注等史书的内容，对三国史事和人物进行了艺术加工和再一次创作，完成了《三国演义》的写作。《三国演义》所描述的事件和人物大都以三国时的真人真事为基础，但又都经过艺术加工，成为脱离历史上真人真事而独立存在的艺术典型。我们比较一下《三国志》和《三国演义》就能发现两书在史事和人物上的明显不同，比如作为历史人物的曹操和作为艺术典型的曹操，两者相去是很远的。《三国演义》正是通过对三国时代各统治集团之间政治、军事和外交斗争的艺术描写，特别是通过对刘备集团的尊崇和对曹操集团的贬斥，讴歌了仁政、忠义等传统美德，谴责了暴政和奸诈等丑恶行为，反映了它具有进步意义的思想倾向。至于《三国演义》在艺术上的巨大成就，我们只要看看至今仍活跃在民间和戏曲舞台上的众多人物形象就足以了解了。

《三国志菁华》选译、节录了《三国志》中具有代表性人物的传记。注释主要是解释当时的典章制度、历史地名和较难懂的语词。裴松之注中增补的重要史料，我们也选取了一些，加以今译，放在注释之中。译文以直译为主，间用意译。为了使读者了解人物的历史背景和他的作用、后人对他的评价，我们在每篇传记前，作了些简要的说明。由于《三国演义》的巨大影响，我们在有的说明中将历史上的真人真事和小说中塑造的艺术形象略作对比。如果我们的工作能使读者获得一点历史文化知识，进而引起阅读《三国志》和了解三国历史的兴趣，我们将是万分高兴的。

疏误之处，敬请读者批评指正。

陈稼禾

目 录

武帝纪

武帝纪

本纪是记载帝王事迹的传记。《三国志》的作者陈寿为曹操立本纪是基于两个原因：其一是曹操的儿子曹丕代汉称帝，建立魏国，追尊曹操为武皇帝；其二是曹操削平了北方大小军阀割据势力，实际上已成为北方中国的统治者，虽无帝王之名，但有帝王之实。

曹操（155—220年）是三国时期的政治家。他成功的政治策略和远大的政治目光，主要表现在奉迎汉献帝都许，得以“奉天子以令不臣，修耕植以蓄军资”，逐步平定董卓、吕布、袁绍等大小军阀集团和乌丸、西凉等地，同时又兴屯田、修水利，解决了军粮匮乏的问题，使当时凋敝的北方经济得到了一定程度的恢复，建立起相对稳定的政治、经济秩序。所以，他颇为自负地说，如果天下没有我，不知道有几人称帝、几人称王。他审时度势，把做皇帝的美事留给了他的儿子曹丕，自己则以周文王自居，从而保证了北方政权的统一和全国政治态势的平衡。这对当时的封建政治家来说是难能可贵的。

曹操又是一位杰出的军事家。他虽然是以镇压黄巾起义而起家的，但他利用了黄巾军的军事力量，建立起自己的武装力量——青州兵。他善于分析敌我双方的力量对比，善于捕捉战机，有勇有谋，号令严明，显示出杰出的军事指挥才能。他与袁绍的官渡之战，成为军事史上以少胜多的典型战例。他在军事理论上也很有建树，著有《孙子略解》《兵书接要》等书，丰富了我国军事理论的宝库。

曹操还是一位诗人。他的诗气魄雄伟、慷慨悲凉，既抒发了自己远大的政治抱负，也反映了饱受战乱之害的人民的苦难生活，代表作有《蒿里行》

《观沧海》《龟虽寿》等。由于他和他的两个儿子（曹丕、曹植）倡导和身体力行，建安文学在我国文学史上占有相当的地位。

此外，曹操出于政治、军事上的需要而采取的打击豪强、用人唯才等做法也很著名。大约自南宋开始，统治者由于偏安一隅，逐渐地强调起蜀汉的正统地位来了。于是，曹操玩弄权术、残忍暴戾的一面被逐步夸张，到了明代罗贯中的历史演义小说《三国演义》出现的曹操，更是被刻画成典型的“奸臣”。从此，民间流传的和舞台上的曹操形象就与历史上的曹操大相径庭了。建国以来，历史界对作为历史人物的曹操开展过一场讨论。此后，舞台上也出现过形象与以往不同的曹操，如郭沫若的话剧《蔡文姬》等。

本文节录了《武帝纪》中曹操的家世出身、收青州兵、奉迎献帝、官渡之战、平乌丸、赤壁之战等内容，力求展示曹操一生的主要事迹。另外，裴松之的注中所补充的重要而又生动的史实，注释中都加以说明。节录的这些内容，力求帮助读者区别历史上的曹操和民间流传的作为文学典型的曹操。

太祖武皇帝[1]，沛国谯人也[2]，姓曹，讳操[3]，字孟德[4]，汉相国参之后[5]。桓帝世，曹腾为中常侍大长秋[6]，封费亭侯[7]。养子嵩嗣[8]，官至太尉[9]，莫能审其生出本末[10]。嵩生太祖。

［1］太祖武皇帝：即曹操。曹操生前没有做皇帝，他的儿子曹丕称帝后，在黄初元年（220 年），追尊他为武皇帝；他的孙子曹叡在景初元年（237 年），正式定他的庙号为太祖。［2］沛国：王国名。西汉初，在实行郡县制同时，以部分郡县分封王侯，当时人常并称其为“郡国”。后来，封地逐渐被削，到东汉时，王国封地则相当于郡，侯国相当于县。沛国治所在相县（今安徽省濉溪县西北）。谯：县名。在今安徽省亳州市。［3］讳：旧时称死去的帝王或尊长的名字时，按例加上“讳”字，表示避忌的意思。［4］字：根据

人名中的字义，另取的别名叫“字”。古人常有名有字。《三国志》裴松之注：“太祖一名吉利，小字阿瞒。”［5］相国：官名。即丞相。战国始有“相国”一名，又称为相邦、丞相，为百官之长。刘邦即位后，置丞相，因避其讳，将相邦更名为相国。参：即曹参（shēn）。汉高祖刘邦的谋臣，助刘邦定天下，因功被封为平阳侯，后任相国。［6］中常侍：官名。秦设置，汉代沿置，出入宫廷，侍从皇帝，常由列侯至郎中等官员兼任。东汉由宦官专任，职责是传达诏令和掌管文书，权力极大。大长秋：官名。秦称“将行”。汉改称为大长秋，为皇后近侍，多由宦官充任，职责是传达皇后旨意，管理宫中事务。［7］费亭侯：封于费亭的列侯。费亭在今河南省永城市西南。亭侯是汉代食禄于乡、亭的列侯，因功而封。［8］嗣（sì）：继承。这里指继承曹腾费亭侯的封爵。［9］太尉：官名。秦始置，汉代沿置。为辅佐皇帝实行统治的最高武官，职掌全国军事，与丞相、御史大夫并称三公。汉武帝时改为大司马，光武帝时复称太尉，与司徒、司空并称三公。［10］审：考查。生出本末：出身底细。裴松之注引《续汉书》载：曹嵩，字巨高，品性敦厚，为人谨慎，所在忠孝，灵帝时，代崔烈为太尉。黄初元年，被追尊为太皇帝。又引《曹瞒传》及《世语》说：曹嵩本姓夏侯，是夏侯惇的叔父。

太祖武皇帝曹操，沛郡谯县人，字孟德，汉代相国曹参的后裔。汉桓帝时，曹腾做中常侍大长秋的官，被封为费亭侯。死后养子曹嵩继承爵位，官做到太尉，没有人能够考查出曹嵩的出身底细。曹嵩生下曹操。

太祖少机警，有权数[1]，而任侠放荡[2]，不治行业[3]，故世人未之奇也[4]；唯梁国桥玄[5]、南阳何颙异焉[6]。玄谓太祖曰：“天下将乱，非命世之才不能济也[7]，能安之者，其在君乎[8]！”年二十，举孝廉为郎[9]，除洛阳北部尉[10]，迁顿丘令[11]，徵拜议郎[12]。

［1］权数：指出谋划策，随机应变。裴注引《曹瞒传》说：曹操年少时喜欢飞鹰走狗，玩乐过分，叔父多次在他父亲面前数落他。曹操又恨又怕。一次路上遇到叔父，佯装病态，眼斜嘴歪，像中风了。叔父赶紧去告诉他父亲。他父亲把他找回，看他口貌如故，问他病好了没有。曹操回答说："我本来没有病，只是因为叔父不喜欢我，所以他骗您罢了。"从此他父亲就不相信叔父的话了。［2］任侠：抑强扶弱，好打抱不平。放荡：放任，行为不检点，不拘小节。［3］治：从事。行业：职业。［4］未之奇：古汉语否定句中代词作宾语，一般置于动词谓语前。这里的词序按现代汉语应为"未奇之"。奇之，认为他奇异、奇特、与众不同。［5］唯：副词，只有。梁国：王国名。治睢县，在今河南省商丘市南。桥玄：人名。曾任东汉太尉。［6］南阳：郡名。治所在今河南省南阳市。何颙（yóng）：人名。曾任东汉司空。焉：语助词。［7］命世之才：治世的才能。命世，著名于当世。济：拯救。［8］其：副词。大概，可能。君：对对方的尊称，相当于"您"。这里指曹操。［9］举：推荐。孝廉：汉代选拔统治人才的科目名。孝，指孝顺父母；廉，指行为廉洁。始于董仲舒的奏请，与贤良同由各郡国在所属吏民中荐举。汉武帝曾令郡国举孝、廉各一人。为汉代求仕进者必由之路。郎：皇帝侍从官的通称。东汉时，以尚书台为政务中枢，分曹任事的人通称为尚书郎，亦称为郎，作为正式朝官。［10］除：授予，任命。洛阳北部尉：汉代县令之下设县尉。尉负责治安。洛阳为当时京都，管辖范围超过一般的县，因此设孝廉左尉、孝廉右尉。曹操以孝廉为郎，所以能被任命为洛阳北部尉。［11］迁：调动。顿丘：在今河南省清丰县西南。令：县级最高行政长官。汉代规定：万户以上县的长官为县令，万户以下的为县长。［12］徵：征召。拜：任命、授官。议郎：官名。郎官中较高的一种，能参与议论朝政。

曹操自幼机警，善于随机应变，而且好打抱不平，不拘小节，不务正业，因此当时人们没有觉察出他有什么出众之处；只有梁国的桥玄、南阳的何颙认为他不同凡响。一次桥玄对曹操说：“天下将乱，不是治世之才不能拯救，能安定天下的，可能就是你吧！”曹操二十岁时，被推荐为孝廉，做了郎官，又被授予洛阳北部尉，调迁后当上顿丘县令，以后受征召被任命为议郎。

（初平三年）青州黄巾众百万入兖州[1]，杀任城相郑遂[2]，转入东平[3]。刘岱欲击之，鲍信谏曰：“今贼众百万，百姓皆震恐，士卒无斗志，不可敌也。观贼众群辈相随[4]，军无辎重[5]，唯以钞略为资[6]，今不若畜士众之力[7]，先为固守。彼欲战不得，攻又不能，其势必离散，后选精锐，据其要害，击之可破也。”岱不从，遂与战，果为所杀。信乃与州吏万潜等至东郡[8]，迎太祖领兖州牧[9]。遂进兵击黄巾于寿张东[10]。信力战斗死，仅而破之[11]。购求信丧不得[12]，众乃刻木如信形状，祭而哭焉。追黄巾至济北[13]。乞降。冬，受降卒三十余万，男女百余万口，收其精锐者，号为青州兵。

[1] 青州。州名。治所在今山东省淄博市临淄区北。黄巾：东汉光和七年（184 年）张角领导的农民起义军，因用黄巾裹头，所以叫“黄巾军”。兖州：州名。治所在今山东省金乡县西北。 [2] 任城：王国名。治所在今山东省济宁市。相：官名。王国的相，由中央政府委派，掌管王国行政大权，相当于郡太守。 [3] 东平：王国名。治所在今山东省东平县东。[4] 群辈相随：指义军家属跟随部队行动。 [5] 辎（zī）重：军用武器、粮草、给养等物资。 [6] 钞（chāo）：强取，掠夺。资：供给，资助，费用。[7] 畜（xù）：同“蓄”。积聚，储藏。 [8] 东郡：郡名。治所在今河

南省濮阳县西南。［9］牧：官名。汉武帝分全国为十三部，部置刺史一人，为临时派遣的巡察官。西汉后期改称州牧，权力增大，为一州的军政长官。领：兼任。［10］寿张：县名。在今山东省东平县西南。［11］仅而破之：勉强打败他们。仅：勉强，仅仅能够。破：击破，打败、击退。［12］购求：悬赏寻找。丧：死亡。此指尸体。［13］济北：王国名。治所在今山东省长清县南。

（初平三年，192年）山东青州的黄巾军有百万之众，他们攻下兖州，杀了任城相郑遂，转而攻入东平。兖州刺史刘岱准备攻击黄巾军，鲍信劝阻，说："现在贼众有百万之多，老百姓都震惊恐惧，我们的士兵又无斗志，不能抵敌。我看贼众的家属都随军行动，军中没有军械、粮草、给养等物资，仅仅将掠夺来的财物充作费用，如今不如让将士们养精蓄锐，先作固守，按兵不动。使他们欲战不得，攻又不能，这样，他们势必离散，然后选拔精锐，抓住对方要害，伺机出击，便能击破他们。"刘岱不听，竟与黄巾军接仗，果然被杀。于是，鲍信就与州中官吏万潜等人到东郡，迎接曹操兼任兖州牧。因此，曹操便进军，在寿张的东面攻打黄巾军。鲍信拼力战斗而死，勉强打败了黄巾军。曹操悬赏寻找鲍信的尸体，没有找到，大家就刻了个鲍信的木偶像，设奠并哭祭一番。随后，曹操追击黄巾军，直到济北。黄巾军请降。这年冬天，曹操接受了三十多万投降的黄巾军士兵，连家属在内，男男女女，共一百多万人，从中选拔精锐，组成一支军队，称为青州兵。

（建安元年）汝南[1]、颍川黄巾何仪、刘辟、黄邵、何曼等，众各数万，初应袁术，又附孙坚。二月，太祖进军讨破之，斩辟、邵等[2]，仪及其众皆降。天子拜太祖建德将军[3]，夏六月，迁镇东将军[4]，封费亭侯。秋七月，杨奉、韩暹以天子还洛阳[5]，奉别屯梁[6]。太祖遂至洛阳，卫京都，暹遁走。天子假太祖节钺[7]，录尚书事[8]。洛阳残破，董昭等劝太祖都许[9]。九月，车驾出轘辕[10]而东，以太祖为大将军[11]，封武平侯[12]。自天子西迁，朝廷日乱，至是宗庙社稷制度始立[13]。

［1］汝南：郡名。治所在今河南省平兴县北。颍川：郡名。治所在今河南省禹县。建安：汉献帝年号（196—220 年）。［2］斩辟、邵等：杀了刘辟、黄邵等。此处有误。据《三国志集解》似应为："斩邵等，辟、仪及其众皆降。"［3］建德将军：汉献帝临时设置的杂号（非正式名号）将军，以后不复置。［4］镇东将军：将军名号之一，东汉末置镇东、西、南、北将军各一人。［5］天子还洛阳：裴注引《献帝春秋》说："皇帝刚到达洛阳时，住在城西原来的中常侍赵忠家，派张杨整治宫室，到了八月，才迁居新的扬安殿。"［6］梁：县名。在今河南省临汝县西。［7］假太祖节钺：授予曹操统帅各军的大权。假，借，这里是授予的意思。节，符节。假节，有权斩杀违反军令的人。钺，黄钺。假黄钺，总领全军。［8］录尚书事：统领尚书的职权。尚书，官名。始置于战国，或称掌书，"尚"是执掌之意。秦是少府属官，地位低。汉武帝设五尚书，掌管文书奏章，地位逐渐重要。东汉时正式成为协助皇帝处理朝政的官员。献帝假曹操节钺，录尚书事，意味着曹操集朝廷军政大权于一身了。［9］许：县名。后魏文帝曹丕更名叫许昌。在今河南省许昌县东。［10］轘辕：关名。是洛阳东南险要之地。在今河南省偃师县东南。［11］大将军：官名。战国时始置。是将军的最高称号，职掌统兵征战。汉代沿置。东汉时，大将军位在三公之上，执掌朝政，多为皇帝贵戚担任。曹操这时为大将军，权倾朝野，已见一斑。［12］武平：县名。在今河南省鹿邑县西北。［13］宗庙：天子、诸侯祭祀祖先的处所。社稷：土、谷之神。历代封建王朝建国必先立社稷祭祀。灭了敌国，也必变置其社稷。因此，社稷成为国家政权的标志。

(汉献帝建安元年,196年)汝南、颍川的黄巾军首领何仪、刘辟、黄邵、何曼等人，各拥部众数万，起初响应袁术，后又依附孙坚。二月，曹操进兵讨伐，打败他们，杀了刘辟、黄邵等，何仪及其部众全都归降。汉献帝任命曹操为建德将军，夏六月，调任镇东将军，封费亭侯。秋七月，杨奉、韩暹因为汉献帝回到洛阳，杨奉便另外屯驻在梁县。于是，曹操新来到洛阳，守卫京都，韩暹逃遁。不久，汉献帝授予曹操符节、黄钺以统率各军，又让他统领尚书的职事。当时，洛阳残破不堪，董昭等人劝曹操到许县建都。九月，皇帝的车驾出了轘辕关向东，任命曹操为大将军，封武平侯。从汉献帝被迫西迁长安以来，朝廷日益混乱，直到这时候，宗庙社稷制度才开始建立起来。

天子之东也[1]，奉自梁欲要之[2]，不及。冬十月，公征奉，奉南奔袁术[3]，遂攻其梁屯，拔之。于是以袁绍为太尉，绍耻班在公下[4]，不肯受。公乃固辞[5]，以大将军让绍。天子拜公司空[6]，行车骑将军[7]。是岁用枣祇、韩浩等议[8]，始兴屯田[9]。

[1]天子之东:指曹操拥献帝移都许县。许县在洛阳东。 [2]要(yāo):通“邀”。拦截，遮留。要之，中途截住他。 [3]袁术(?—199年):袁绍堂弟。拥兵据南阳，后自称帝号，兵败后病死。 [4]耻:羞于，羞耻。班:等级，次第，位次。 [5]固辞:坚决辞去，坚持辞让。 [6]司空:官名。西周始置，为六卿之一。春秋战国沿置。东汉司空为三公之一，主管水利及土木营建工程。 [7]车骑将军:官名。地位仅次于大将军、骠骑将军。行:代，代理，兼代。 [8]枣祇:人名。裴注引《文士传》说:“枣祇原姓棘，祖上避难，改姓枣。” [9]屯田:汉代已有屯田制，不过都是军屯。东汉末

年，战乱频仍，粮食匮乏，曹操接受枣祇等建议，创立民屯制。这里屯田即指民屯。办法是：由专设的屯田官将农民组织起来，垦荒种地，收获物按比例上交给国家，屯民不属地方官管理，这就明显地带有军事性质。

汉献帝移都向东时，杨奉打算从梁县半路上截住他们，没有赶上。冬十月，曹操征讨杨奉，杨奉南逃，投奔袁术，曹操便进攻他屯驻的梁县，很快占领了它。于是以袁绍为太尉，袁绍羞于位次在曹操之下，不肯接受。曹操就坚持辞让，把大将军的高位让给袁绍。随后汉献帝任命曹操为司空，兼代车骑将军。这一年，采纳枣祇、韩浩等人的建议，开始实行屯田。

（建安四年）是时袁绍既并公孙瓒[1]，兼四州之地[2]，众十余万，将进军攻许。诸将以为不可敌，公曰："吾知绍之为人，志大而智小，色厉而胆薄[3]，忌克而少威[4]，兵多而分画不明[5]，将骄而政令不一，土地虽广，粮食虽丰，适足以为吾奉也[6]。"秋八月，公进军黎阳[7]，使臧霸等入青州破齐、北海、东安[8]，留于禁屯河上[9]。九月，公还许，分兵守官渡[10]。冬十一月，张绣率众降[11]，封列侯[12]。十二月，公军官渡。

［1］公孙瓒：人名，复姓公孙。东汉末军阀，割据幽州。建安四年（199年）为袁绍所败，自杀。《三国志》卷八有传。［2］四州：指青、冀、幽、并（bīng）四州。范围相当于今河北省以及山东省的大部分地区。［3］色厉：表情严厉。胆薄：胆小。［4］忌克：妒忌而刻薄。少威：缺乏威严。［5］分画不明：筹划不清。这里指指挥部署不当。［6］适足以为吾奉：正好成为进献给我的礼物。奉：进献，送。［7］黎阳：县名。在今河南省浚县东。东汉以来成为军事重镇。［8］齐：王国名。治所在今山东省旧临淄县。北海：王国名。治所在今山东省昌乐县西。东安：郡名。原为县，建安时一

度改为郡，不久又复为县。治所在今山东省沂水县南。［9］河上：黄河河畔。［10］官渡：地名。在今河南省中牟县东北。［11］张绣：甘肃武威人。东汉末军阀之一。归降曹操，官渡之役，力战有功，被封为破羌将军，从征乌丸于柳城，未至身亡。《三国志》卷八有传。［12］列侯：封爵名号。原称彻侯，因避汉武帝刘彻讳，改为通侯，或称列侯。原为秦国二十级爵位的最高一级，汉时承袭，用以封赏有功劳者。东汉时按功劳大小，有县侯、乡侯、亭侯等名目。

（建安四年，199 年）这时，袁绍已经打败了公孙瓒，兼并了四个州的地区，拥兵十多万，准备进军攻打许都。曹操的许多将领认为袁绍势大，不能抵挡，曹操说："我了解袁绍的为人，心高志大但缺乏才智，表面凶狠但胆小怯懦，妒忌刻薄又缺乏威严，部众虽多但指挥不高明，因此，将领骄悍，政令不一，他的土地虽然广大，粮食虽然丰富，正好成为进献给我的礼物啊。"秋八月，曹操进军黎阳，派遣臧霸等将领进入青州界，攻下齐、北海、东安，留下于禁屯驻在黄河边上。九月，曹操回到许都，分兵把守官渡。冬十一月，张绣带领部众归降，被封为列侯。十二月，曹操的军队驻扎官渡。

（建安五年）八月，绍连营稍前[1]，依沙埴为屯[2]，东西数十里。公亦分营与相当[3]，合战不利[4]。时公兵不满万，伤者十二三[5]。绍复进临官渡，起土山地道。公亦于内作之[6]，以相应。绍射营中，矢如雨下[7]，行者皆蒙楯[8]，众大惧。时公粮少，与荀彧书[9]，议欲还许。彧以为"绍悉众聚官渡，欲与公决胜败。公以至弱当至强[10]，若不能制[11]，必为所乘，是天下之大机也[12]。且绍，布衣之雄[13]耳，能聚人而不能用。夫以公之神武明哲而辅以大顺[14]，何向而不济[15]！"公从之。

［1］连营：连接营寨。这里指集中兵力。与下文“分营”相对。稍前：慢慢地向前，逐渐推进。［2］沙埠（duī）：小丘。埠同“堆”。［3］分营：分别扎营。这里指分兵。相当：相对。这里指对峙。［4］合战：接仗，交战。［5］十二三：十分之二三。［6］内：营垒内。［7］矢如雨下：箭像雨一样地落下来。矢（shǐ）：箭。［8］楯（dùn）：通“盾”。盾牌。古人用以挡住刀枪箭石的一种防御武器。［9］荀彧（yù）：曹操的重要谋臣。《三国志》卷十有传。书：信。［10］至弱：最弱。至：副词，极、最。［11］若不能制：如果不能控制。制：遏制，控制。这里指把握局势，稳住阵脚。［12］机：关键、时机、机会。［13］布衣之雄：平庸无能的首领。布衣：平民百姓的代称。这里指平庸的人。［14］神武明哲：英武明智。大顺：指曹操以天子的名义讨伐叛逆。［15］济：有利，成功。

（建安五年，200年）八月，袁绍集中兵力，步步为营，慢慢地向前推进，依傍沙丘屯驻下来，从东到西，连营数十里。曹操也分兵扎营与袁绍对峙，交战不利。当时曹操的兵众不到一万人，受伤的已有十分之二三。袁绍又向前推进，兵临官渡，筑土山，挖地道。曹操也在自己营垒内这样做，与他相对。袁绍军向曹操营垒中射箭，箭如雨下，曹军营中行走的人都要用盾牌遮身，大家很恐惧。当时，曹操的军粮又少，于是，曹操给荀彧写信，商议撤退，还军许都。荀彧在回信中认为：“袁绍的全部兵力集中到官渡，意在与您决一胜负。您以最弱的兵力抵挡最强的袁绍，如果不能把握局势，稳住阵脚，必定被他趁机利用，这是平定天下成败的关键时刻啊。况且袁绍这人，不过是平庸无能的头目罢了，能结集人马但不会调遣。以您的英武明智，又加上以天子的名义讨伐叛逆，何往而不胜呢！”曹操听取了荀彧的意见。

袁绍运谷车数千乘至[1]，公用荀攸计，遣徐晃、史涣邀击[2]，大破之，尽烧其车。公与绍相拒连月，虽比战斩将[3]，然众少粮尽，士卒疲乏。公谓运者曰:“却十五日为汝破绍[4],不复劳汝矣。”冬十月，绍遣车运谷，使淳于琼等五人将兵万余人送之[5]，宿绍营北四十里。绍谋臣许攸贪财，绍不能足，来奔，因说公击琼等。左右疑之，荀攸、贾诩劝公[6]。公乃留曹洪守[7]，自将步骑五千人夜往[8]，会明至[9]。琼等望见公兵少，出陈门外[10]。公急击之，琼退保营，遂攻之。绍遣骑救琼。左右或言“贼骑稍近，请分兵拒之”。公怒曰:“贼在背后，乃白[11]!”士卒皆殊死战，大破琼等，皆斩之。绍初闻公之击琼，谓长子谭曰:“就彼攻琼等，吾攻拔其营，彼固无所归矣!”乃使张郃、高览攻曹洪。郃等闻琼破，遂来降。绍众大溃，绍及谭弃军走，渡河。追之不及，尽收其辎重图书珍宝[12]，虏其众[13]。公收绍书中，得许下及军中人书[14]，皆焚之。冀州诸郡多举城邑降者[15]。

[1] 乘(shèng):古代四匹马拉一辆车算作一乘，后世以一辆车即为一乘。 [2] 邀击:截击，拦击。 [3] 比:副词。屡次，接连地。 [4] 却:退后。 [5] 淳于琼(qióng):人名。复姓淳于。袁绍部将。 [6] 左右:这里指侍候在旁的亲近的人。荀攸、贾诩:都是曹操的谋士。《三国志》有传。[7] 曹洪:曹操的堂弟和重要将领。 [8] 步骑:步兵和骑兵。 [9] 会明至:天亮时到达。 [10] 阵:交战时战斗队列。这里指排列为阵。陈同“阵”。[11] 贼在背后，乃白:等敌人到了背后再讲。 [12] 图书珍宝:图籍档案、书信文件、珍奇宝货。 [13] 虏:俘获。 [14] 许下:许都附近。 [15] 冀州:州治常在邺，邺在今河北省临漳县西南邺镇东一里半。

袁绍的数千辆运粮车到达时，曹操采纳荀攸的计谋，派徐晃、史涣拦击，大败运粮队伍，烧毁全部运粮车。曹操与袁绍这样对峙了几个月，尽管屡次在交战中斩杀敌将，然而自己兵少粮尽，士兵疲惫不堪。曹操对运粮的人说：“十五天后替你们攻破袁绍，不再有劳各位了。”冬十月，袁绍派车运粮，让淳于琼等五人带兵一万多人转运，在袁绍大营北面四十里处宿营。袁绍的谋臣许攸贪财，袁绍满足不了，前来投奔，便提议曹操袭击淳于琼等。曹操左右的人怀疑他，荀攸、贾诩劝曹操采纳他这个主意。于是，曹操就让曹洪留守，自己亲率步兵、骑兵共五千人连夜前往，天亮时赶到。淳于琼等看见曹操兵力不多，走出营门，排列为阵。曹操急速出击，淳于琼见势不妙，退保营寨，于是，曹操就向他们发起进攻。袁绍得知消息后，派骑兵救援淳于琼。曹操手下有人说了句“敌骑逐渐接近，请分兵抵挡他们”的话。曹操一听，生气地说：“等敌人到了背后再讲！”因此，兵士们都殊死战斗，大破淳于琼等，随后把他们都杀了。起初，袁绍听到曹操袭击淳于琼，便对他的长子袁谭说：“趁曹操他们攻打淳于琼等的时机，我攻拔他的营寨，这样的话，他一定无处可归了！”于是，派张郃、高览攻打曹洪。张郃等人听说淳于琼被打败，就前来投降。于是袁绍部众大溃败，袁绍和袁谭丢下部队逃跑，渡过黄河。曹兵追击，没有赶上，曹操将袁绍军队的辎重、图籍档案、书信文件、珍奇宝货全部缴获，并俘虏了他的部众。随后曹操在翻检袁绍的书信中，得到许都一带以及军中的人写给袁绍的书信，曹操把它全烧了。因此，冀州各郡有许多以整个城邑来归降曹操的。

三郡乌丸承天下乱[1]，破幽州[2]，略有汉民合十余万户[3]。袁绍皆立其酋豪为单于[4]，以家人子为己女，妻焉[5]。辽西单于蹋顿尤强[6]，为绍所厚，故尚兄弟归之[7]，数入塞为害[8]。公将征之，凿渠，自呼沲入泒水[9]，名平虏渠[10]又从泃河口凿入潞河[11]，名泉州渠，以通海。

［1］三郡乌丸：指辽西、上谷、右北平三郡乌丸。三郡在今辽宁省西南、河北省东北一带。乌丸：古代少数民族。古东胡族在秦末很强盛，后被匈奴冒顿单于击败，余众退据乌丸山的一支称为乌丸。乌丸山在今蒙古草原东南部，阿鲁科尔沁旗西北 140 里的地方。承：趁。［2］幽州：州名。治所在今北京城西南。［3］略：掳掠。［4］酋豪：部落首领。单（chán）于：匈奴最高首领的称号。这里指乌丸的首领。［5］家人子：指袁氏宗族之女。妻（qì）：这里作动词，以女嫁人为妻的意思。［6］辽西单于蹋顿：乌丸三单于中力量最强的单于。因蹋顿单于助袁绍攻打公孙瓒，所以与袁氏关系密切。［7］归：投奔。［8］数（shuò）：屡次。塞，边界上的险要之处。［9］呼沲（duò）：水名。即今河北省滹沱河。泒（gū）水：水名。泒水上游即今沙河，下游沿大清河至天津入海。［10］平虏渠：人工渠名。上自呼沲，下入泒水。［11］泃（jū）河：水名。又名错河。源出河北兴隆县南黄崖口，流经平谷县，至宝坻县入蓟运河。潞河：水名。即今潮白河，为北运河的上游。泉州渠：人工渠名。因渠南起泉州县（今河北省武清县东南）境，故名。渠水上承潞河，即今天津市区一带的海河，下入鲍丘水，合口处在今宝坻县境内。

辽西、上谷、右北平三郡的乌丸趁天下大乱，攻破幽州，掳掠汉人总共达十多万户。袁绍把那些部落首领统统立为单于，将宗族的女儿算作自己的女儿，嫁给单于为妻。辽西的蹋顿单于尤其强大，受过袁绍优厚待遇，所以袁绍的儿子袁尚兄弟投奔他，乌丸屡次侵入边境要塞，成为祸害。曹操准备征讨他们，为此开凿水渠，从呼沲进入泒水的叫平虏渠；又从泃河口开凿进入潞河，取名泉州渠，可以与海相通。

（建安十二年）将北征三郡乌丸，诸将皆曰：“袁尚，亡虏耳，夷狄贪而无亲[1]，岂能为尚用？今深入征之，刘备必说刘表以袭许。万一为变，事不可悔。”惟郭嘉策表必不能任备[2]，劝公行。夏五月，至无终[3]。秋七月，大水，傍海道不通，田畴请为乡导[4]，公从之。引军出卢龙塞[5]，塞外道绝不通，乃堑山堙谷五百余里[6]，经白檀[7]，历平冈[8]，涉鲜卑庭[9]，东指柳城[10]。未至二百里，虏乃知之。尚、熙与蹋顿[11]、辽西单于楼班[12]、右北平单于能臣抵之等将数万骑逆军[13]。八月，登白狼山[14]，卒与虏遇[15]，众甚盛。公车重在后，被甲者少[16]，左右皆惧。公登高，望虏陈不整，乃纵兵击之，使张辽为先锋，虏众大崩，斩蹋顿及名王已下[17]，胡、汉降者二十余万口。辽东单于速仆丸及辽西、北平诸豪[18]，弃其种人[19]，与尚、熙奔辽东，众尚有数千骑。初，辽东太守公孙康恃远不服。及公破乌丸，或说公遂征之，尚兄弟可禽也[20]。公曰：“吾方使康斩送尚、熙首，不烦兵矣。”九月，公引兵自柳城还[21]，康即斩尚、熙及速仆丸等，传其首。诸将或问：“公还而康斩送尚、熙，何也？”公曰：“彼素畏尚等，吾急之则并力，缓之则自相图，其势然也。”十一月至易水[22]，代郡乌丸行单于普富卢[23]，上郡乌丸行单于那楼将其名王来贺[24]。

[1]夷狄：古代对边疆地区少数民族的称呼，东为夷，北为狄。 [2]郭嘉：曹操的重要谋士。策：作动词用，料定、推断的意思。任：信任，任用。 [3]无终：县名。故址在今河北省蓟县。 [4]田畴（chóu）：东汉末名士。助曹操征乌丸有功，封亭侯，不受。乡导同“向导”。 [5]卢龙塞：在今河北省喜峰口一带，因土色黑，山形似龙，故名卢龙。 [6]堙（yīn）谷：挖掘山石来填塞山谷。 [7]白檀：县名。故城址在今河北省承德市西南，古北口东北，滦河之滨。 [8]历：经过。平冈：县名。故城址在今内蒙古自治区喀喇沁左翼境内。 [9]鲜卑庭：鲜卑族君长的住所。 [10]柳城：

县名。故城址在今辽宁省锦州市。［11］尚、熙：袁绍的儿子袁尚、袁熙。蹋顿：辽西乌丸单于。原为辽西乌丸首领丘力居从子，丘力居死时，因儿子楼班年幼而代立。袁绍矫诏，封他为单于。楼班长成，辽东乌丸峭王奉楼班为单于，蹋顿为王。［12］楼班：辽西乌丸首领丘力居之子，被峭王拥戴代替蹋顿，被称为辽西单于。［13］能臣抵之：人名。右北平乌丸单于。但是，清代学者钱大昕说："以乌丸鲜卑传考之，右北平单于乃乌延，非能臣抵之，其名能臣氐者，则代郡乌丸，非右北平也。"逆：迎，迎接。这里指迎击，迎战。［14］白狼山：今内蒙古自治区喀喇沁左翼东三十里之白鹿山。［15］卒（cù）：同"猝"，突然。［16］被：同"披"。甲：甲衣，古代将士作战时穿的甲胄。［17］名王：部族中有名之王。［18］豪：豪酋、豪帅、豪强。这里指部族的首领。北平：即右北平郡，治所在今河北省丰润县东。［19］种人：同一部族的人。［20］禽：同"擒"。［21］还：班师回京。裴注引《曹瞒传》说："当时天寒地冻，又很干旱，军粮缺乏，杀了几千匹马作粮，凿地三十余丈才得到水。"可见当时果断撤军是适时的。［22］易水：水名。发源于今河北省易县西，东流至定兴县西南，合于拒马河。［23］代郡：治所在今山西省阳高县西南。［24］上郡：治所在今陕西省榆林县东南。贺：奉送礼物表示庆贺。

（建安十二年，207年）曹操准备北征乌丸三郡，许多将领都说："袁尚不过是逃亡的俘虏罢了，夷狄贪婪，又不和睦，怎能被袁尚利用呢？今远征乌丸，刘备必定说动刘表来袭击许都。万一有变，懊悔也不能了。"只有郭嘉料定刘表一定不会信任、重用刘备，劝曹操出征。夏五月，曹军到达无终县境。秋七月，发大水，近海的路不通，田畴请求做向导，曹操听从了他。于是，曹操带领部队走出卢龙塞，一看塞外的道路不通，就挖山填沟，铺设道路五百多里，经由白檀，穿过平冈，进入鲜卑庭，向东直指柳城。行军还不到二百里，乌丸竟知道了这个军事行动。袁尚、袁熙与蹋顿、辽西单于楼班、右北平单于能臣抵之等率领几万骑兵迎击曹军。八月，曹操登白狼山，突然与乌丸骑兵相遇，当时，敌兵众多，声势很大。而曹操的辎重在后，随从战士不多，左右亲随都恐慌起来。曹操登上高处，看到乌丸部众队列不整，就纵兵出击，命张辽为先锋，敌众大败，斩杀蹋顿和部族名王以下人等，胡人、汉人投降的二十多万。辽东单于速仆丸以及辽西、右北平各部族首领，抛弃自己部族的人，与袁尚、袁熙逃奔辽东，只剩下几千骑兵。起初，辽东太守公孙康凭借地处边远，不服从曹操号令。等到曹操打败乌丸时，有人劝曹操乘胜讨伐公孙康，袁尚兄弟定能擒获。曹操说："我正好让公孙康杀了袁尚、袁熙，送他俩的首级来，不用烦劳军队了。"九月，曹操率军从柳城撤回，公孙康就斩了袁尚、袁熙及速仆丸等人，送来他们的首级。众将领中有人问："您撤军回都，不征讨公孙康，而他却杀了袁尚、袁熙，送来他们的首级，是什么道理呢？"曹操说："公孙康一向畏惧袁尚等人，我急攻的话，他们就并力合作，暂缓讨伐的话，他们就想互相吞并对方，这种形势是明摆着的啊。"十一月到达易水，代郡乌丸的代理单于普富卢、上郡乌丸的代理单于那楼都率领他们部族的首领前来庆贺。

（建安十三年）秋七月，公南征刘表。八月，表卒[1]，其子琮代，屯襄阳[2]，刘备屯樊[3]。九月，公到新野[4]，琮遂降，备走夏口[5]。公进军江陵[6]，下令荆州吏民[7]，与之更始[8]。乃论荆州服从之功，侯者十五人，以刘表大将文聘为江夏太守[9]，使统本兵，引用荆州名士韩嵩、邓义等。益州牧刘璋始受征役[10]，遣兵给军。十二月，孙权为备攻合肥[11]。公自江陵征备，至巴丘[12]，遣张熹救合肥。权闻熹至，乃走。公至赤壁[13]，与备战，不利[14]。于是大疫，吏士多死者，乃引军还。备遂有荆州江南诸郡。

[1]卒:死。[2]襄阳:县名。故址在今湖北省襄阳市。[3]樊:即樊城。在襄阳北，与襄阳隔汉水相对，故城址在今湖北省襄阳市。[4]新野:县名。故址在今河南省新野县。[5]夏口:地名。因在夏水(汉水下游的古称)注入长江处，所以称夏口，即今湖北武汉市汉口。[6]江陵:县名。故址在今湖北省江陵县。[7]荆州:州名。刘表为荆州牧时，治所在今湖北省襄樊市。[8]更始:重新开始。[9]江夏:郡名。原治西陵，治所在今湖北省新洲县西。刘表以黄祖为江夏太守时,治所在今武昌西南。黄祖死后，刘琦为江夏太守，屯驻夏口。后来魏、吴并置江夏郡。文聘为江夏太守几十年，治所安陆，在今湖北省安陆市北。[10]益州:治所成都，今成都市。征役:调集军队，也指征集人民服兵役和劳役。[11]合肥:县名。故址在今安徽省合肥市。[12]巴丘:山名。在今湖南省岳阳县境内。[13]赤壁:山名。但为古战场的赤壁在何处，古今聚讼纷纭。大体有两说:一说认为在蒲圻县,与乌林隔江相对;一说认为赤壁即武昌西南的赤矶山。本文所指赤壁,应在湖北省蒲圻县境内。[14]与备战,不利:裴注引《山阳公载记》说:“曹操的船舰被刘备放火烧掉，曹操只得领着败军，从华容道步行北归，遇上沼泽地，道路又不通，天又刮起大风，让所有的老弱残兵背着草填路，骑兵才得以通过。老弱残兵被骑兵践踏，陷进泥潭，死掉的很多……”可见赤壁之战，曹操败得很惨。

（建安十三年，208年）秋七月，曹操南征刘表。八月，刘表病死，他的小儿子刘琮继任荆州牧，屯驻襄阳，刘备屯驻樊城。九月，曹操领兵到达新野，刘琮就投降了，刘备败奔夏口。曹操进军江陵，下令荆州官吏百姓，一切重新开始。于是评论荆州有关人员投诚、顺从的功劳，被封为列侯的有十五人，任命刘表的大将军文聘为江夏太守，让他仍旧统领本部人马，请出荆州名士韩嵩、邓义等人加以重用。益州牧刘璋开始听从调遣，征集百姓服役，派兵由曹操调用。十二月，孙权替刘备攻打合肥。曹操从江陵出征，讨伐刘备，到达巴丘，派张熹救援合肥。孙权听说张熹赶到，便撤走。曹操来到赤壁，与刘备交战，失利。当时，曹军又遭到大的瘟疫，官吏、将士遭瘟疫死掉的不少，曹操只得领兵北撤。不久，刘备就有了荆州江南一带的各郡。

十四年春三月，军至谯，作轻舟，治水军。秋七月，自涡入淮[1]，出肥水[2]，军合肥。辛未[3]，令曰："自顷已来，军数征行，或遇疫气，吏士死亡不归，家室怨旷[4]，百姓流离，而仁者岂乐之哉[5]？不得已也。其令死者家无基业不能自存者，县官勿绝廪[6]，长吏存恤抚循[7]，以称吾意。"置扬州郡县长吏，开芍陂屯田[8]。十二月，军还谯。

［1］涡（guō）：涡水，发源于河南尉氏县，东南流至安徽省怀远县入淮水。［2］肥水：发源于合肥市紫蓬山，北流二十里后分流，一东入巢湖，一北至寿县入淮水。［3］辛未：建安十四年七月己卯朔（初一），这个月无辛未这天，此文字有误。［4］怨旷：古人成年未婚的，女称怨女，男称旷夫。这里指夫妻生离死别，不能团聚。［5］仁者：讲仁政、仁义的人。乐（lè）：乐意。［6］县官：汉朝称天子为县官。这里指官府。廪（lǐn）：这里指官方供给粮食。［7］存恤抚循：慰问救济的意思。抚循：安抚、慰问。［8］芍（què）陂（bēi）：陂塘名。在今安徽省寿县南。又名期思陂、安丰塘。

建安十四年（209年）春三月，曹军到达谯县，制造轻便的小船，训练水军。秋七月，从涡水进入淮河，驶出肥水，进驻合肥。辛未这天，曹操下令说："从起兵至今，军队屡次出征行军，有时遇到瘟疫，官吏士卒战死的、病故的不能归葬，夫妻生离死别不能团聚，百姓流离失所，难道讲仁义的人是乐意这样做的吗？这是迫不得已啊。现在命令：凡死者家属没有产业不能生活下去的，官府不得断绝供给，官府的长官要慰问救济，使我满意。"设置扬州各郡县的官长，开发芍陂屯田。十二月，驻军退出合肥，回到谯县屯驻。

十五年春，下令曰："自古受命及中兴之君[1]，曷尝不得贤人君子与之共治天下者乎[2]！及其得贤也，曾不出闾巷[3]，岂幸相遇哉？上之人不求之耳[4]。今天下尚未定，此特求贤之急时也。'孟公绰为赵、魏老则优，不可以为滕、薛大夫[5]'。若必廉士而后可用，则齐桓其何以霸世[6]！今天下得无有被褐怀玉而钓于渭滨者乎[7]？又得无盗嫂受金而未遇无知者乎[8]？二三子其佐我明扬仄陋[9]，唯才是举，吾得而用之。"冬，作铜雀台[10]。

［1］受命：古代的朝代更替，开国即位，统治者认为是受天之命。中兴：古代一个王朝由衰而复兴，称为中兴。君：这里指皇帝。［2］曷（hé）尝：何曾。贤人：有道德的人。［3］闾（lǘ）巷：里巷。古时二十五家为一里，里门叫闾。［4］幸：侥幸。上之人：高高在上，居上位的人。这里指皇帝、左右大臣等位高权重的人。［5］孟公绰为赵、魏老则优，不可以为滕、薛大夫：语出《论语·宪问》。全句意思是：鲁国大夫孟公绰不善理政而长于迎来送往，让他做赵、魏二卿的家臣首领，职位显要，办事简单，他能应付裕如；滕、薛虽为小国，做大夫的任务重，事情多，孟公绰是做不了的。［6］若必廉士而后可用，则齐桓其何以霸世：这里引齐桓公任用管仲而称霸诸侯的事。管仲少时家贫，与鲍叔牙合伙经商，必多分利，后事齐公子纠，

设计谋害小白（齐桓公），最后又辅佐齐桓公，后有人指责他不是清廉之士。［7］得无：能无，会没有。被褐怀玉：语出《老子》，这里比喻贫贱而有才智的人。被同“披”；褐（hè），粗毛或麻制的短衣，古代穷人所穿。钓于渭滨：指吕尚（俗称姜太公）钓于渭水之滨，周文王求贤得到他，后佐周灭商，建立周朝。［8］盗嫂受金而未遇无知：指陈平因魏无忌引荐而见到刘邦，做了都尉，典护诸将。周勃、灌婴等在刘邦面前说陈平的坏话，讲陈平在家与嫂嫂私通，当上都尉又接受诸将的贿赂。刘邦听后责备魏无忌，魏无忌说：“楚汉相争，我推荐奇谋之士，只顾及他的计谋是否确实有利于国家，即使他和嫂嫂私通、接受贿赂又有什么可怀疑的呢？”于是刘邦信用陈平如故。［9］二三子：你们。曹操对他僚属的称呼。子：尊称，相当于“先生”。明：明察，发现。扬：举荐。仄（cè）：通“侧”。仄陋：出身低贱的人。［10］铜雀台：台高十丈，有屋百间，楼顶铸有一丈五高的大铜雀。遗址在今河北省临漳县西。

建安十五年（210年）春天，曹操下令说：“自古开国和中兴的皇帝，何曾不是得到了贤人君子与他共同治理天下的呢！等想得到贤才时，连里巷的大门都不出，难道会侥幸相遇吗？这是居高位的人不去求贤罢了。现在天下尚未安定，这实在是求贤的紧迫关头。孔子说：‘孟公绰不善理政而长于迎来送往，让他做赵、魏二卿的家臣首领就能应付裕如，可是，不能做公务繁忙的滕、薛两小国的大夫。’如果一定先找到廉洁的人而后才能任用，那么，齐桓公他怎能称霸诸侯！现在天下难道会没有出身卑微但有才智，像姜尚那样，垂钓于渭水之滨以待文王的隐士吗？又难道没有如陈平那样的人，虽然有与嫂嫂私通、接受贿赂的劣迹，但是还没有遇到看人注重大节的魏无忌吗？你们帮我发现、举荐出身卑微的人，就要举荐这种有才能的人，我能够任用他。”冬天，筑成铜雀台。

董卓传

董卓传

董卓（？—192 年）是东汉末年的大军阀，以残暴专横而著称。他靠镇压西北少数民族羌胡和黄巾起义而起家，虽然毫无战功，经常大败，却逐步培植起自己的军事势力，成为独霸一方的军阀。

当时，经过黄巾起义，东汉王朝已处于风雨飘摇之中，统治集团内部宦官和外戚之间的争斗尖锐剧烈。外戚何进要取代宦官，专擅朝政，与世族豪强袁绍密谋，召董卓带兵入洛阳。董卓兵马未到，宦官与外戚两大集团已开始火并，结果两败俱伤，董卓在混战中轻而易举地攫取了京都地区的兵权。接着董卓又废掉少帝，另立献帝，专断了朝政。

董卓只不过是个凉州豪强，他的部下也都是些羌胡豪酋、汉族土豪，骤然掌握朝政，根本不知道如何治理，只会胡作非为，作威作福。他纵兵烧杀抢掠，专事破坏，给人民带来了无穷的灾难，同时，也引起了统治集团中另外一些人的反对，袁绍、曹操、刘备等起兵讨伐董卓。董卓火烧洛阳宫殿，发掘陵墓珍宝，挟持汉献帝迁都长安，不久被王允、吕布诛杀。

从董卓身上，我们可以看到军阀豪强的残暴本性。东汉末至三国时期的历史，就是这样从苦难中经历了一个由分裂到相对统一，由战乱到相对安定的过程。

董卓字仲颖，陇西临洮人也[1]。少好侠，尝游羌中，尽与诸豪帅相结[2]。后归耕于野，而豪帅有来从之者，卓与俱还，杀耕牛与相宴乐。诸豪帅感其意，归相敛[3]，得杂畜千余头以赠卓。汉桓帝末[4]，以六郡良家子为羽林郎[5]。卓有才武，旅力少比[6]，双带两鞬[7]，左右驰射。为军司马[8]，从中郎将张奂征并州有功[9]，拜郎中[10]，赐缣九千匹[11]，卓悉以分与吏士。迁广武令[12]，蜀郡北部都尉[13]，西域戊己校尉[14]，免。征拜并州刺史、河东[15]太守，迁中郎将，讨黄巾，军败抵罪。韩遂等起凉州，复为中郎将，西拒遂。于望垣硖北[16]，为羌、胡数万人所围，粮食乏绝。卓伪欲捕鱼，堰其还道当所渡水为池[17]，使水渟满数十里[18]，默从堰下过其军而决堰。比[19]羌胡闻知追逐，水已深，不得渡。时六军上陇西，五军败绩[20]，卓独全众而还，屯住扶风[21]。拜前将军[22]，封斄乡侯[23]，征为并州牧。

［1］临洮（táo）：县名。故址在今甘肃省岷县。［2］豪帅：指羌族中部族首领。相结：互相结识。［3］敛：集聚。［4］汉桓帝：东汉皇帝刘志。147—168年在位。［5］六郡：指汉阳、安定、上郡、北地、西河、陇西六郡。羽林郎：官名。皇帝的侍卫官，常选六郡良家子充任。［6］旅（lǚ）：同“膂”，脊梁骨。旅力：体力。比：相比。［7］鞬（jiān）：挂在马背上供盛放弓箭的器具。俗称箭壶。［8］军司马：官名。指中郎将的军司马，在军中掌行军事宜。［9］中郎将：官名。东汉位次将军的统兵将领。并州：州名。治所在晋阳，今山西省太原市西南。辖区包括今陕西北部和河套一带。［10］郎中：官名。属光禄勋，皇帝侍从官。［11］缣（jiān）：细绢。［12］广武：县名。故址在今山西省代县西南。［13］北部都尉：官名。蜀郡北部都尉治绵虒（sī）道，故城址在今四川省汶山县西南。［14］西域戊己校尉：官名。主管西域诸民族事务。［15］河东：郡名。治所在今山西省夏县西北。［16］望垣（yuán）硖（xiá）：地名。在今甘肃省天水市西北。［17］堰：作动词用，筑堰。当：挡住。［18］渟（tíng）：停流，停止。［19］比：及，等到。［20］败绩：军队的溃败。［21］扶风：郡名。即右

扶风。治所在今陕西省兴平市东南。［22］前将军:将军名号。汉置前将军，位次大将军。［23］斄（tái）乡侯:封爵名号。斄:亭名，在郿县境内，故址在今陕西省郿县东北。

董卓，字仲颖，是陕西临洮人。年少时，喜欢打抱不平，曾游历羌中，与各部族首领相结识。回家后在地里耕作，有部族首领来找他，董卓与他们一同回家，杀了耕牛与他们欢宴。那些首领感谢他的美意，回去后就收聚各类牲口共一千多头，赠送给他。汉桓帝末年，董卓以六郡良家子身份当了羽林郎。董卓这人有才能又有武功，膂力很少有人比得上，骑上马背，两边挂两只箭壶，走马射箭，左右开弓。后来，他做了中郎将张奂的军司马，跟随他征讨并州，立了战功，被授予郎中，得到赏赐细绢九千匹,董卓将它全部分给官吏和将士。之后,又调任广武县令、蜀郡北部都尉、西域戊己校尉等职，不久被免职。后他被征召担任并州刺史、河东太守，升任中郎将，奉命讨伐黄巾军，兵败受到处分，以功抵罪。韩遂等起兵凉州，董卓又被任命为中郎将，率兵西向抵御韩遂。在望垣硖北面，被羌族几万兵马包围，军中粮食已尽。董卓假装要捕鱼的样子，在他撤退路线经过的河流上修筑堰堤，挡住河水，使它变为池塘，这样水流停顿，漫浸方圆几十里，他的军队悄悄地从堰堤下边通过，然后决堤。等羌族人得到消息追赶上来时，水已深，不能渡。当时六支军队上陇西，五支军队溃败，独有董卓保全兵众而回，屯驻扶风。因此，他被授予前将军之职，封斄乡侯，受征召被任命为并州牧。

灵帝崩，少帝即位[1]。大将军何进与司隶校尉袁绍谋诛诸阉官[2]，太后不从。进乃召卓使将兵诣京师[3]，并密令上书曰:“中常侍张让等窃幸乘宠，浊乱海内[4]。昔赵鞅兴晋阳之甲，以逐君侧之恶[5]。臣辄鸣钟鼓如洛阳[6]，即讨让等。”欲以胁迫太后。卓未至，进败。中常侍段珪等劫帝走小平津[7]，卓遂将其众迎帝于北芒[8]，还宫。时进弟车骑将军[9]苗为进众所杀，进、苗部曲无所属[10]，皆诣卓。卓又使吕布杀执金吾丁原[11]，并其众，故京都兵权唯在卓。

[1]少帝：即刘辩。汉灵帝刘宏之子，汉献帝刘协之兄。[2]司隶校尉：官名。职掌京师百官违法究查事宜，并治所辖各郡，职如刺史。阉（yān）官：宦官。[3]诣（yì）：到……去，往。[4]浊乱：扰乱。[5]昔赵鞅兴晋阳之甲两句：据《公羊传》记载：“鲁定公十三年，晋国的赵鞅取出晋阳的兵甲，用来驱逐荀寅与士吉射。荀寅与士吉射是什么人呢？是君主身边的恶人。”这里指汉少帝身边的宦官张让等。[6]辄（zhé）：立即，立刻，就。鸣钟鼓：据《左传》庄公二十九年：“凡师有钟鼓曰伐。”这里的鸣钟鼓就是讨伐有罪。如：到，进。[7]小平津：黄河渡口的名称。在今河南省巩县西北。[8]北芒：山名。“芒”又写作“邙”，在今洛阳市北。[9]车骑将军：官名。位次大将军，职掌征伐背叛。[10]部曲：本为汉代军队的编制。据《续汉书·百官志》记载：“大将军营五部，部校尉一人，部下有曲。”因而军队也称为部曲。[11]执金吾：官名。掌京师皇宫周围治安的长官。

汉灵帝死，少帝即位。大将军何进与司隶校尉袁绍商量诛灭宦官，皇太后不同意。何进就召董卓，让他带兵进京，并密令他上书皇帝，说：“中常侍张让等窃取并凭借皇上的宠爱，扰乱海内。从前赵鞅率领晋阳的兵甲，用来驱逐君王身边的恶人。臣马上起兵讨伐有罪，进军到洛阳，即刻讨伐张让等。”想以此来威吓、逼迫皇太后。但是，董卓还没有到达，何进就失败身亡。中常侍段珪等劫持少帝跑到小平津渡口，董卓率领他的部众在北芒山迎接少帝，回到洛阳的皇宫。当时何进的弟弟车骑将军何苗被何进的部下杀死，何进、何苗的部下无所归属，都到了董卓那里。董卓又让吕布杀死了执金吾丁原，吞并了丁原的部众，因此京都兵权都归董卓。

于是以久不雨[1]，策免司空刘弘而卓代之，俄迁太尉[2]，假节钺虎贲[3]。遂废帝为弘农王。寻又杀王及何太后[4]。立灵帝少子陈留王，是为献帝。卓迁相国，封郿侯[5]，赞拜不名，剑履上殿，又封卓母为池阳君[6]，置家令、丞[7]。卓既率精兵来，适值帝室大乱[8]，得专废立，据有武库甲兵[9]，国家珍宝，威震天下。卓性残忍不仁，遂以严刑胁众，睚眦之隙必报[10]，人不自保。尝遣军到阳城[11]。时适二月社[12]，民各在其社下，悉就断其男子头，驾其车牛，载其妇女财物，以所断头系车辕轴[13]，连轸而还洛[14]，云攻贼大获，称万岁。入开阳城门[15]，焚烧其头，以妇女与甲兵为婢妾[16]。至于奸乱宫人公主[17]。其凶逆如此。

[1] 雨:作动词用。降雨。 [2] 俄:不久。 [3] 虎贲（bēn）:即虎贲郎，掌宿卫侍从。 [4] 寻: 不久。 [5] 郿侯: 封爵的名号。郿: 县名。故址在今陕西省眉县东北。 [6] 池阳君: 封君的名号。池阳: 县名。故址在今陕西省泾阳县西北。 [7] 家令、丞: 汉制公主每人立家令、丞各一。董卓的母亲不是公主而得置家令、丞，显得权重、荒唐。 [8] 适（shì）值: 恰巧碰上,正值。 [9] 武库:武器库。甲兵:铠甲和兵器。 [10] 睚眦（yá zì）:瞪眼怒视。隙（xì）: 比喻感情上的裂痕。睚眦之隙: 这里指瞪眼看他一下，董卓也要记恨。 [11] 阳城: 县名。故址在今河南省登封市东南。 [12] 二月社:指春社。 [13] 辕:马车或牛车上的两木杠，前面的架在牲口脖子上，后面的连着车轴。 [14] 连轸（zhěn）: 车连接车。轸即车后面的横木。 [15] 开阳门: 洛阳十二城门之一。 [16] 甲兵: 这里指穿铠甲的兵士。 [17] 至于: 甚至于。

这时，因为长久不降雨水，就策令免去司空刘宏而由董卓自己替代，不久调任太尉，被授予统率皇宫警卫部队的大权。他竟然废掉少帝，改为弘农王。不久又杀弘农王和何太后。立灵帝的小儿子陈留王，就是汉献帝。董卓调任相国，被封为郿侯，朝拜时，司仪不直呼其名，上殿时，可佩剑着鞋，他母亲又被封为池阳君，可设置家令、家丞。当时，董卓率精兵来京，正值宫中大乱，所以他能独断专行，随意废立，占据武器库，拥有大量的铠甲和兵器，抢夺国家珍宝，威震天下。董卓本性残忍不仁，竟然用严酷的刑罚威胁民众，平时连瞪眼看他一下的小隔阂，他也记恨在心并一定要报复，弄得人人不能保全自己。他曾派遣一支军队到阳城去，当时，恰好是二月份的春社日，老百姓都在各个春社里活动，董卓的兵士竟把男人全部杀了，割下他们的头颅，驾起他们的牛车，载上妇女和财物，把割下的头颅挂在大车上，车连接着车，浩浩荡荡回到洛阳，还说是攻打敌贼，大获全胜，呼喊着万岁。他们进了开阳门，就焚烧这些人头，把抢掠的妇女分给甲兵做使女或小老婆。甚至于扰乱内宫，奸淫宫女、公主。董卓及其部众就这样凶残、大逆不道。

河内太守王匡[1]，遣泰山兵屯河阳津[2]，将以图卓。卓遣疑兵若将于平阴渡者[3]，潜遣锐众从小平北渡[4]，绕击其后，大破之津北[5]，死者略尽。卓以山东豪杰并起，恐惧不宁。初平元年二月，乃徙天子都长安。焚烧洛阳宫室，悉发掘陵墓，取宝物。卓至西京[6]，为太师[7]，号曰尚父[8]。乘青盖金华车[9]，爪画两轓[10]，时人号曰竿摩车[11]。卓弟旻为左将军[12]，封鄠侯[13]，兄子璜为侍中、中军校尉典兵[14]，宗族内外并列朝廷。公卿见卓，谒拜车下，卓不为礼[15]。召呼三台[16]尚书以下自诣卓府启事。筑郿坞[17]，高与长安城埒[18]，积谷为三十年储，云事成，雄踞天下，不成，守此足以毕老[19]。尝至郿行坞，公卿已下祖道于横门外[20]。卓豫施帐幔饮[21]，诱降北地反者数百人[22]，于坐中先断其舌，或斩手足，或凿眼，或镬煮之[23]，未死，偃转杯案间[24]，会者皆战栗亡失匕箸[25]，而卓饮食自若。太史望气[26]，言当有大臣戮死者。故太尉张温时为卫尉[27]，素不善卓，卓心怨之，因天有变，欲以塞咎[28]，使人言温与袁术交关[29]，遂笞杀之。法令苛酷，爱憎淫刑[30]，更相被诬，冤死者千数。百姓嗷嗷[31]，道路以目[32]。悉椎破铜人、钟虡，及坏五铢钱[33]。更铸为小钱，大五分，无文章[34]，肉好无轮郭[35]，不磨鑢[36]。于是货轻而物贵[37]，谷一斛至数十万[38]。自是后钱货不行。

[1] 河内：郡名。治所在今河南省武陟市西南。 [2] 河阳津：河阳县境内的黄河渡口。河阳县故址在今河南省孟县西。 [3] 平阴：县名。故址在今河南省孟津县东北。 [4] 小平：即小平津。黄河渡口，在今河南省巩县西北。 [5] 津北：指河阳津的北面。 [6] 西京：即长安。西汉都长安，东汉都洛阳，时称长安为西京，洛阳则为东京。 [7] 太师：官名。“三公”之一，汉代太师位在太傅之上。 [8] 尚父：周文王称吕望为尚父，意思是可尊尚的父辈。这里董卓自比吕望。 [9] 青盖金华车：华同“花”。即用黄金绣花装饰的青盖车，汉制为皇太子所乘。这里董卓乘用，实为不伦不类。[10] 爪：车盖弓头为爪形。画：划分，分成。轓（fān）：车两旁反出如耳的部分，用以遮蔽尘土。 [11] 竿摩：据《后汉书·董卓传》李贤注：“竿摩，意思是逼近。现在习惯上叫因事求人叫相竿摩。” [12] 旻（mín）：即董旻。左将军：官名。位次车骑将军，与后、左、右将军掌京师兵卫和边防屯警。[13] 鄠侯：侯爵的名号。鄠（hù）：县名。故址在今陕西省户县北。 [14] 中军校尉：官名。汉灵帝中平五年（188年）置西园八校尉，中军校尉即八校尉之一。典：主管。 [15] 卓不为礼：裴注引《山阳公载记》说：起初董卓

为前将军，皇甫嵩为左将军，共同征讨韩遂，地位差不多。后来董卓被征召为少府并州牧，军队应由皇甫嵩统领，董卓大怒。到董卓当上太师时，皇甫嵩为御史中丞，拜在董卓的车旁。董卓问皇甫嵩说："义真（皇甫嵩的字）服气吗？"皇甫嵩回答说："怎会知道你竟有今天这样子呢！"董卓说："鸿鹄本来有大志，只不过燕雀不知道罢了。"皇甫嵩回答说："从前我与你都是鸿鹄，想不到今天变成凤凰了。"董卓笑着说："你早点服气，今天可以不拜了呀。"［16］三台：指尚书台、御史台、符节台。［17］坞（wù）：土城。郿坞离长安二百六十里，故址在今陕西省郿县境内。［18］埒（liè）：相等。［19］毕老：一直到老。［20］祖道：古时出行前祭祀路神叫祖道。后来便称饯行叫祖道。横（guāng）门：长安北出西的第一门。［21］豫：通"预"。事先有所准备。帐幔：帐幕。［22］北地：郡名。治所在今宁夏回族自治区吴忠市西南。［23］坐：座位。镬（huò）：大锅。［24］偃转：仆倒并滚动。杯案：酒席。［25］亡：通"忘"。忘记。匕：勺、匙之类的取食用具。箸（zhù）：筷子。［26］太史：官名。属太常，掌天文历法与修史。望气：观察云气的变化。古人迷信，以为观云气变化，可预测人间世事。［27］卫尉：官名。九卿之一，职掌宫门警卫。［28］咎（jiù）：罪过、过失。塞：搪塞。［29］交关：勾结。［30］笞（chī）：鞭子抽打。淫刑：滥用刑罚。［31］嗷（áo）嗷：象声词。叹怨声。［32］目：作动词用。看，递眼色。［33］椎破：打碎。钟虡（jù）：古时悬挂钟磬的木头架子，架子上刻猛兽，直的称作虡。五铢（zhū）钱：汉武帝以后长期使用的古代钱币，重五铢。二十四铢为一两。［34］文章：这里指文字和花纹。［35］肉好（háo）：古代圆形有孔的钱币或玉器，孔外叫"肉"，孔内叫"好"。郭：物体的四周。［36］磨鑢（lǜ）：磨治。［37］货：钱币。［38］斛（hú）：古量器名，也是容量单位，十斗为一斛。南宋末改五斗为一斛。

河内太守王匡，调遣泰山兵屯驻河阳津，准备以此来进攻董卓。董卓派出诱敌部队，假装要在平阴渡河，暗中调遣精锐之师从小平津北渡，绕到他们的背后袭击，在河阳津北面大破泰山兵，泰山兵差不多全都战死。后来董卓因山东豪杰共同起兵，恐惧得很，心神不定。初平元年（190年）二月，董卓迫使汉献帝迁都长安。同时，焚烧洛阳的皇宫，把洛阳一带的陵墓全部挖掘开来，盗走宝物。董卓到达西京长安之后，当上太师，号称“尚父”，乘青盖金华车，在爪形弓头的车盖下两边各有反出如耳的遮盖，当时人称它叫“竿摩车”。董卓的弟弟董旻任左将军，被封为鄠侯。董卓哥哥的儿子董璜任侍中、中军校尉，主管特种兵，凡董氏宗族的人或与宗族有关人员都在朝廷做官。朝中公卿遇见董卓，在车旁通名而拜，董卓倨傲不回礼。他召呼三台尚书以下的官员亲自到太师府启禀政务。董卓建造了郿坞，高度与长安城相等，郿坞内储存可供三十年的粮食，他说，事情成功，雄踞天下，不成功的话，守住这郿坞足以养老。有一次，董卓要到郿坞去，公卿以下的官员在横门外为他饯行。董卓预先设置了帐幕，在内摆上酒宴，他当众将被诱降的北地郡几百名造反者的舌头割下，然后，有的砍下手和脚，有的挖掉眼睛，有的放到大锅里去煮，没有立刻死去的，倒在酒席边的地上打滚，与会的官员都吓得发抖，手中的汤匙、筷子掉落都不知觉，而董卓喝酒吃菜，若无其事。有位太史官观察云气，声称会有大臣要遭杀戮。原太尉张温当时任卫尉，素来不与董卓亲善，董卓心里恨他，因天时失常，想拿他开刀，来搪塞自己的过失，派人诬告张温与袁术勾结，于是把他鞭打至死。董卓的法令苛酷，根据自己的好恶，滥用刑罚，许多人遭到诬陷，被冤枉处死的以千计数。老百姓在路上相遇，叹息一声，递个眼色，不敢多说。董卓打碎铜人、钟虡，并毁坏五铢钱，改铸成小钱，比五铢钱大五分，上面没有文字和花纹，钱孔内和外边没有轮廓，也没有磨治过。于是出现了钱币轻而物价贵的现象，一斛谷物达到几十万小钱。从这以后小钱无法流通使用。

三年四月，司徒王允、尚书仆射士孙瑞、卓将吕布共谋诛卓[1]。是时，天子有疾新愈，大会未央殿[2]。布使同郡骑都尉李肃等[3]，将亲兵十余人，伪著卫士服守掖门[4]。布怀诏书。卓至，肃等格卓[5]。卓惊呼布所在。布曰“有诏”，遂杀卓，夷三族[6]。主簿田景前趋卓尸[7]，布又杀之；凡所杀三人，余莫敢动。长安士庶咸相庆贺，诸阿附卓者皆下狱死。

[1]司徒:官名。职掌民政。西汉哀帝时罢丞相,置大司徒,东汉去“大”,称司徒。与太尉、司空并称三公。尚书仆射(yè):官名。东汉尚书令的副手。[2]未央殿:长安西南隅未央宫的大殿。[3]骑都尉:官名。皇帝的近侍官员。[4]掖门:宫殿的侧门。[5]格:击，打。[6]三族:历来说法不一。有说父母、兄弟、妻子为三族的;有说父族、母族、妻族为三族的。[7]主簿:官名。汉代从中央到地方的官署皆设此官，职掌文书，处理事务。这里主簿田景是中央的官，也是董卓府衙的总管。

汉献帝初平三年(192年)四月，司徒王允、尚书仆射士孙瑞、董卓的部将吕布共同谋划诛杀董卓。这时，汉献帝生病刚刚痊愈，在未央殿大会群臣。吕布派同郡人骑都尉李肃等人，带领亲兵十多名，穿上卫士服装，假扮成卫士，守住未央殿的侧门。吕布怀里揣着诏书。董卓来到时，李肃等上前格杀董卓。董卓惊呼:“吕布在哪儿?”吕布应声回答:“有诏书。”于是杀了董卓，灭他三族。当时主簿田景上前跑到董卓的尸体旁，吕布又把他杀了，一共杀死三人，其余的人都不敢妄动。董卓一死，长安城内士人平民无不拍手称快，相互庆贺，许多阿谀附和董卓的人都被送进监狱处死。

袁绍传

袁绍传

袁绍（？—202 年）出身于四世三公的大官僚家庭，他是东汉末年世家大族割据势力的代表人物。

世家大族是东汉王朝统治的支柱，但东汉末年宦官专权，排挤了世家大族的势力，所以黄巾起义一被镇压，世家大族也纷纷拥兵称雄，讨伐宦官势力。袁绍作为世家大族的代表人物迅速崛起，拥有冀、青、幽、并四州，成为北方中国最大的割据势力。但是世家大族在政治上已腐朽没落，他们得不到庶族地主的支持，也很容易引起人民群众的反对，其力量急遽衰落。袁绍在官渡之战以后，很快衰败，而让位于代表庶族地主利益的曹操集团，充分说明了世家大族在东汉末期的命运。当然世家大族（世族地主）的最终消亡尚需要一个较长的历史过程，袁绍的失败只是标志着世家大族势力消亡的开始。

袁绍失败的关键在于他缺乏远大的政治目光，而拥有冀、青、幽、并四州以后又急于重建世家大族的统治。这样他开始时想拥立幽州牧刘虞为帝，以后又未能奉迎献帝，失去了掌握政治主动权的机会。更加失策的是他“欲令诸儿各据一州”，想建立袁氏家族的统治，失去了非袁氏家族的支持者。袁绍志大才疏，缺乏军事指挥才能。他与曹操对抗，始终采取错误的速战速决的战略方针，同时又多次拒绝部下正确的建议，贻误了战机，终于身败名裂。

本文节录了《袁绍传》中诛宦官、讨董卓、争冀州及官渡之战等内容。其中对官渡之战的叙述，行文简洁明快，详略得当，是叙事散文中精彩的篇章。

袁绍字本初，汝南汝阳人也[1]。高祖父安，为汉司徒。自安以下四世居三公位[2]，由是势倾天下。绍有姿貌威容，能折节下士[3]，士多附之，太祖少与交焉。以大将军掾为侍御史[4]，稍迁中军校尉，至司隶[5]。

［1］汝阳：县名。故址在今河南省商水县西北。［2］四世居三公位：三公是指东汉太尉、司徒、司空。袁氏自袁安开始，袁安位至司空、司徒，袁安的儿子袁敞做过司空，孙子袁汤做过司空、司徒、太尉，曾孙袁逢做过司空，曾孙袁隗做太傅。所以这里称袁氏四世居三公位。［3］折节下士：降低自己的身份，结交贤士。［4］大将军掾（yuàn）：大将军的属员。东汉时大将军的属员有二十九人。侍御史：官名。位次于御史大夫。职掌举劾非法，或督察郡县，或奉使出外执行指定任务。［5］司隶：即司隶校尉。

袁绍字本初，汝南郡汝阳县人。他的高祖袁安，是汉章帝时的司徒。从袁安起四代人都官居三公的高位，因此权势令天下人倾慕。袁绍长得英俊威武，能屈身结交贤士，归附他的贤士很多，曹操年少时就与他交往了。袁绍以大将军属员的身份做了侍御史，不久调升为中军校尉，后做到司隶校尉。

灵帝崩，太后兄大将军何进与绍谋诛诸阉官，太后不从。乃召董卓，欲以胁太后。常侍、黄门闻之[1]，皆诣进谢，唯所错置[2]。时绍劝进便可于此决之，至于再三，而进不许。令绍使洛阳方略武吏检司诸宦者[3]。又令绍弟虎贲中郎将术选温厚虎贲二百人[4]，当入禁中，代持兵黄门陛守门户[5]。中常侍段珪等矫太后命，召进入议，遂杀之，宫中乱。术将虎贲烧南宫嘉德殿青琐门，欲以迫出珪等。珪等不出，劫帝及帝弟陈留王走小平津。绍既斩宦者所署司隶校尉许相[6]，遂勒兵捕诸阉人，无少长皆杀之。或有无须而误死者，至自发露形体而后得免。宦者或有行善自守而犹见及。其滥如此。死者二千余人。急追珪等，珪等悉赴河死。帝得还宫。

［1］常侍：即中常侍。黄门：此指小黄门。东汉小黄门以宦者充任，侍候皇帝，受尚书事，皇帝在内宫时，通报内外及中宫以下诸事。［2］错置：安置，处置。错：通“措”。［3］方略：计谋策略。检司：检察监视。［4］虎贲中郎将：官名。职掌虎贲宿卫。温厚：温和，平和宽厚。虎贲：勇士。［5］兵：兵器。陛：台阶。［6］署：任命。勒兵：统率士兵。

汉灵帝死后，何太后的兄长大将军何进与袁绍商议诛灭宦官，何太后不答应。何进就召董卓带兵进京，想以此胁迫何太后。中常侍、小黄门听到这个消息，都到何进那儿谢罪，表示完全听从处置。当时袁绍劝何进趁这个机会解决他们，甚至于再三奉劝，但何进不赞同。何进让袁绍支使洛阳有计谋策略的武职官吏检察监视诸宦官。又让袁绍的弟弟虎贲中郎将袁术挑选温厚的勇士二百人，将要进入皇宫，替代手持兵器的小黄门把守门户。这时，中常侍段珪等假传太后的命令，召何进入宫议事，就趁机杀了他，因此宫中大乱。袁术率领勇士放火烧南宫嘉德殿的青琐门，想以此迫使段珪等出来。段珪等不肯出来，劫持少帝和少帝的弟弟陈留王逃到小平津。袁绍在杀死宦官们任命的司隶校尉许相之后，就率领兵士捕捉宦官，不分老少，全都杀死。有的人因为没有胡子而被误杀，有的人甚至自己脱衣证明自己不是宦官之后才得以免死。宦官中有行善自守的也遭到杀害。滥杀到这种程度。杀死的共有两千多人。袁绍兄弟等又急追段珪等人，段珪等人全都跳黄河自杀。因此，少帝得以回宫。

绍遂以勃海起兵[1]，将以诛卓。语在《武纪》。绍自号车骑将军，主盟，与冀州牧韩馥立幽州牧刘虞为帝，遣使奉章诣虞[2]，虞不敢受。后馥军安平[3]，为公孙瓒所败。瓒遂引兵入冀州，以讨卓为名，内欲袭馥。馥怀不自安。会卓西入关[4]，绍还军延津[5]，因馥惶遽[6]，使陈留高干[7]、颍川荀谌等说馥曰："公孙瓒乘胜来向南，而诸郡应之。袁车骑引军东向，此其意不可知，窃为将军危之。"馥曰："为之奈何？"谌曰："公孙提燕、代之卒[8]，其锋不可当。袁氏一时之杰，必不为将军下。夫冀州，天下之重资也[9]，若两雄并力，兵交于城下，危亡可立而待也。夫袁氏，将军之旧，且同盟也[10]。当今为将军计，莫若举冀州以让袁氏。袁氏得冀州，则瓒不能与之争，必厚德将军。冀州入于亲交，是将军有让贤之名，而身安于泰山也。愿将军勿疑！"馥素恇怯[11]，因然其计。馥长史耿武、别驾闵纯、治中李历谏馥曰[12]："冀州虽鄙，带甲百万，谷支十年[13]。袁绍孤客穷军，仰我鼻息[14]，譬如婴儿在股掌之上[15]，绝其哺乳，立可饿杀。奈何乃欲以州与之？"馥曰："吾，袁氏故吏，且才不如本初，度德而让[16]，古人所贵，诸君独何病焉[17]！"从事赵浮[18]、程奂请以兵拒之，馥又不听。乃让绍，绍遂领冀州牧。

[1] 勃海：郡名。治所在今河南省南皮县东北。初平元年，袁绍被任命为勃海太守。不久起兵共讨董卓。 [2] 章：奏章，给皇帝的信。 [3] 安平：县名。故址在今河北省安平县。 [4] 关：指函谷关。 [5] 延津：当时黄河的重要渡口之一，在今河南省新乡市东南。 [6] 惶遽：恐惧慌忙。

[7] 陈留：县名。故址在今河南省开封市东南。 [8] 燕、代：指幽州。因幽州古时为燕、代两国的地方。 [9] 夫：语助词。重资：重要的资财、钱财。[10] 同盟：指初平元年联盟共讨董卓事。 [11] 恇（kuāng）怯：胆小懦弱。[12] 长史：官名。汉代三公府设长史辅佐三公。将军的长史职掌幕府总务。别驾：官名。是别驾从事史的简称，为州牧、刺史的佐吏。治中：官名。是治中从事史的简称，为州牧，刺史的佐吏。 [13] 鄙：边远地区。支：开支，用。 [14] 仰我鼻息：依靠我生存。息，呼吸。 [15] 股掌：大腿和手掌。在股掌之上意为在掌握之中。 [16] 度（duó）：比量，揣度。[17] 病：担心，忧虑。 [18] 从事：官名。汉代州牧、刺史的佐吏。佐吏分别驾从事史、治中从事史、兵曹从事史、部从事史等，都可简称为从事。

于是，袁绍就从勃海起兵，准备讨伐董卓。此事记载在《武帝纪》里。袁绍自称为车骑将军，被推为讨董卓盟主，与冀州牧韩馥拥立幽州牧刘虞做皇帝，派遣使者捧着奏章到刘虞那儿去，刘虞不敢接受。后来韩馥屯兵安平，被公孙瓒打败。于是，公孙瓒带兵进入冀州，借讨伐董卓的名义，想袭击韩馥。韩馥心怀不安。恰巧董卓西撤进入函谷关，袁绍便回军屯驻延津，趁韩馥惶恐不安的时候，派陈留的高干、颍川的荀谌等劝说韩馥，对韩馥说："公孙瓒乘胜向南来，许多郡又响应他。车骑将军袁绍领兵向东，这用意不知怎样，我私下认为将军您很危险。"韩馥问："那怎么办呢？"荀谌说："公孙瓒率领幽州的兵马，其势锐不可当。袁绍是当今豪杰，一定不甘屈居将军您之下。那冀州是天下重要资财之地，如果公孙瓒和袁绍两雄合力相攻，兵临城下，那么，冀州的危亡可立即招致。袁绍是您的老朋友，又是联盟讨伐董卓的盟主，现在我替将军您着想，不如把冀州让给袁绍。袁绍得了冀州，公孙瓒就不能与他相争了，那么袁绍必定感激厚待您。这样，冀州落在亲近的世交手里，这对将军您来说，有让贤的名声，而自身的安全又像泰山那样稳了。希望您不要迟疑不定！”韩馥素来胆小懦弱，便认为荀谌他们的计谋是对的。韩馥的长史耿武、别驾闵纯、治中李历规劝韩馥说：“冀州虽然是边远地区，但是拥有战士百万，储备的粮食可用十年。袁绍的全部军队深入生疏的地方，孤立无援，全靠我们才能生存下去，好比婴儿在我们的掌握之中，断绝哺乳，马上就会饿死。为什么竟想把冀州让给他呢？”韩馥说：“我是袁氏的门生故吏，况且才能不如袁绍，比量德行而让贤，是古人所崇尚的，诸位又为什么要忧虑呢！”从事赵浮、程奂请求发兵抗拒，韩馥又不听。终于把冀州让给了袁绍，袁绍于是兼任冀州牧。

初，天子之立非绍意，及在河东，绍遣颍川郭图使焉。图还说绍迎天子都邺，绍不从。会太祖迎天子都许，收河南地，关中皆附。绍悔，欲令太祖徙天子都鄄城以自密近[1]，太祖拒之。天子以绍为太尉，转为大将军，封邺侯，绍让侯不受。顷之，击破瓒于易京[2]，并其众。出长子谭为青州[3]，沮授谏绍：“必为祸始。”绍不听，曰：“孤欲令诸儿各据一州也。”又以中子熙为幽州[4]，甥高干为并州。众数十万，以审配、逢纪统军事，田丰、荀谌、许攸为谋主，颜良、文丑为将率[5]，简精卒十万，骑万匹，将攻许。

先时，太祖遣刘备诣徐州[6]拒袁术。术死，备杀刺史车胄，引军屯沛[7]。绍遣骑佐之。太祖遣刘岱、王忠击之，不克。建安五年，太祖自东征备。田丰说绍袭太祖后，绍辞以子疾，不许。丰举杖击地曰：“夫遭难遇之机，而以婴儿之病失其会[8]，惜哉！”太祖至，击破备，备奔绍。

[1] 鄄城：县名。故址在今山东省鄄城县北。 [2] 易京：即汉代易县。

公孙瓒据幽州后，坐镇易县，在县治所大兴土木工程，所以称为易京。故址在今河北省雄县西北。[3]谭为青州：袁谭做青州都督。后曹操拜他为刺史。[4]中子：次子。[5]将率：领兵。这里指领兵之将。[6]徐州：州名。刺史本治郯县（今山东省郯城县北）。东汉末移治下邳（今江苏省睢宁县西北）。[7]沛：县名。故址在今江苏省沛县。[8]道：遇。机：时机。会：机会。

起初，立陈留王为帝并不是袁绍的意愿，等到汉献帝在河东时，袁绍派了颍川人郭图为使者朝拜献帝。郭图回来后劝说袁绍迎献帝到邺城建都，袁绍没有听从。这时正好曹操迎献帝到许县建都，收复河南一带，关中全都归附。袁绍懊悔了，想叫曹操把献帝迁徙到鄄城并在此建都，便于自己接近献帝，曹操拒绝了他。献帝任用袁绍当太尉，调职任大将军，封为邺侯，袁绍辞让侯爵，不肯接受。不久，袁绍在易京打败公孙瓒，合并了他的部众。派出长子袁谭当青州都督，沮授规劝袁绍说："这样做，必定是祸乱的开端。"袁绍不听，说："我是想让几个儿子各人把守一个州罢了。"随后又让次子袁熙当幽州刺史，外甥高干当并州刺史。这时，袁绍部众数十万，由审配、逢纪统领军事，田丰、荀谌、许攸为主谋，颜良、文丑为领兵将军，选拔精兵十万，坐骑万匹，准备进攻许都。

早先，曹操派遣刘备往徐州去抵御袁术。袁术病死，刘备杀了徐州刺史车胄，率领部众屯驻沛县。袁绍派遣骑兵帮助刘备。曹操派遣刘岱、王忠攻打他们，没有战胜。建安五年（200年），曹操亲自东征刘备。田丰劝袁绍袭击曹操后方，袁绍以儿子生病为理由推托，不答应。田丰举起手杖，敲着地说："遇到千载难逢的时机，而因婴儿的病丢失了机会，可惜啊！"曹操到达后，打败了刘备，刘备投奔袁绍。

绍进军黎阳，遣颜良攻刘延于白马[1]。沮授又谏绍："良性促狭[2]，虽骁勇不可独任。”绍不听。太祖救延，与良战，破斩良。绍渡河，壁延津南，使刘备、文丑挑战。太祖击破之，斩丑，再战，禽绍大将。绍军大震。太祖还官渡。沮授又曰：“北兵数众而果劲不及南，南谷虚少而货财不及北；南利在于急战，北利在于缓搏。宜徐持久，旷以日月。”绍不从。连营稍前，逼官渡，合战，太祖军不利，复壁。绍为高橹[3]，起土山，射营中，营中皆蒙楯，众大惧。太祖乃为发石车[4]，击绍楼，皆破，绍众号曰霹雳车[5]。绍为地道，欲袭太祖营。太祖辄于内为长堑以拒之，又遣奇兵袭击绍运车，大破之，尽焚其谷。太祖与绍相持日久，百姓疲乏，多叛应绍，军食乏。会绍遣淳于琼等将兵万余人北迎运车，沮授说绍：“可遣将蒋奇别为支军于表，以断曹公之钞[6]。”绍复不从。琼宿乌巢[7]，去绍军四十里。太祖乃留曹洪守，自将步骑五千候夜潜往攻琼。绍遣骑救之，败走。破琼等，悉斩之。太祖还，未至营，绍将高览、张郃等率其众降。绍众大溃，绍与谭单骑退渡河。余众伪降，尽坑之[8]。沮授不及绍渡，为人所执，诣太祖，太祖厚待之。后谋还袁氏，见杀[9]。

[1] 白马：县名。故址在今河南省滑县东。 [2] 促狭：脾气急躁，气量狭小。 [3] 橹（lǔ）：瞭望台。 [4] 发石车：运用机械原理发射石头的炮车。 [5] 霹雳车：指发石车。因其发射时响声如雷，所以被称为霹雳车。 [6] 钞：抄略，掠取。 [7] 乌巢：沼泽地名。在今河南省延津县东南。 [8] 伪降：假降。坑：这里作动词用。坑杀，活埋。裴注张璠《汉纪》说：曹操这次杀袁绍兵士共八万人。 [9] 见杀：被杀。

袁绍进军黎阳，派遣颜良到白马县攻打刘延。沮授又规劝袁绍说：“颜良性情急躁而气量狭小，虽然骁勇但不可单独任用。”袁绍不听。曹操救援刘延，与颜良交战，打败并杀了颜良。袁绍渡过黄河，在延津南边筑起壁垒，命令刘备、文丑向曹操挑战。曹操出击打败了他们，杀了文丑，擒获了袁绍的大将。袁绍军中大震。曹操退还官渡。沮授又对袁绍说："北兵人数众多但果敢强劲不如南兵，南兵粮食空虚缺乏，而且辎重比不上北兵；对南兵有利的在于速战，对北兵有利的在于持久战。适宜长期相持，拖延时间。"袁绍不同意。袁绍大军连营扎寨，不断推进，逼近官渡，两军交战，曹军受挫，曹操便再筑起壁垒。袁绍架设起高高的瞭望台，堆起土山，向曹操军营中射箭，曹营行人头上都蒙上盾牌，部众都恐惧得很。于是，曹操制造发石车，轰击袁绍的瞭望台，瞭望台都被炮石击毁，袁绍的部众称发石车叫"霹雳车"。袁绍挖地道，想偷袭曹操的营盘。曹操就在营内挖了一条长长的壕沟来对付它，又派遣奇兵袭击袁绍的运粮车，大破运粮军队，把运送的粮食全部焚烧了。曹操与袁绍相持日子长了，百姓疲乏，许多人反叛归附袁绍，军队又缺粮。正巧袁绍派遣淳于琼等领兵一万多人向北迎接运粮车，沮授劝说袁绍："可派遣将领蒋奇另率一支部队在外围，用来切断曹操前来掠取的路。"袁绍又不听取。淳于琼宿营乌巢，离袁绍军营四十里。曹操就让曹洪留守，亲自率领步兵和骑兵五千人，等到夜里潜往攻打淳于琼。袁绍派遣骑兵救援他，被击败逃跑。曹操打败了淳于琼等，把他们全杀了。曹操回军，还没有到达军营，袁绍的将领高览、张郃等率领自己的部众前来归降。袁绍的军队大败，袁绍与袁谭父子单人独骑败退，北渡黄河。其余的部众假投降，曹操便把他们全都活埋。沮授没有跟上袁绍北渡，被人捉住，送到了曹操那儿，曹操对他很优厚。后来沮授图谋回到袁氏那儿去，被杀。

初，绍之南也[1]，田丰说绍曰："曹公善用兵，变化无方，众虽少，未可轻也，不如以久持之。将军据山河之固，拥四州之众，外结英雄，内脩农战[2]，然后简其精锐，分为奇兵[3]，乘虚迭出[4]，以扰河南，救右则击其左，救左则击其右，使敌疲于奔命，民不得安业；我未劳而彼已困，不及二年，可坐克也。今释庙胜之策[5]，而决成败于一战，若不如志，悔无及也。”绍不从，丰恳谏，绍怒甚，以为沮众[6]，械系之[7]。绍军既败，或谓丰曰：“君必见重[8]。”丰曰：“若军有利，吾必全[9]，今军败，吾其死矣。”绍还，谓左右曰：“吾不用田丰言，果为所笑。”遂杀之。绍外宽雅[10]，有局度[11]，忧喜不形于色[12]，而内多忌害[13]，皆此类也。

冀州城邑多叛，绍复击定之。自军败后，发病，七年，忧死。

[1] 之南：往南。指南下攻许都，进军官渡。 [2] 农战：从事农耕，作为攻战之本。 [3] 奇兵：突袭的部队。 [4] 迭：更迭，轮番，轮流。 [5] 庙胜之策：最高决策机关谋划的稳操胜券的策略。据《资治通鉴》胡三省注：定策于庙堂之上，孙子曰：“未战而庙胜得算多也。”（《三国志集解》） [6] 沮（jǔ）众：阻止大家，动摇军心。 [7] 械系：戴上手铐脚镣。 [8] 见重：被重用。 [9] 必全：一定能保全性命。 [10] 宽雅：宽容高雅。 [11] 局度：器量，器度。 [12] 形：显露，表露。色：表情，面色。 [13] 忌害：猜忌嫉妒。

开始，袁绍南下时，田丰劝袁绍说：“曹操善于用兵，变化多端，部众虽然不多，但不可轻视啊，不如用持久战来对付他。将军您占据山河的险固，拥有四州的百姓，对外联络各地英雄，对内整顿农业，以备攻战，然后选拔精锐，分别组成突袭部队，趁敌空虚，轮番出击，用来骚扰黄河南岸，曹操要救援右边，我们就袭击他的左边，他要救援左边，我们就袭击他的右边，使敌方疲于奔命，百姓不能安居乐业；那样的话，我们还没感到劳累而对方已感到困倦，不用等二年，就能坐收胜利了。现在放弃自己稳操胜券的策略，而把决定成败放在一次战役上，如不顺意，到那时懊悔便来不及了。”袁绍不听。田丰恳切地规劝，袁绍很生气，认为这是阻拦大家，动摇军心，就将他戴上手铐脚镣关了起来。袁绍兵败后，有人对田丰说：“您一定被重用了。”田丰说：“如军事上顺利，我一定能保全性命，今天军队吃了败仗，我必死无疑了。”袁绍军败退还时，对左右的人说：“我不听田丰的话，果然被他笑话。”于是就杀了他。袁绍表面上宽容高雅，有气度，喜怒不形于色，但内心多猜忌嫉妒，都类似于杀田丰那件事。

冀州的郡和县多有反叛的，袁绍又一一把它平定下来。从官渡之战失败后，袁绍生了病，建安七年（202年），忧郁而死。

吕布传

吕布传

吕布（？—198年）是个反复无常的军阀，他先后投靠过丁原、董卓、袁绍、张杨等人，又与袁术、刘备联合过，还曾接受过曹操左将军的官职，但后来都反目成仇，相互攻伐，最后才在徐州一带割据称霸。东汉末年，正是由于像吕布这样反复无常的军阀的存在，加剧了当时的战祸与混乱局面。

吕布骁勇善战，但只有匹夫之勇。他对部下疑虑重重，部将之间也互相猜忌。更主要的是他胸无大志，唯利是图，所以被雄才大略的曹操所攻灭，乃是理所当然的。

本文节录的各段中，谋诛董卓、射戟劝纪灵罢兵、白门楼被杀等情节富于戏剧性，各个人物的性格特征都从他们的语言中反映出来。罗贯中的历史小说《三国演义》正是对这些情节进行了艺术加工，才创作出诸如“王司徒巧使连环计”“辕门射戟”“白门楼”等精彩章回，给读者留下了深刻的印象。

吕布字奉先，五原郡九原人也[1]。以骁武给并州[2]。刺史丁原为骑都尉，屯河内，以布为主簿，大见亲待。灵帝崩，原将兵诣洛阳。与何进谋诛诸黄门，拜执金吾。进败，董卓入京都，将为乱，欲杀原，并其兵众。卓以布见信于原，诱布令杀原。布斩原首诣卓，卓以布为骑都尉，甚爱信之，誓为父子。

［1］五原郡：郡名。九原：县名。九原为五原郡治所，故址在今内蒙古包头市西。［2］给：送给。

吕布，字奉先，五原郡九原县人。因为骁勇被推荐选送到并州。刺史丁原当时任骑都尉，屯驻河内郡，让吕布做主簿，对他特别亲近。汉灵帝死后，丁原率兵到洛阳。与大将军何进商议诛灭小黄门，被授予执金吾之职。何进失败，董卓进入京都，准备作乱，想杀丁原，并吞他的部众。董卓因吕布被丁原所信用，就引诱吕布，叫他杀丁原，于是，吕布斩下丁原的头来见董卓，董卓让吕布任骑都尉，对他很看重、信任，立誓认作父子。

布便弓马，膂力过人，号为飞将[1]。稍迁至中郎将，封都亭侯[2]。卓自以遇人无礼，恐人谋己，行止常以布自卫[3]。然卓性刚而褊[4]，忿不思难[5]，尝小失意，拔手戟掷布。布拳捷避之[6]，为卓顾谢[7]，卓意亦解。由是阴怨卓。卓常使布守中阁[8]，布与卓侍婢私通，恐事发觉，心不自安。

［1］飞将：本指汉名将李广。因李广屯驻右北平，威震敌胆，匈奴人听到他的名字就称他是“汉之飞将军”。后人称李广为飞将。这里是对吕布作战神速勇猛的美称。［2］都亭侯：列侯的封爵名号。都亭：秦时十里一亭。郡县的治所则置都亭。因此都亭为泛称的地名或亭名。［3］行止：动静，进退。这里行指行动或出行，止是休息、停留。［4］褊（biǎn）：本意是衣服狭小。这里是气量狭小。［5］忿不思难（nàn）：气愤时不考虑灾难、祸患。［6］拳捷：勇武迅捷。［7］为卓顾谢：回头向董卓谢罪。［8］阁（gé）：这里指董卓居住的小楼。

吕布弓马娴熟，膂力超过常人，被称为“飞将”。不久，提升到中郎将之职，封爵都亭侯。董卓自知平时对人无礼，唯恐别人谋害自己，出行和休息常常让吕布警卫。然而董卓脾气暴躁而气量狭小，愤怒时不顾后果，曾因吕布稍不称心，就拔出手戟向吕布掷去。吕布勇武迅捷，躲开了掷来的手戟，回头向董卓谢罪，董卓的怒意也缓解下来。因此吕布心里怨恨董卓。董卓常让吕布守护他休息的小楼，吕布与董卓的侍女私通，又担心事情被发觉，心中惴惴不安。

先是，司徒王允以布州里壮健，厚接纳之。后布诣允，陈卓几见杀状[1]。时允与仆射士孙瑞密谋诛卓[2]，是以告布使为内应。布曰：“奈如父子何！”允曰：“君自姓吕，本非骨肉。今忧死不暇，何谓父子？”布遂许之，手刃刺卓。语在《卓传》。允以布为奋武将军[3]，假节，仪比三司[4]，进封温侯[5]，共秉朝政。布自杀卓后，畏恶凉州人，凉州人皆怨。由是李傕等遂相结还攻长安城。布不能拒，傕等遂入长安。卓死后六旬[6]，布亦败。将数百骑出武关[7]，欲诣袁术。

[1]见：通“现”。显露。 [2]仆射：即尚书仆射，见《董卓传》注释。[3]奋武将军：杂号将军的称号。 [4]三司：这里指三公。 [5]温侯：封爵名号。温：县名。故址在今河南省温县境内。 [6]旬：我国古代历法以十日为一旬。这里六旬即六十天。裴注引《英雄记》说：吕布从四月二十三日杀董卓，六月一日失败逃奔，当时又没有闰月，因此不到六十天。[7]武关：关名。在陕西省丹凤县东南。古址在今关南丹江上，唐以后才迁今址。

在这之前，司徒王允因吕布是乡里壮士，厚礼相待。后来吕布到王允那儿去，讲述了几乎被董卓杀死的情形。当时王允与仆射士孙瑞密谋诛杀董卓，因此告诉了吕布要他做内应。吕布说："奈何关系如同父子，怎么办呢？"王允说："您自己姓吕，本来不是亲生骨肉。现在您担心被杀都来不及，怎么说得上父子关系呢？"吕布就答应下来，趁朝臣大会未央殿之机，亲手杀死了董卓。这件事在《董卓传》中有记载。董卓死后，王允任用吕布做奋武将军，授予符节统帅军队，出入仪仗与三公差不多，加封爵为温侯，共同执掌朝政。吕布自从杀了董卓之后，既害怕又讨厌凉州人，凉州人也都怨恨吕布。因此李傕等人就相互勾结，回军进攻长安城。吕布抵御不住，李傕等人就进入长安。董卓死后六十天，吕布也战败了。于是他率领了几百骑兵逃奔，出了武关，想到袁术那儿去。

布自以杀卓为术报仇[1]，欲以德之。术恶其反覆，拒而不受。北诣袁绍，绍与布击张燕于常山[2]。燕精兵万余，骑数千。布有良马曰赤兔[3]。常与其亲近成廉、魏越等陷锋突陈，遂破燕军。而求益兵众，将士钞掠，绍患忌之。布觉其意，从绍求去。绍恐还为己害，遣壮士夜掩杀布，不获。事露，布走河内，与张杨合。绍令众追之，皆畏布，莫敢逼近者。

[1] 为术报仇：董卓曾杀袁氏家族五十余人，吕布杀了董卓，等于是为袁绍、袁术报了仇。 [2] 张燕：常山郡真定县人，本姓褚，黄巾起义，聚众响应。率军与张牛角会合，后张牛角死，被众推为首领，改姓张，因作战勇敢迅捷，称飞燕。《三国志·魏志》卷八有传。常山：即恒山，因避汉文帝刘恒讳改为常山。在今河北省曲阳县西北。 [3] 赤兔：即赤兔马。裴注引《曹瞒传》说：当时人们讲："人中有吕布，马中有赤兔。"

吕布自以为杀董卓替袁术报了仇，袁术会以德相报。可是，袁术讨厌他反复无常，拒绝接待他。于是，吕布北去，到了袁绍那儿，袁绍与吕布在常山进攻张燕。张燕有一万多精兵，几千骑兵。吕布有良马叫赤兔，常与他自己的亲信成廉、魏越等人在战场上冲锋陷阵，终于打败了张燕的军队。吕布要求扩军,但他的将士掠夺资财,因此袁绍担忧忌恨他。吕布觉察到袁绍这个意思，向袁绍请求离开。袁绍担心他回去后成为自己的祸害，派遣壮士在夜里趁其不备暗杀他，又没有成功。事情败露后，吕布出走河内郡，与张杨合伙。袁绍命令部众追赶吕布，可是大家都畏惧他，没有人敢逼近。

备东击术，布袭取下邳[1]，备还归布。布遣备屯小沛[2]。布自称徐州刺史。术遣将纪灵等步骑三万攻备,备求救于布。布诸将谓布曰:“将军常欲杀备，今可假手于术。”布曰:“不然。术若破备，则北连太山诸将[3]，吾为在术围中，不得不救也。”便严步兵千、骑二百，驰往赴备。灵等闻布至，皆敛兵不敢复攻。布于沛西南一里安屯[4]，遣铃下请灵等[5]，灵等亦请布共饮食。布谓灵等曰:“玄德，布弟也。弟为诸君所困，故来救之。布性不喜合斗[6]，但喜解斗耳。”布令门候于营门中举一只戟[7]，布言:“诸君观布射戟小支，一发中者诸君当解去，不中可留决斗。”布举弓射戟，正中小支。诸将皆惊，言“将军天威也！”明日复欢会，然后各罢。

[1]下邳:郡治。故城址在今江苏省睢宁西北。 [2]小沛:沛县的别称。故址在今江苏省沛县。 [3]太山:即泰山。 [4]沛:即小沛。 [5]铃下:指待从、门卒。因为在铃阁的下面挂着铃，有警报就拉铃呼叫，所以把守铃

阁的人叫铃下。［6］合斗：交战争斗。古人称交战为合。这里指纪灵等人围攻刘备。［7］门候：门官。主管按时开门关门的事情。这里也属待从、门卒。戟：兵器名。吕布使用的戟俗称方天画戟，两旁有分支，又叫小支。

刘备向东袭击袁术，吕布趁机袭取了下邳，刘备兵败回来后归附吕布。吕布派遣刘备屯驻小沛。这时，吕布自称徐州刺史。袁术派遣将领纪灵等率步兵、骑兵三万人马围攻刘备，刘备向吕布求救。吕布的将领们对他说："将军您总想要杀刘备，现在可借袁术之手杀他。"吕布说："不能这样。因为袁术如果打败刘备，那么，他北面联合泰山的各将领，我被袁术围在当中，所以不得不救啊。"于是就紧急集合步兵千人、骑兵二百，驰马赶到刘备那儿。纪灵等人听吕布到达，都约束部队不敢再攻打。吕布在小沛的西南一里处安营扎寨，派遣门卒请纪灵等人赴宴，纪灵等人也回请吕布一同吃喝。当时，大家在吕布营中饮宴，吕布对纪灵等人说："刘玄德是我吕布的弟弟。因为弟弟被诸位围困，所以我特来救他。我的性格不喜欢交战争斗，只喜欢解开争斗罢了。"说完命令门官在军营门前举起一只戟，吕布说："诸位请看我箭射画戟的分支，一发射中的话，诸位应解围而去，射不中的话，可留下决战。"于是，吕布举弓射戟，正中分支。诸将都大吃一惊，口称"吕将军神威啊！"第二天再度欢会，然后各自罢兵。

建安三年，布复叛为术，遣高顺攻刘备于沛，破之。太祖遣夏侯惇救备，为顺所败。太祖自征布，至其城下，遗布书[1]，为陈祸福[2]。布欲降，陈宫等自以负罪深，沮其计[3]。布遣人求救于术，自将千余骑出战，败走，还保城，不敢出。术亦不能救。布虽骁猛，然无谋而多猜忌，不能制御其党[4]，但信诸将。诸将各异意自疑[5]，故每战多败。太祖堑围之三月，上下离心，其将侯成、宋宪、魏续缚陈宫，将其众降。布与其麾下登白门楼[6]。兵围急，乃下降。遂生缚布，布曰："缚太急，小缓之。"太祖曰："缚虎不得不急也。"布请曰："明公所患不过于布，今已服矣，天下不足忧。明公将步，令布将骑，则天下不足定也。"太祖有疑色。刘备进曰："明公不见布之事丁建阳及董太师乎[7]！"太祖颔之。布因指备曰："是儿最叵信者[8]。"于是缢杀布。布与宫、顺等皆枭首送许[9]，然后葬之。

［1］遗（wèi）：给予，赠送。［2］祸福：祸害和福分。这里指利弊得失。［3］陈宫等自以负罪深：陈宫原为曹操部将，驻守东郡，乘曹操率大军出征徐州，劝陈留太守张邈背叛曹操，并从河南接回吕布，推举吕布为兖州牧，所以"自以负罪深"。沮（jǔ）：阻止，阻挠。［4］党：古代居民组织，五百家为一党。这里作集团、同伙解释。［5］异意自疑：各持己见，相互猜疑。［6］麾（huī）下：将帅的部下。白门楼：汉下邳城南门城楼名。下邳在今江苏省宿迁市内。［7］丁建阳：即丁原，字建阳。董太师：即董卓。［8］叵（pǒ）信：不可信。［9］枭（xiāo）首：杀头并将头颅悬挂木上。

建安三年（198 年），吕布又背叛曹操，帮助袁术，派遣高顺在沛攻打刘备，打败了刘备。曹操派遣夏侯惇救援刘备，也被高顺打败。于是，曹操亲自征讨吕布，到达下邳城下，给吕布送去一封书信，向他陈说利弊得失。吕布收信后，准备投降，陈宫等人自认为对曹操负罪太大，阻挠吕布的计划。吕布派人向袁术求救，又亲自率领一千多骑兵出城接战，大败而逃，退守城池，不敢出战。袁术也不能救援。吕布虽然骁勇，然而无谋，又多猜忌，不能控制他的党羽，只信用几位将领。而各将又各持己见，相互猜疑，所以每次战斗，失败居多。曹操掘壕沟围困吕布长达三个月，而吕布他们上下离心，他的将领侯成、宋宪、魏续绑了陈宫，率领自己的部众投降。吕布与他的部下登上白门楼。曹操的兵众围得紧，吕布才下楼投降。于是就强行把吕布捆住带上来，吕布说:“缚得太紧，稍微宽点。”曹操说:“缚虎不得不紧啊。”吕布请求说:“明公您所担心的，不过是我吕布，今天我已降服了，天下事就不用忧虑。您统率步兵，命我率领骑兵，那么天下不难平定啊。”曹操迟疑了一下。这时，刘备进上一言，说:“明公不见吕布侍奉丁建阳随后又侍奉董太师的事吗！”曹操听后点点头。吕布便指着刘备，叫道:“这小子是最不可信的。”于是缢死了吕布。随后，吕布与陈宫、高顺等人都被枭首，首级送到许都，然后把他们埋葬了。

曹爽传

曹爽传

本文是《曹真传》的附传。按《三国志》的体例，是把若干类型相同的人物合在一起，编为一卷。有的人物相互间有血统或从属关系，也放在一起，以一个主要人物立传，其他次要人物就附在此人的传后，称为附传。曹爽是曹真的儿子，因此附在《曹真传》的后面。

曹真是曹操的养子，他的父亲曹邵在曹操起兵时为曹操招募士兵，被州郡官所杀，因此曹操收养了曹真，让他和曹丕在一起。曹真作战勇猛，立有战功。曹丕即皇帝位后，他升任中军大将军；曹丕临终，曹真与陈群、司马懿共同接受遗诏，辅助明帝，在抵御蜀汉诸葛亮兵出祁山中立了功，升为大司马。后病逝于洛阳，谥元侯。

曹爽（？—249 年）继承了曹真的爵位，明帝时任武卫将军，并受遗诏与司马懿共同辅佐少帝曹芳。当时，世家大族出身的司马懿逐渐掌握了朝政。司马懿富有谋略和军事指挥才能，比曹爽高明得多。但曹爽以宗族之亲深得明帝和少帝曹芳的信任，他一度掌握军政大权，排斥了司马懿。司马懿装作病重，请求退职闲住，但暗中联络心腹，策划政变，准备除去曹爽及其党羽。相反，曹爽及其心腹——以“浮华”著称的何晏、邓飏、丁谧等人见司马懿称病不参与朝政后，自以为得计，更加为所欲为，侈靡腐败，对司马懿毫不防备，司马懿搞政变终于一举成功。曹爽等人最后被以谋反罪处死，并夷诛三族。

司马懿铲除了曹爽集团，扫除了夺取曹魏政权最后一块较大的绊脚石，为他孙子司马炎代魏称帝奠定了基础。

本文记载的就是曹爽集团覆灭的过程。

爽字昭伯，少以宗室谨重[1]，明帝在东宫[2]，甚亲爱之。及即位，为散骑侍郎[3]，累迁城门校尉[4]，加散骑常侍，转武卫将军[5]，宠待有殊。帝寝疾[6]，乃引爽入卧内，拜大将军，假节钺，都督中外诸军事[7]，录尚书事[8]，与太尉司马宣王并受遗诏辅少主[9]。明帝崩，齐王即位[10]，加爽侍中[11]，改封武安侯[12]，邑万二千户。赐剑履上殿，入朝不趋，赞拜不名。丁谧画策，使爽白天子，发诏转宣王为太傅[13]，外以名号尊之，内欲令尚书奏事。先来由己，得制其轻重也[14]。爽弟羲为中领军[15]，训武卫将军，彦散骑常侍侍讲[16]，其余诸弟，皆以列侯侍从，出入禁闼[17]，贵宠莫盛焉。南阳何晏、邓飏、李胜，沛园丁谧、东平毕轨咸有声名[18]，进趣于时[19]，明帝以其浮华[20]，皆抑黜之；及爽秉政，乃复进叙[21]，任为腹心。飏等欲令爽立威名于天下，劝使伐蜀，爽从其言，宣王止之不能禁。正始五年，爽乃西至长安，大发卒六七万人，从骆谷入[22]。是时，关中及氐、羌转输不能供，牛马骡驴多死，民夷号泣道路[23]。入谷行数百里，贼因山为固，兵不得进。爽参军杨伟为爽陈形势[24]，宜急还，不然将败。飏与伟争于爽前，伟曰："飏、胜将败国家事，可斩也。"爽不悦，乃引军还。

[1]谨重：谨慎持重。 [2]东宫：当时魏明帝是皇太子，居室称东宫。[3]散骑侍郎：官名。曹魏初年，与散骑常侍同时设置。常侍为三品，侍郎为五品。 [4]城门校尉：官名。职掌洛阳十二城门。 [5]武卫将军：官名。胡三省注："魏制，领军将军主中垒、五校、武卫三营，武卫将军盖领武卫营也。"（《资治通鉴》卷七四魏明帝景初二年注） [6]寝疾：病重得

卧床不起。［7］都督中外诸军事：官名。是魏晋时的最高武职，总统内外诸军，掌全国军事大权。［8］录尚书事：录，总领。东汉以来，政归尚书台，录尚书事，即总领朝政。［9］遗（yí）诏：天子临死前的诏书。即为遗嘱。［10］齐王：即曹芳，景初三年（239年）即皇帝位。［11］侍中：官名。皇帝近侍。是正式官职前面的加官称号。［12］武安侯：封爵名号。武安：县名。故址在今河北省武安县西南。［13］太傅：官名。东汉、曹魏设置的太傅，位在三公上，没有实权，多为加衔，也不常设。［14］轻重：举足轻重的地位。［15］中领军：官名。领军将军之首，职掌京师禁卫军。［16］侍讲：官名。胡三省注："以在少帝（齐王芳）左右，令侍讲说，侍讲之官起乎此也。"（《资治通鉴》卷七四魏明帝景初三年注）［17］禁闼（tà）：皇帝居住的宫室。［18］咸有声明：都有名声。［19］进趣：这里指通过品评被引荐上来。［20］浮华：虚浮，华而不实。［21］进叙：推荐上来任以官职。叙：通过品评，按品级授官叫"叙"。［22］骆谷：秦岭的一道山谷，长四百多里。呈南北走向。南口在陕西省的洋县北，北口则在周至县西南。［23］民夷：汉民和其他少数民族。汉代称西南少数民族为"西南夷"。［24］参军：将军府的重要幕僚。

曹爽，字昭伯，年轻时因是宗室子弟，为人又谨慎持重，魏明帝为东宫太子时，对他十分喜爱。等明帝即位后，曹爽任散骑侍郎，多次调任，为城门校尉，加官任散骑常侍，转任武卫将军，受到特殊的宠信。魏明帝病得卧床不起时，就召曹爽进入自己的卧室，命他任大将军，借符节黄钺，都督中外诸军事，录尚书事，总领朝政，与太尉司马懿一起受遗诏辅佐幼主。魏明帝死，齐王芳即皇帝位，给曹爽加官为侍中，改封武安侯，食邑一万二千户，赐佩剑着履上殿，入朝不用快步走，赞拜不唱名字，丁谧替曹爽出谋划策，让曹爽奏明皇上，下诏转太尉司马懿任太傅，表面上以太傅的名号尊崇司马懿，其实想使尚书奏请政务时，先经由曹爽，这样就能遏制司马懿举足轻重的地位了。曹爽的弟弟曹羲任中领军，曹训任武卫将军，曹彦任散骑常侍侍讲，其他弟弟，都以列侯的爵位侍从皇帝，出入皇宫，贵显宠荣没有人比他们更盛了。南阳的何晏、邓飏、李胜，沛国的丁谧、东平的毕轨都有名声，当时通过品评，被引荐上来，魏明帝认为他们为人虚浮，一并把他们罢黜；等到曹爽掌握朝政时，方再被引荐上来担任了官职，曹爽把他们当作心腹。邓飏等人想使曹爽在天下树立威名，劝他出征讨伐蜀汉，曹爽听了他们的主意，司马懿制止不了他们。正始五年（244 年），曹爽就西行到达长安，大量征发士卒，共六七万人，从骆谷进军。这时，从关中以及氐、羌少数民族地区向大军运输给养供给不足，途中牛马骡驴大多累死，汉人夷民在路上哭号。曹军进入骆谷，走了几百里路，敌人依山势的险峻做了坚固的防守，曹爽的兵士不能前进。这时，曹爽的参军杨伟向曹爽陈说所处的形势，认为应该急速退兵，不然将要失败。邓飏与杨伟在曹爽面前争执起来，杨伟说："邓飏、李胜将败坏国家大事，可杀。"曹爽心中不快，但也只得率军退还。

初，爽以宣王年德并高，恒父事之[1]，不敢专行。及晏等进用，咸共推戴，说爽以权重不宜委之于人。乃以晏、飏、谧为尚书，晏典选举[2]，轨司隶校尉，胜河南尹，诸事希复由宣王[3]。宣王遂称疾避爽。晏等专政，共分割洛阳、野王典农部桑田数百顷[4]，及坏汤沐地以为产业[5]，承势窃取官物，因缘求欲州郡。有司望风，莫敢忤旨。晏等与廷尉[6]卢毓素有不平[7]。因毓吏微过，深文致毓法[8]，使主者先收毓印绶，然后奏闻。其作威如此。爽饮食车服，拟于乘舆[9]。尚方珍玩[10]，充牣其家[11]。妻妾盈后庭，又私取先帝才人七八人[12]，及将吏、师工、鼓吹、良家子女三十三人[13]，皆以为伎乐[14]。诈作诏书，发才人五十七人送邺台[15]，使先帝倢伃教习为伎[16]。擅取太乐乐器[17]，武库禁兵。作窟室[18]，绮疏四周[19]，数与晏等会其中，饮酒作乐。羲深以为大忧，数谏止之。又著书三篇，陈骄淫盈溢之致祸败，辞旨甚切[20]，不敢斥爽，托戒诸弟以示爽。爽知其为己发也，甚不悦。羲或时以谏喻不纳[21]，涕泣而起。宣王密为之备。九年冬，李胜出为荆州刺史，往诣宣王。宣王称疾困笃，示以羸形[22]。胜不能觉，谓之信然[23]。

[1] 恒：经常，常常。父事之：当父亲来看待他。 [2] 典：主管，主持。选举：曹魏时实行九品官人法（又称九品中正法）选官制度。典选举即主持九品中正法的品评工作。 [3] 希：通“稀”。稀少。 [4] 洛阳、野王典农部：曹魏在洛阳西南阳市邑（故城址在今河南省洛宁县东北）和河内郡野王县（故址在今河南省沁阳县）都设置了典农中郎将，管理该地区的屯田。 [5] 汤沐地：即汤沐邑。汉制规定：皇帝、诸侯、皇后、公主都有汤沐邑，赋税收入作个人奉养。魏承汉制，也有汤沐地。 [6] 廷尉：官名。汉的延尉，掌司法刑狱。曹操建魏国时，将廷尉改为大理，魏黄初元年（220年）又改称廷尉。 [7] 不平：不睦，不和。 [8] 深文：指夸大事实、能使对方加深罪责的文辞。 [9] 乘舆：指皇帝所乘的车。这里喻为皇帝。 [10] 尚方：汉魏少府下面设中、左、右三尚方，制造皇室需用的器物。尚方珍玩：即指皇宫内藏有的珍宝玩物。 [11] 牣（rèn）：满，溢。 [12] 才人：宫中女官名，多为嫔妃的称号。先帝才人指明帝死后发往掖庭的才人。 [13] 良家：这里指清白人家。古时曾把除医、巫、百工、商贾以外的人家通称良家。[14] 伎乐：歌舞者，乐工等。伎也指歌女、舞女。 [15] 邺台：指邺城三台，即铜雀台、金虎台和冰井台。 [16] 倢伃（jié yú）：也写作婕妤，嫔

妃称号之一。［17］太乐：官名。曹魏时，太常卿下设有太乐令，职掌国家典礼、祭祀所用之乐。［18］窟室：地下室。［19］绮疏四周：在地下室四面墙上雕刻华丽的花纹。［20］旨：这里指意图，意思。［21］谏喻不纳：不接受规劝和忠告。［22］羸（léi）：衰弱，瘦小。［23］信然：相信真的是这样。裴注引《魏末传》说：曹爽授意李胜以告别为名观察司马懿的病情。司马懿“令两婢侍边，持衣，衣落；复上指口，言渴求饮，婢进粥，宣王（司马懿）持杯饮粥，粥皆流出沾胸。”自言：“年老沈疾，死在旦夕。”又“阳为昏谬”“错乱其辞，状似荒语”。李胜信以为真。

起初，曹爽因为司马懿年高德劭，一直把他当父辈看待，不敢独断专行。等到何晏等人提拔任用后，他们都一致拥戴曹爽，还以权重不宜于托付给旁人来劝说曹爽。于是曹爽就任用何晏、邓飏、丁谧为尚书，何晏主管选举，毕轨为司隶校尉，李胜为何南尹，诸事很少再由司马懿做主。司马懿也就称病避让曹爽。何晏等人专权，合伙把洛阳、野王两处典农部的几百顷桑田分割掉，又毁坏汤沐邑的土地作为自己的产业，仗势窃取官府财物，借机会要求州郡进贡。主管官吏看风头，没人敢违背他们的旨意。何晏等人与廷尉卢毓平素不睦，便借卢毓属吏小有过失，夸大其事，对卢毓加以法办，让受理此案的主管先收了卢毓的官印，然后奏明皇帝。他们竟如此作威作福。曹爽的饮食车服，拟于皇帝。皇宫内藏有的珍宝玩物，充斥其家；曹爽的妻妾充满后庭，他又私自索要魏明帝时宫中才人七八人，以及将吏、师工、鼓吹、良家子女三十三人，都作为他的歌伎舞女。曹爽又诈称奉诏，征发掖庭才人五十七人送往邺城三台，让魏明帝生前的倢伃教习，成了歌伎舞女。擅自取用皇家太乐乐器，武库中御用兵器。建造地下室，室内墙上装饰华丽的花纹，多次与何晏等人在里面欢会，饮酒作乐。曹羲深感忧虑，一再规劝他哥哥。

又写了文章三篇，陈述骄淫过度是遭致祸败的根由，辞意十分恳切，不敢指责曹爽,假托劝诫诸弟,拿来让曹爽看。曹爽知道他是针对自己而言,很不高兴。有时曹羲因规劝不被采纳，哭着起身告退。这时，司马懿秘密地做准备。正始九年（248 年）冬，李胜出任荆州刺史，前往司马懿家告别。司马懿佯装病得很重,显出衰弱不堪的样子。李胜未能察觉出来,告诉曹爽说，他相信司马懿真的病成那样了。

十年正月，车驾朝高平陵[1]，爽兄弟皆从。宣王部勒兵马，先据武库，遂出屯洛水浮桥[2]。奏爽曰:“臣昔从辽东还，先帝诏陛下、秦王及臣升御床[3],把臣臂,深以后事为念。臣言‘二祖亦属臣以后事,此自陛下所见，无所忧苦，万一有不如意，臣当以死奉明诏’。黄门令董箕等[4]，才人侍疾者，皆所闻知。今大将军爽背弃顾命[5]，败乱国典，内则僭拟，外专威权；破坏诸营，尽据禁兵，群官要职，皆置所亲；殿中宿卫，历世旧人皆复斥出，欲置新人以树私计；根据槃互[6]，纵恣日甚。外既如此，又以黄门张当为都监[7]，专共交关[8]，看察至尊[9]，候伺神器[10]，离间二宫[11]，伤害骨肉。天下汹汹[12]，人怀危惧，陛下但为寄座[13]，岂得久安！此非先帝诏陛下及臣升御床之本意也。臣虽朽迈[14]，敢忘往言？昔赵高极意，秦氏以灭[15]；吕、霍早断[16]，汉祚永世[17]。此乃陛下之大鉴，臣受命之时也。太尉臣济、尚书令臣孚等[18]，皆以爽为有无君之心，兄弟不宜典兵宿卫，奏永宁宫[19]。皇太后令敕臣如奏施行。臣辄敕主者及黄门令罢爽、羲、训吏兵，以侯就第，不得逗留以稽车驾[20];敢有稽留,便以军法从事。臣辄力疾[21]，将兵屯洛水浮桥，伺察非常[22]。”

[1] 车驾：皇帝的车驾。这里指皇帝。高平陵：魏明帝的陵墓。在当时

洛水南的大石山，距洛阳城九十里。［2］浮桥：用船、筏或浮箱等作桥墩搭成的桥。洛水浮桥在当时洛阳城南二十五里。(《补三国疆域志补注》)［3］秦王：魏明帝养子，名询，封秦王。御床：皇帝的床。［4］黄门令：官名。职掌小黄门事务，侍从皇帝。［5］顾命：皇帝的遗诏。［6］根据槃互：意为盘根错节。槃互：互相连接。［7］都监：官名。皇帝侍从官。这里指都监黄门。［8］交关：串通，勾结。［9］至尊：指皇帝。［10］神器：指皇位。［11］二宫：这里指太后和皇帝。［12］汹汹：形容喧扰。［13］寄座：客居帝位。比喻帝位不巩固。［14］朽迈：衰弱年迈。［15］赵高极意，秦氏以灭：秦始皇死后，胡亥依靠赵高等，矫诏得帝位，是为秦二世。赵高大受宠幸，恣意胡为，竟杀诸公子以及李斯等，当上丞相，得意至极。后天下起兵反秦，赵高又杀秦二世，不久，子婴降，秦亦亡。［16］吕、霍早断：指汉初周勃、陈平等灭掉诸吕，匡扶汉室事；汉宣帝时及时诛灭外戚霍氏，防止霍禹废汉自立事。［17］汉祚（zuò）永世：汉朝帝位世代相传。［18］济：蒋济。尚书令：官名。尚书台的长官。孚：司马孚。［19］永宁宫：齐王芳即位后，尊郭皇后为皇太后，她的居室叫永宁宫，这里指皇太后郭氏。［20］稽：停留，拖延。车驾：这里指皇帝的车驾。［21］辄：这里指专擅。力疾：勉强支撑病体。［22］伺察非常：观察非常之变。

（正始）十年（249年）正月，皇帝（齐王芳）朝拜高平陵，曹爽兄弟都跟从前往。司马懿统率兵马，首先占据武库，接着就出城屯驻洛水浮桥。上书奏告皇帝弹劾曹爽说："臣当年从辽东回朝时，先帝（魏明帝）召见陛下（齐王芳）、秦王和我登上御床，先帝拉住我的手臂，深为身后事放心不下。当时，我说了'太祖和文帝也将后事嘱托过我，这是陛下（魏明帝）您亲自看到的，不要有什么忧虑和苦恼，万一有不如意的事发生，我当誓死遵奉您的明诏'这样的话。黄门令董箕等人，伺候护理先帝的宫中才人都听到的。今大将军曹爽背弃遗诏，败乱国典，在内竟超越本分，自比皇上，对外则专权逞威；破坏诸多军营，占据所有禁兵，许多重要官职，都安插自己的亲信；宫中宿卫，过去旧人又都排斥出去，准备安插新人来培植私人势力；盘根错节，放纵恣肆，一日胜似一日。外面既已如此，宫内又以小黄门张当任都监，专为相互勾结，察看陛下举动，觊觎皇位，离间太后与陛下的关系，伤害骨肉之情。致使天下喧扰，人人心怀危惧，陛下只是寄坐帝位，岂能久安！这不是当年先帝召见陛下以及我登上御床的本意。我虽然衰弱年迈，怎敢忘了往昔自己讲的话呢？从前，秦朝赵高恣意，嬴氏便被诛灭；汉朝诸吕、霍氏之乱及时解决，使帝位世代相传。这就是陛下很大的借鉴，也是我接受诏命的时候。太尉张济、尚书令司马孚等，都认为曹爽存目无君主之心，他的兄弟不适宜主管禁兵宿卫，已经启奏皇太后。皇太后敕令我如奏施行。我只好专擅嘱咐主事的人及黄门令遣散曹爽、曹羲、曹训的属吏和亲兵，他们本人以侯爵身份回自己的府第，不得逗留在外，使皇上车驾停住，敢有拖延停留的，便以军法从事。我勉强支撑病体，率兵屯驻洛水浮桥，观察动静，以防非常之变。”

爽得宣王奏事，不通[1]，迫窘不知所为。大司农沛国桓范闻兵起[2]，不应太后诏，矫诏开平昌门[3]，拔取剑戟，略将门候[4]，南奔爽。宣王知，曰：“范画策，爽必不能用范计。”范说爽使车驾幸许昌，招外兵。爽兄弟犹豫未决。范重谓羲曰：“当今白，卿门户求贫贱复可得乎？且匹夫持质一人，尚欲望活，今卿与天子相随，令于天下，谁敢不应者？”羲犹不能纳。侍中许允、尚书陈泰说爽，使早自归罪。爽于是遣允、泰诣宣王，归罪请死，乃通宣王奏事。遂免爽兄弟，以侯还第。

［1］不通：不通报。这里指没有上奏皇帝。［2］大司农：官名。魏国初置司农，曹魏黄初元年改称大司农，职掌财政。［3］平昌门：曹魏时洛阳十二城门之一。［4］门候：门官。洛阳城每城门设门候一人，归城门校尉管辖。

曹爽得到司马懿的奏章，没有上奏皇上，窘迫之中，不知如何是好。大司农桓范，沛国人，他听到司马懿起兵，便不顾皇太后的诏命，假传太后诏命开了平昌门，拔取城门剑戟，强行带领门候，向南直奔曹爽驻地。司马懿得知后，说："桓范此去策划，曹爽必定不能用他的计谋。"桓范劝说曹爽让天子驾临许昌，召集外地勤王兵马。曹爽兄弟们犹豫不决。桓范大声地对曹羲说："事到如今，你全家求当贫贱之人还能做得到吗？况且匹夫劫持一个人质，还存活下去的念头，今你与天子相随，号令天下，谁敢不响应呢？"曹羲听后还是不能采纳这个建议。侍中许允、尚书陈泰则劝曹爽，让他趁早自己领罪。于是，曹爽派他俩到司马懿那儿去，领罪请死，同时，才上奏司马懿的奏事。终于免了曹爽兄弟的官，仅以侯爵的身份回到自己的府第。

初，张当私以所择才人张、何等与爽。疑其有奸，收当治罪。当陈爽与晏等阴谋反逆，并先习兵，须三月中欲发[1]，于是收晏等下狱。会公卿朝臣廷议，以为"《春秋》之义，'君亲无将，将而必诛[2]'。爽以支属，世蒙殊宠，亲受先帝握手遗诏，托以天下，而包藏祸心，蔑弃顾命，乃与晏、飏及当等谋图神器，范党同罪人，皆为大逆不道"。于是收爽、羲、训、晏、飏、谧、轨、胜、范、当等，皆伏诛，夷三族。嘉平中[3]，绍功臣世，封真族孙为新昌亭侯，邑三百户，以奉真后。

［1］须：等待。［2］君亲无将两句：语见《春秋公羊传》庄公三十二年。意思是：对君主和父母是不能叛逆的，叛逆的话必然受到诛灭。将，叛乱、叛逆。［3］嘉平：齐王曹芳的第二个年号，共六年（249—254年）。

起先，张当私自把挑选的才人张氏、何氏等送给曹爽。司马懿怀疑他们有奸谋，把张当抓起来治罪。张当供出曹爽与何晏等阴谋造反叛逆，并预先训练士兵，等到三月中想发动，因此司马懿把何晏等人逮捕送进监狱，并会集公卿朝臣在朝廷商议，大家都认为"《春秋》所揭示的大义是：'对君主和父母是不能叛逆的，叛逆必将受到诛杀。'曹爽因为是皇帝宗族的支派，几代受到特殊的荣宠，他亲自受到先帝握着他的手授予的遗诏，把天下托付给他，但他包藏祸心，丢弃先帝的临终遗命，竟与何晏、邓飏及张当等阴谋篡夺皇位，桓范与罪人结党，也是大逆不道。"因此逮捕了曹爽、曹羲、曹训、何晏、邓飏、丁谧、毕轨、李胜、桓范、张当等，都处死，灭三族。嘉平年间，为使功臣的后代得到继续，封曹真的族孙为新昌亭侯，食邑三百户，作为后代来祭祀曹真。

郭嘉传

郭嘉传

郭嘉（170—207 年）是曹操统一北方时期重要的谋士，他善于分析敌我，运筹帷幄，为曹操统一北方做出了贡献。

东汉末期各个政治军事集团的组成，除领袖人物外，包括谋士和武将。谋士大多具有政治和战略目光，出谋划策，辅助领袖人物。他们既是军事上的参谋，又是政治上的辅弼。一旦这个政治军事集团建立了政权，他们便成为该政权的政府主要官员。东汉末年社会政治的大动荡，使当时很多士人通过各种机会，凭借各种关系，参加了各个政治军事集团。士人们根据自己的立场和观察，选择“主公”;领袖们根据自己的需要和对方的才能，选择谋士。曹操由于自身的抱负和才能，再加上“用人唯才”的人才观，迅速地在自己周围团结了一批具有真才实学的谋士。荀彧和郭嘉是曹操谋士中的代表人物。荀彧的主要贡献在于支持曹操奉迎献帝，确立了曹操在政治上的优势，并且向曹操推荐了不少人才。

郭嘉是由于荀彧的推荐才得到曹操赏识的。他擅长分析时局形势和各个政治军事集团的内在矛盾，有利于曹操在政治军事上的决策。本文所述擒吕布、战官渡、平冀州和袭乌丸时郭嘉的献策，都是他战略才能的反映。

郭嘉字奉孝，颍川阳翟人也[1]。初，北见袁绍，谓绍谋臣辛评、郭图曰:“夫智者审于量主，故百举百全而功名可立也[2]。袁公徒欲效周公之下士[3]，而未知用人之机[4]。多端寡要，好谋无决，欲与共济天下大难，定霸王之业，难矣！”于是遂去之。先是时，颍川戏志才，筹画士也，太祖甚器之。早卒。太祖与荀彧书曰：“自志才忘后，莫可与计事者。汝、颍固多奇士[5]，谁可以续之？”彧荐嘉。召见，论天下事。太祖曰：“使孤成大业者，必此人也[6]。”嘉出，亦喜曰：“真吾主也。”表为司空军祭酒[7]。

[1] 颍川：郡名。阳翟：县名。颍川郡郡治在阳翟，今河南省禹县。[2] 百举百全：意为每有建议，必收全功。举，举动，行动。全，成功。[3] 周公：姬旦。周文王之子，辅助武王灭商纣王，建周朝，封于鲁国。武王死后继位的成王年幼，周公摄政，后东征平定商王之子武庚的叛乱，功盖当世。[4] 机：关键，道理。[5] 汝、颍：即汝南、颍川。奇士：有独特才能的人。[6] 使孤成大业者两句：当时袁绍势大，拥有四州之地、百万之众，曹操感到力不能敌，问计于郭嘉。于是，郭嘉陈述十胜十败之说（详见《三国志·郭嘉传》裴注引《傅子》）。所以曹操才有“辅佐我创建功业的,必定是此人”的赞叹。孤:我。古代侯王的自称。[7] 司空军祭酒：曹操的军师祭酒。曹操当时为司空。军祭酒：官名。即军师祭酒，曹操在建安三年初置。古代飨宴祭祀时，由长者首先举酒致祭，称为祭酒。后来成为官名，相当于参谋长。

郭嘉，字奉孝，颍川郡阳翟县人。起初，往北求见袁绍，后对袁绍的谋士辛评、郭图说:“聪明人慎重地估量主人,因此每有建议,必收全功,从而建立功名。今天，袁绍只是想仿效周公的礼贤下士，而不知用人的关键所在。事情头绪多时很少抓住要害，喜欢谋划但没有决断，想与他拯救天下大难,成就霸王的基业,难啊！”因此就离开了袁绍。早在这之前，颍川的戏志才是位谋士，曹操很器重他。不幸死得早。曹操给荀彧写信说：“自从戏志才死后，我没了能与商量事情的人。汝南、颍川本来多奇才，谁能接替戏志才呢？”于是，荀彧推荐了郭嘉。曹操召见郭嘉，议论天下大事。曹操说:“使我成就大功业的,必定是郭嘉啊。”郭嘉出来后，也高兴地对别人说:“曹公是我真正的主人了。”曹操上表推荐郭嘉任他的军师祭酒。

征吕布，三战破之，布退固守。时士卒疲倦，太祖欲引军还，嘉说太祖急攻之[1]，遂禽布[2]。语在《荀攸传》。

［1］嘉说太祖急攻之:《荀攸传》中说:荀攸与郭嘉劝说曹操道:“吕布勇而无谋，如今三战都败，锐气已衰。三军以将为主，主将气衰，则军无斗志。陈宫有智才而动作迟钝，现趁吕布元气未复，陈宫计谋未定，进军急攻，吕布可破。”［2］禽:通“擒”。活捉。

曹操东征吕布，三战三胜，吕布入城固守。当时曹操的兵士疲倦不堪，曹操想率军退还，郭嘉劝说曹操对吕布发起急攻，于是活捉了吕布。这段话在《荀攸传》里有记载。

孙策转斗千里，尽有江东，闻太祖与袁绍相持于官渡，将渡江北袭许。众闻皆惧，嘉料之曰[1]:“策新并江东，所诛皆英豪雄杰，能得人死力者也。然策轻而无备[2]，虽有百万之众，无异于独行中原也。若刺客伏起，一人之敌耳。以吾观之，必死于匹夫之手。”策临江未济，果为许贡客所杀[3]。

［1］料:料量，估计。［2］轻而无备:指孙策轻敌麻痹，进出不作戒备。［3］许贡客:许贡的宾客。许贡，原吴郡太守，被孙策所杀。客，宾客。

这里指许贡的幕僚、食客或死士。

孙策辗转争战，行程千里，终于完全占据江东之地，听说曹操与袁绍在官渡作战，相持不下，准备渡江北上，袭击许都。曹操的部众听到这消息都害怕起来，郭嘉对孙策作了估计后，说："孙策新近并吞江东，诛杀的都是当地能得到别人拼死相助的英雄豪杰。然而孙策为人轻敌，进出不作戒备，虽然拥有百万之众，与单身独行在田野之中没有什么不同。如埋伏的刺客一跃而起，一个人可以与孙策匹敌的了。依我看，他必定死于匹夫之手。"不久，孙策兵临长江，尚未北渡，果然被故吴郡太守许贡的宾客所杀。

从破袁绍，绍死，又从讨谭、尚于黎阳，连战数克。诸将欲乘胜遂攻之，嘉曰："袁绍爱此二子，莫適立也[1]。有郭图、逢纪为之谋臣，必交斗其间，还相离也。急之则相持[2]，缓之而后争心生。不如南向荆州若征刘表者，以待其变；变成而后击之[3]，可一举定也。"太祖曰："善。"乃南征。军至西平[4]，谭、尚果争冀州。谭为尚军所败，走保平原[5]，遣辛毗乞降。太祖还救之，遂从定邺。又从攻谭于南皮[6]，冀州平。封嘉洧阳亭侯[7]。

[1] 適（dí）：古时正妻所生的儿子，有时专指正妻所生的长子为"適"。適通"嫡"。 [2] 相持：互相支援，相互扶持。 [3] 变成：事变发生。 [4] 西平：县名。故址在今河南省西平县。 [5] 平原：县名。故址在今山东省平原县西南。 [6] 南皮：县名。故址在今河北省南皮县东北。 [7] 洧（wěi）阳：城名。故城址在今河南省扶沟县南。

郭嘉随曹操一起打败了袁绍，袁绍死后，又随曹操在黎阳讨伐袁谭、袁尚，连续作战，多次取胜。袁谭、袁尚夜里逃遁后，诸将想乘胜追击，立刻攻打他们，郭嘉说：“袁绍爱这两个儿子，生前没有确立继承人。今有郭图、逢纪做他们的谋臣，他们必定内讧，不久又要分崩离析。急攻，他们就会相互支持；缓攻，他们便会争权夺利。不如南向荆州，像征讨刘表似的，以待其变；事变发生后再进攻他们，可一举平定。”曹操说：“好。”于是南征。曹军到达西平时，袁谭、袁尚果然争夺冀州，袁谭被袁尚的军队打败，败奔平原据守，派遣谋臣辛毗向曹操乞降。曹操回军去救援袁谭，郭嘉就随曹操平定了邺。后来，又跟随曹操到南皮攻打袁谭，平定了冀州，封郭嘉为洧阳亭侯。

太祖将征袁尚及三郡乌丸，诸下多惧刘表使刘备袭许以讨太祖[1]，嘉曰：“公虽威震天下，胡恃其远[2]，必不设备。因其无备，卒然击之[3]，可破灭也。且袁绍有恩于民夷[4]，而尚兄弟生存，今四州之地，徒以威附，德施未加，舍而南征，尚因乌丸之资，招其死主之臣[5]，胡人一动，民夷俱应，以生蹋顿之心[6]，成觊觎之计[7]，恐青、冀非己之有也[8]。表[9]，坐谈客耳，自知才不足以御备，重任之则恐不能制，轻任之则备不为用，虽虚国远征[10]，公无忧矣。”太祖遂行。至易[11]，嘉言说：“兵贵神速。今千里袭人，辎重多，难以趣利[12]，且彼闻之，必为备；不如留辎重，轻兵兼道以出，掩其不意[13]。”太祖乃密出卢龙塞，直指单于庭[14]。虏卒闻太祖至，惶怖合战。大破之。斩蹋顿及名王已下。尚及兄熙走辽东。

［1］诸下：卢弼说：“诸下”疑为“诸将”或“群下”之误。(《三国志集解》）［2］胡：边疆少数民族。这里指乌丸。［3］卒然：卒同“猝”。猝然，

突然。［4］民夷：汉人和少数民族。这里指汉人和乌丸。［5］死主之臣：愿意以死尽忠的臣下。［6］以生蹋顿之心：使蹋顿的心活了。［7］觊觎（jì yú）：非分之想。［8］青、冀：指青州、冀州。［9］表：刘表。［10］虚国：使国内空虚。这里指倾国家全部力量。［11］易：县名。故址在今河北省雄县西北。［12］趣利：趣，通“趋”。趋利，获利。［13］掩其不意：乘人不备而进袭或捕杀。［14］单于庭：乌丸单于居住的地方。

曹操准备远征袁尚及三郡乌丸，部下大多担心刘表派刘备袭击许都来讨伐曹操，郭嘉说：“曹公虽然威震天下，但乌丸自恃地处边远，必定没有准备。趁其不备，突然进击，可击败并消灭他们。而且以前袁绍对乌丸有恩，而袁尚兄弟又活着。现在四个州的地方，只是因威势才归附的，没有施加恩德，舍此而南征，袁尚凭借乌丸的资助，召集那些愿以死尽忠主子的僚属，乌丸一动，汉人夷民一起响应，使蹋顿心动，产生非分之想，那时恐怕青州、冀州不再是我们所有的了。至于刘表这人，不过是位坐着空谈的家伙罢了，知道自己的才能不足以驾驭刘备，委以重任的话又担心不能控制他，任以轻职的话，刘备又不会被利用；我们即使倾全国的力量远征，曹公您也不用忧虑了。”曹操终于北征。到达易县时，郭嘉献计说：“兵贵神速。现在我们进军千里，袭击敌人，辎重多，难以获胜，况且他们听到风声，必作防备；不如留下辎重，轻装前进，加倍赶路，乘其不备，出击敌人。”于是，曹操就秘密地出了卢龙塞，直指乌丸单于的居处。乌丸突然听到曹操到达，慌慌张张地出来交战。曹军大破敌人。斩杀蹋顿和有名之王以及下面各部族大小首领。袁尚和他的哥哥袁熙逃奔辽东。

嘉深通有算略[1]，达于事情[2]。太祖曰：“唯奉孝为能知孤意。”

年三十八，自柳城还，疾笃[3]，太祖问疾者交错[4]。及薨，临其丧[5]，哀甚，谓荀攸等曰："诸君年皆孤辈也，唯奉孝最少。天下事竟[6]，欲以后事属之[7]，而中年夭折，命也夫！"乃表曰："军祭酒郭嘉，自从征伐，十有一年。每有大议[8]，临敌制变[9]。臣策未决，嘉辄成之。平定天下，谋功为高[10]。不幸短命，事业未终。追思嘉勋，实不可忘。可增邑八百户，并前千户。"谥曰贞侯。子奕嗣。

[1] 算略:谋略，韬略。 [2] 达:通晓，通达。 [3] 疾笃:病得很重。 [4] 太祖问疾者交错:曹操派来探病的人往来不绝。 [5] 临其丧:亲临他的丧礼。 [6] 竟:完成。 [7] 属（zhǔ）:通"嘱"，嘱托，托付。 [8] 大议:重大的计议、决策。 [9] 制:控制，掌握。 [10] 谋功:谋划的功劳。

郭嘉精通韬略，通晓事务。曹操说："只有郭奉孝最能领会我的意图。"郭嘉三十八岁时，从柳城回来，病得很重，曹操派去探视的人往来不绝。到郭嘉死后，曹操亲往吊丧，哀伤得很，对荀攸等人说："各位年纪都与我差不多，只有奉孝最年轻。我本想，完成平定天下大业后，以身后事嘱托于他，可是他中年去世，这是命呀！"于是上表说："军师祭酒郭嘉，自从随我征战讨伐，共十一年。每逢有重大决策，临敌应变，我决策未定时，郭嘉总是使我成功。平定天下，郭嘉谋划的功劳是高的。不幸短寿，事业未终。思念郭嘉的功勋，实不可忘。可增加食邑八百户，连同以前的食邑共一千户。"谥号"贞侯"。儿子郭奕继承封爵。

任峻传

任峻传

东汉末年，战乱频仍，社会生产遭到了严重的破坏。土地荒芜，人民离散，以致“白骨露于野，千里无鸡鸣”，不仅百姓饿殍遍野，连军粮也严重缺乏。建安元年（196 年）枣祗和韩浩向曹操提出兴办屯田的建议，曹操任命枣祗为屯田都尉，下令在许都地区施行。

屯田的具体办法是屯田农民凡租用官牛耕种的，官府征收农民收成的十分之六;不用官牛耕种的,官府和农民各得收成的一半。土地由官府提供，屯田农民不担负其他徭役。尽管官府对屯田农民的剥削是很重的，但由于屯田农民的生产和生活相对稳定，所以屯田的第一年就获得丰收，官府也收到“谷百万斛”。曹操很高兴，下令大兴屯田，任命任峻为典农中郎将，主持屯田。数年之后“所在积粟，仓廪皆满”，对北方地区经济的恢复和发展起了积极的作用。

本文之所以选择任峻作为兴办屯田的代表人物，不仅因为曹操政权的屯田“起于枣祗而成于峻”，还因为在《任峻传》中有一段裴松之的注。这段裴注引了《魏武故事》所载曹操的《加枣祗子处中封爵并祀祗令》，对枣祗建议屯田和制定屯田的措施、实施屯田的功劳作了具体的叙说。我们不但可以了解枣祗其人其事，而且对裴注在补充《三国志》史料方面的重大作用也能有感性的认识。

任峻字伯达，河南中牟人也[1]。汉末扰乱，关东皆震。中牟令杨原愁恐，欲弃官走。峻说原曰:“董卓首乱，天下莫不侧目[2]，然而未有先发者[3]，非无其心也，势未敢耳。明府若能唱之[4]，必有和者[5]。”原曰：“为之奈何？”峻曰：“今关东有十余县，能胜兵者不减万人[6]，若权行河南尹事[7]，总而用之，无不济矣[8]。”原从其计，以峻为主簿[9]。峻乃为原表行尹事[10]，使诸县坚守，遂发兵。会太祖起关东，入中牟界，众不知所从，峻独与同郡张奋议，举郡以归太祖。峻又别收宗族及宾客家兵数百人[11]，愿从太祖。太祖大悦，表峻为骑都尉，妻以从妹[12]，甚见亲信。太祖每征伐，峻常居守以给军[13]。是时岁饥旱，军食不足，羽林监颍川枣祗建置屯田[14]，太祖以峻为典农中郎将，［募百姓屯田于许下[15]，得谷百万斛，郡国列置田官］，数年中所在积粟，仓廪皆满。官渡之战，太祖使峻典军器粮运。贼数寇钞绝粮道[16]，乃使千乘为一部[17]，十道方行[18]，为复阵以营卫之[19]，贼不敢近。军国之饶，起于枣祗而成于峻[20]。太祖以峻功高，乃表封为都亭侯[21]，邑三百户，迁长水校尉[22]。

［1］中牟：县名。属河南郡。故址在今河南省中牟县内。 ［2］莫不侧目：无不怨恨。侧目：斜眼相看，不敢正视。这里形容对董卓之乱的怨恨。［3］先发者：首先发难或起事的人。 ［4］明府：汉代对郡守尊称为府君，亦尊称明府君，简称为明府。 ［5］唱：带头，倡导。和：响应，附和。［6］胜：胜任。不减：不少于。 ［7］权行：暂代。 ［8］不济：不成功。 ［9］主簿：官名。这里指河南尹的主簿。职掌文书档案，办理事务。［10］表行尹事：上表代理河南尹之事。 ［11］宾客：东汉以后世家豪族对依附人口的一种称谓。 ［12］妻（qì）：嫁。这里作动词用。从妹：堂妹。［13］给军：供养部队的给养。 ［14］羽林监：官名。汉有羽林左、右监各一人，左监主羽林左骑，右主右骑。都是皇帝的禁卫官。 ［15］许下：许都附近。 ［16］寇钞：抢劫抄掠。 ［17］乘（shèng）：古时四马拉一车

为一乘，后世即称一车为一乘。一部：一队，一支。［18］方行：并行。［19］复陈：双层的军阵。陈通“阵”。营卫：环绕保卫。［20］起于枣祗而成于峻句：裴注引《魏武故事》所载曹操的令中说：“原陈留太守枣祗，天性忠厚能干。共举义兵时，开始在一起共事，征讨董卓。后袁绍在冀州，也贪图得到枣祗。但是枣祗与我关系深，相信而归附我，我让他兼领东阿县令。吕布之乱，兖州都反叛了，只有范县、东阿完整保存，因为枣祗以兵固守啊。后来大军粮食缺乏，得到东阿县的供给，也是枣祗的功劳。等到打败黄巾军定都许时，得到黄巾的耕牛、农具等财物。应兴屯田，当时议论的人都说，应当按屯田民租官牛的数目来定租额，已定下佃田的章程。施行后，枣祗认为这样做，丰收不增收，有水旱灾时要免除定额租，很不方便。他反复来讲，我还以为应当按老章程，丰收了也不再改变。枣祗还是坚持自己的意见，弄得我不知所从，让他与荀彧商议。当时原军师祭酒侯声说：‘依法征收借官牛的定额租，是为屯田客考虑。如按枣祗的办法，对官府便利，对屯田客不利。’侯声持这种想法，使荀彧犹豫不决。枣祗仍很自信，据计划来回话，坚持按产量分成收租的办法。我就同意这么办，任命他当屯田都尉，设置了屯田的产业。当年就获丰收，后来，就因此而大兴屯田，军用丰足，削平各地叛逆，平定天下，使王室昌盛。枣祗兴屯田之功，不幸早死，以一个郡作为追赠，也不足与他的功劳相称。今深思，枣祗应受封爵，拖延至今，是我的过失啊。枣祗的儿子处中，应加封爵位，用来祭祀枣祗做出的不朽事业。”［21］都亭侯：封爵名号。与亭侯同一级。都亭是城郊之亭。［22］长水校尉：官名。为东汉所设五校尉之一。位次于将军。职掌京师宿卫兵。

任峻，字伯达，河南中牟县人。东汉末年，董卓扰乱，关东都感到震惊。中牟县令杨原又愁又怕，准备弃官而逃。任峻劝杨原说：“董卓为首作乱，天下人无不怨恨，然而没有首先发难的，不是没有讨伐董卓的想法，而是形势条件不成熟不敢罢了。您如能带头，必定有人响应。”杨原说：“那该怎么办？”任峻说：“现在关东一带有十多个县，能拿起武器战斗的不少于万人，您如暂代河南尹的职事，统一指挥，不会不成功的。”杨原听从了他的计策，任用任峻做河南尹的主簿。于是，任峻就替杨原上表，陈述代河南尹的事，让各县坚守，就发兵讨伐董卓。恰巧曹操也从关东起兵，进入中牟县界，众人无所适从，任峻单独与同郡的张奋商议，以全郡归附曹操。此外，任峻又另行召集同族人以及宾客、家兵共几百人，愿意跟随曹操。曹操非常高兴，上表让任峻当骑都尉，把自己的堂妹嫁给他，很被亲近信任。以后曹操每次出征讨伐，任峻常常当留守，供应部队给养。这一年天旱人饥，军粮不足，羽林监颍川人枣祗建议实行屯田制，曹操让任峻任典农中郎将，（招募百姓在许都附近屯田，收到租谷有百万斛，于是在郡国内普遍设置了屯田官），几年之内，实行屯田的地方粮食有积蓄，堆满了仓库。官渡之战时，曹操派任峻主管运送军械兵器和粮食。敌贼多次在途中抢劫掠夺，截断运送军粮的交通要道，于是任峻就让一千辆马车组成一队，分十路并行，组成双层军阵的队伍分前后左右护卫运粮马车，这样一来，敌贼不敢接近。军事上的强大，国家的富饶，从枣祗开始到任峻时完成。曹操因任峻功高，就上表封他为都亭侯，食邑三百户，升任长水校尉。

峻宽厚有度而见事理[1]，每有所陈，太祖多善之。于饥荒之际，收恤朋友孤遗[2]，中外贫宗[3]，周急继乏，信义见称。建安九年薨，太祖流涕者久之。子先嗣。先薨，无子，国除[4]。文帝追录功臣，谥峻曰成侯。复以峻中子览为关内侯[5]。

［1］度：器量。事理：事情的道理。 ［2］恤（xù）：救济，周济。

孤遗：遗孤。［3］中外：中表亲。贫宗：贫穷的同族亲戚。［4］国除：免除封国。这里指收回三百户食邑。［5］关内侯：爵位次于列侯，只有俸禄而无封地。

任峻为人宽厚有器量，又通晓事理，每有建议，曹操都很赞成。在饥荒的时候，任峻收养抚恤朋友的遗孤，中表亲戚，贫困的族人，有急事或缺什么，都不断地周济他们，以重信义受到称赞。建安九年（204年）去世，曹操伤心地哭了好久。任峻的儿子任先继承封爵。任先死后无子，除去封国。魏文帝追记功臣事迹时，给任峻的谥号叫成侯。又将任峻的次子任览封为关内侯。

张辽传

张辽传

张辽（169—222年）是曹操的一员战将，他有勇有谋，屡立战功，为曹操统一北方，守卫江淮地区，立下了大功。

本文所载张辽的事迹，都是围绕着张辽的勇和谋展开的，行文有详有略，重点突出。如收昌豨一节，张辽观察到昌豨“辄属目视辽”“其射矢更稀”，得出昌豨犹豫于战降之间，建议夏侯渊诱降昌豨，然后单身上昌豨的家中，终于降服了昌豨。这是写张辽的智谋。柳城击乌丸，斩杀乌丸单于；平定陈兰、梅成的反叛，以“一与一，勇者得前”来激励部下。这是写张辽的勇猛。至于写合肥之战，张辽率八百壮士，冲击孙权营垒，二进二出，更是浓墨渲染，使张辽的形象跃然纸上，呼之欲出。以后所写曹操和曹丕对合肥之战的赞扬，孙权对张辽的心有余悸，都可以说是铺垫之笔，加深了读者对张辽的印象。作者之所以这样大写张辽在合肥之战的战功，也因为曹魏和孙吴争夺淮南，最后以合肥之战曹军的胜利而确定了魏吴的疆域。

张辽字文远，雁门马邑人也[1]。本聂壹之后[2]，以避怨变姓。少为郡吏。汉末，并州刺史丁原以辽武力过人，召为从事[3]，使将兵诣京都。何进遣诣河北募兵，得千余人。还，进败，以兵属董卓。卓败，以兵属吕布，迁骑都尉。布为李傕所败，从布东奔徐州，领鲁相[4]，时年二十八。太祖破吕布于下邳，辽将其众降，拜中郎将，赐爵关内侯。数有战功，迁裨将军[5]。袁绍破，别遣辽定鲁国诸县。与夏侯渊围昌豨于东海[6]，数月粮尽，议引军还，辽谓渊曰：“数日已来，每行诸围[7]，豨辄属目视辽[8]。又其射矢更稀[9]，此必豨计犹豫[10]，故不力战。辽欲挑与语，傥可诱也[11]？”乃使谓豨曰：“公有命，使辽传之。”豨果下与辽语，辽为说“太祖神武[12]，方以德怀四方[13]，先附者受大赏”。豨乃许降。辽遂单身上三公山[14]，入豨家，拜妻子。豨欢喜，随诣太祖。太祖遣豨还，责辽曰：“此非大将法也。”辽谢曰：“以明公威信著于四海，辽奉圣旨[15]，豨必不敢害故也。”从讨袁谭、袁尚于黎阳，有功，行中坚将军[16]。从攻尚于邺，尚坚守不下。太祖还许，使辽与乐进拔阴安[17]，徙其民河南。复从攻邺，邺破，辽别徇赵国、常山[18]，招降缘山诸贼及黑山贼孙轻等[19]。从攻袁谭，谭破，别将徇海滨，破辽东贼柳毅等。还邺，太祖自出迎辽，引共载，以辽为荡寇将军[20]。复别击荆州，定江夏诸县[21]，还屯临颍[22]，封都亭侯。从征袁尚于柳城，卒与虏遇，辽劝太祖战，气甚奋[23]，太祖壮之，自以所持麾授辽[24]。遂击，大破之，斩单于蹋顿。

[1] 雁门：郡名。郡治所在今山西省代县西北。马邑：县名。故址在今山西省朔县西北。 [2] 聂壹：汉武帝时期的人。元光二年（公元前133年），武帝准备在马邑聚歼匈奴主力，派聂壹诱匈奴单于入塞，途中被匈奴发觉，单于退兵，伏击未能成功。事见《史记·匈奴列传》。 [3] 从事：官名。刺史属吏。汉制，州属吏有兵曹从事一人，掌军事。张辽此时可能任兵曹从事，简称从事。 [4] 鲁相：鲁国的国相。鲁，王国名，治所在今山东省曲阜县。相：指王国国相，官名。汉末王国名存实亡，王国国相即是该王国的最高行政长官。 [5] 裨将军：官名。汉末复置的杂号将军，主征伐。 [6] 东海：郡名，治所在今山东省郯城县北。 [7] 围：围城的营盘。 [8] 属（zhǔ）目：注目。属，通“瞩”。 [9] 更稀：越来越少。 [10] 犹豫：迟疑不决。这

里指昌豨犹豫于战降之间。［11］傥（tǎng）：或许。［12］神武：神明英武。［13］方：副词。正在。四方：东南西北，泛指天下各地。［14］三公山：在今山东省郯城县境内。有人认为是县城东十五里的马陵山（《三国志集解》）。［15］圣旨：本指臣下对皇帝发出的命令称为圣旨。这里是张辽对曹操命令的尊称。［16］中坚将军：官名。汉末复置的杂号将军。［17］阴安：县名。故址在今河南省清丰县北。［18］徇：通“巡”。带兵巡行占领地方。这里指夺取，攻占。赵国：王国名。治所在今河北省邯郸市。常山：王国名。建安十一年，国废为郡。治所在今河北省元氏县西北。［19］黑山：山名。在今河南省浚县西北太行山脉中。［20］荡寇将军：官名。汉末置的杂号将军。主征伐。［21］江夏：郡名。刘表以黄祖为江夏太守时，治所在今武昌西南。黄祖死后，刘琦为江夏太守，屯驻夏口。［22］临颍：县名。故址在今河南省临颍县西北。［23］奋：振奋，昂扬。［24］麾：古代用作指挥的大旗。

张辽，字文远，雁门郡马邑县人。本是聂壹的后代，因为躲避仇家改了姓。年轻时当郡太守的属吏。东汉末年，并州刺史丁原因张辽武力超过常人，征召他任兵曹从事，让他领兵到京都去。进京后，大将军何进派遣他到黄河北面去招募兵士，招募到一千多人。回来时，何进失败，因此兵归董卓。董卓被杀后，张辽所率的部众又归属吕布，调任骑都尉，吕布被李傕所败，张辽随吕布东奔除州。兼任鲁相，当时他才二十八岁。后来，曹操在下邳打败吕布，张辽率领部众归顺了曹操，被授予中郎将，赐爵关内侯。以后，因屡立战功，升任裨将军。打败袁绍后，曹操另派张辽平定鲁国各县。他曾与夏侯渊一起在东海围攻昌豨，数月不克，军中粮尽，众议撤军退回，张辽对夏侯渊说：“好几天来，我每巡行各营盘时，昌豨就在城上注视我，而且他们射的箭又越来越少，我估计，这必是昌豨对是战是降还迟疑不决，因此不拼力交战。我想挑明，与他对话，或许能诱降吧？”于是，夏侯渊派人对昌豨喊话说：“曹公有命令，派张辽转达。”昌豨果然下城与张辽谈话，张辽向他说“曹公神明威武，正以德安抚天下，先归顺的受重赏”。昌豨听了才同意归降。随后，张辽竟然单枪匹马上了三公山，进入昌豨家，拜见了他的妻子儿女。昌豨很高兴，便随张辽去见曹操。拜见后，曹操送走昌豨回来，责备张辽说：“这不是大将的做法。”张辽谢罪，并说：“因您的威信，名扬天下，我又奉了您的命令，所以断定昌豨必不敢加害于我吧。”张辽随征袁谭、袁尚，在黎阳立了战功，代领中坚将军之职。随曹操到邺城攻打袁尚，袁尚坚守，不能攻克。曹操回许都，派张辽与乐进攻拔阴安，攻破后，把老百姓迁徙到黄河南岸。再次随征攻打邺城，邺城攻破后，张辽又另率军夺取赵国、常山，招降了盘踞各个山头的贼众以及黑山的孙轻等。之后，跟着攻打袁谭，袁谭破灭，另带兵攻占海滨一带，打败辽东的敌贼柳毅等人。回邺城时，曹操亲自出迎张辽，拉他坐到自己的马车上，以张辽为荡寇将军。不久，又率军进击荆州，平定江夏郡的好多县，回到临颍屯驻，被封为都亭侯。后来，随曹操北征袁尚到柳城，途中，突然与乌丸骑兵遭遇，张辽劝曹操出击，精神抖擞。曹操称赞他英勇，随即将自己所持的指挥旗交给张辽。于是曹军就主动出击，大破敌骑，斩杀单于蹋顿。

时荆州未定，复遣辽屯长社[1]。临发，军中有谋反者，夜惊乱起火，一军尽扰。辽谓左右曰：“勿动。是不一营尽反，必有造变者[2]，欲以动乱人耳。”乃令军中，其不反者安坐。辽将亲兵数十人，中陈[3]而立。有顷定[4]，即得首谋者杀之[5]。陈兰、梅成以氐六县叛[6]，太祖遣于禁、臧霸等讨成，辽督张郃、牛盖等讨兰。成伪降禁，禁还。成遂将其众就兰，转入灊山[7]。灊中有天柱山[8]，高峻二十余里，道险狭，步径裁通[9]，兰等壁其上[10]。辽欲进，诸将曰："兵少道险，难用深入。"辽曰："此所谓一与一，勇者得前耳。"遂进到山下安营，攻之，斩兰、成首，尽虏其众。太祖论诸将功，曰："登天山[11]，履峻险，以取兰、成，荡寇功也[12]。"增邑，假节。

[1] 长社：县名。故址在今河南省长葛县东。 [2] 造变者：作乱的人。[3] 中陈：同"中阵"。陈，通"阵"。 [4] 有顷：不久，一会儿。 [5] 首谋：主谋，首犯。 [6] 氐六县：清人陈景云根据繁（pó姓）钦《征天山赋》是为张辽平定陈兰、梅成而作的，赋中有"群舒蠢动，割有氐、六"的句子，因此而断定："氐当作灊（qián）。"氐：县名。故址在今安徽省霍山县东北。六：即六安县。故址在今安徽省六安县北。 [7] 灊山：山名。卢弼说："灊山为汉时灊县之山，即今日霍山县之霍山。"（《三国志集解》卷十二《何夔传》） [8] 天柱山：即今霍山之主峰。 [9] 步径：走小路。裁通：勉强通过。裁，通"才"。仅仅，刚刚，勉强。 [10] 壁：这里作动词用。筑壁垒。[11] 天山：即天柱山。 [12] 荡寇：即荡寇将军张辽。

当时荆州尚未平定，曹操又派遣张辽屯驻长社，临出发前，军营中有人谋反，趁夜里放火，军营一时惊乱，全军遭受侵扰。张辽对左右的人说："不要出动，这不是全营反叛，必是作乱的人，想以此扰乱军心罢了。"于是传令军中，凡不反的安坐营内。随后，张辽率亲兵几十人，在阵营里居中而立。一会儿，军中安定下来，随即找出主谋杀了他。当时，陈兰、梅成在氐、六安两县叛反，曹操派遣于禁、臧霸等讨伐梅成，同时派遣张辽督领张郃、牛盖等讨伐陈兰。梅成向于禁伪降，于禁撤军回去了。梅成就率领他的部众向陈兰靠近，合并后，转入灊山。灊山中有天柱峰，高峻入云，从山下到山顶有二十多里山路，山道又险又窄，步行才勉强通过，陈兰等在这样的山道上又筑成壁垒来据守。张辽到后准备进兵，诸将说："兵少道险，难以深入。"张辽说："这就是所谓'一对一，勇者胜'罢了。"于是，进兵到天柱峰下安营，发起进攻，斩杀了陈兰、梅成，全部俘虏了他们的部众。事后，曹操论诸将平叛之功，说："登上天柱峰，走过峻险道，取来陈兰、梅成的首级，是荡寇将军张辽的功劳。"于是，增加张辽的食邑，借给他符节，有权格杀触犯军令者。

太祖既征孙权还，使辽与乐进、李典等将七千余人屯合肥[1]。太祖征张鲁，教[2]与护军[3]薛悌，署函边曰"贼至乃发"。俄而权率十万众围合肥，乃共发教，教曰："若孙权至者，张、李将军出战，乐将军守护军，勿得与战。"诸将皆疑。辽曰："公远征在外，比救至[4]，彼破我必矣。是以教指及其未合逆击之[5]，折其盛势，以安众心，然后可守也。成败之机，在此一战，诸君何疑？"李典亦与辽同。于是辽夜募敢从之士，得八百人，椎牛飨将士[6]，明日大战。平旦[7]，辽被甲持戟[8]，先登陷陈[9]，杀数十人，斩二将，大呼自名[10]，冲垒入[11]，至权麾下[12]。权大惊，众不知所为，走登高冢[13]，以长戟自守。辽叱权下战，权不敢动，望见辽所将众少，乃聚围数重[14]。辽左右麾围[15]，直前急击，围开，辽将麾下数十人得出，余众号呼曰："将军弃我乎！"辽复还突围，拔出余众[16]。权人马皆披靡[17]，无敢当者。自旦战至日中，吴人夺气[18]，还修守备，众心乃安，诸将咸服。权守合肥十余日，城不可拔，乃引退。辽率诸军追击，几复获权。太祖大壮辽，拜征东将军[19]。建安二十一年，太祖复征孙权，到合肥，循行辽战处[20]，叹息者良久。乃增辽兵，多留诸军，徙屯居巢。

[1] 合肥：县名。故址在今安徽省合肥市。 [2] 教：古代诸侯王公的

文告称“教”。这里是曹操给部下留下的命令或指示。［3］护军：官名。职掌督统军队，协调各将领之间关系。［4］比救至：等救援赶到。比：及，等到。［5］未合：尚未形成包围之势。逆击：迎击，迎战。［6］椎（chuí）牛：击杀牛。飨：款待，犒劳。［7］平旦：天刚亮。［8］被甲：披甲。被，通“披”。［9］先登：冲锋在先。陷陈：冲入敌阵。［10］大呼自名：高叫自己的名字用来威吓对方或敌人。［11］冲垒入：冲入敌人营垒。垒指木栅栏等障碍物。［12］麾下：本指将帅的旗帜。古人行军作战时，身旁有大旗，上写官职姓氏，表明身份或行止，旗帜用作指挥。这里指孙权的帅营。下文的“麾下”指部下。［13］高冢（zhǒng）：高土堆。［14］数重（chóng）：几层。［15］麾围：指挥突围。麾，通“挥”。［16］拔出余众：救出其余的人。［17］披靡：溃败。［18］夺气：被夺去斗志，丧失胆气。［19］征东将军：官名。东汉末置的将军名号。后为四征（征东、征西、征南、征北）将军之一。主征伐。［20］循行：巡行。

曹操征讨孙权，赤壁之战失败退回后，让张辽与乐进、李典等率七千余人屯驻合肥。后来，曹操西征张鲁时，留下密令交给护军薛悌，在密令信封旁边写着“敌至才能启封”的字。不久，孙权率十万之众围攻合肥，于是众将一起拆看密令，密令上说：“如孙权到达的话，张辽、李典二将军出战，乐进将军守护主力部队，勿得与战。”众将都迷惑不解。张辽说：“曹公远征在外，我们等待救援赶来的话，孙权一定打败我们了。所以曹公的密令指出，趁敌尚未完全包围我们时，迎战他们，挫其锐气，以安众心，然后能守住合肥。成败之机，在此一战，诸君何必犯疑呢？”李典也与张辽看法一致。于是，张辽连夜招募敢于跟从出击的将士，选出八百人，宰杀了牛来犒劳出战将士，明日大战。第二天，天刚亮，张辽披甲持戟，带头冲锋，突入敌阵，连杀敌兵数十，斩敌将两名，边战边高叫:“张辽来也!”冲入敌人大营，直达孙权的帅营，孙权大惊，众人不知如何是好，拥着孙权，逃到高土堆上面，用长戟守护着。张辽大声呵斥，喊孙权下来接战，孙权不敢动，当孙权看清张辽所率兵众人数不多时，就下令层层围困张辽。张辽奋勇，指挥突围，左冲右突，一马当先，猛冲猛打，突围而去，张辽率部下几十人冲出重围，还有没突围的部众号呼道:“张将军不要丢下我们!”张辽一听，又冲进去，再次突围，救出其余的部众。孙权的人马全都溃败，无人敢抵挡张辽。这场战斗从早打到中午，吴人丧胆，张辽等退军修筑防御工事，坚守合肥，众心才安定下来，诸将都佩服张辽。孙权围攻合肥十多天，城没有攻破，只得率军撤退。张辽率领各军追击，几乎又活捉孙权。合肥之战后，曹操高度称赞张辽，授他征东将军之职。建安二十一年（216 年），曹操又征孙权，到合肥，沿着张辽与孙权大战的地方巡行，赞叹不已。于是给张辽增兵，多留几支军队，迁到合肥东的居巢屯驻。

关羽围曹仁于樊，会权称藩[1]，召辽及诸军悉还救仁。辽未至，徐晃已破关羽，仁围解。辽与太祖会摩陂。辽军至，太祖乘辇出劳之[2]，还屯陈郡[3]。文帝即王位，转前将军。分封兄汎及一子列侯。孙权复叛，遣辽还屯合肥，进辽爵都乡侯[4]。给辽母舆车[5]，及兵马送辽家诣屯，敕辽母至，导从出迎[6]。所督诸军将吏皆罗拜道侧[7]，观者荣之。文帝践阼[8]，封晋阳侯[9]，增邑千户，并前二千六百户。黄初二年，辽朝洛阳宫，文帝引辽会建始殿[10]，亲问破吴意状。帝叹息顾左右曰:“此亦古之召虎也[11]。”为起第舍[12]，又特为辽母作殿[13]，以辽所从破吴军应募步卒，皆为虎贲[14]。孙权复称藩。辽还屯雍丘[15]，得疾。帝遣侍中刘晔将太医视疾[16]。虎贲问消息，道路相属[17]。疾未瘳[18]，帝迎辽就行在所[19]，车驾亲临，执其手，赐以御衣，太官[20]日送御食[21]。疾小差[22]，还屯。孙权复叛，帝遣辽乘舟，与曹休至海陵[23]，临江[24]。权甚惮焉，敕诸将："张辽虽病，不可当也，慎之！"是岁，辽与诸将破权将吕范。辽病笃，遂薨于江都[25]。帝为流涕，谥曰刚侯。子虎嗣。六年[26]，帝追念辽、典在合肥之功，诏曰："合肥之役，辽、典以步卒八百，破贼十万，自古用兵，未之有也。使贼至今夺气，可谓国之爪牙矣[27]。其分辽、典邑各百户，赐一子爵关内侯。"虎为偏将军[28]，薨。子统嗣。

[1] 称藩：称臣。藩，指属国，属地。 [2] 辇（niǎn）：秦、汉后特指君后所乘的车。如帝辇，凤辇。当时曹操为魏王，已备天子仪仗，所乘车称辇。 [3] 陈郡：郡名。东汉中期为陈国。东汉末陈王刘宠被袁绍所杀，国除，改称郡。治所在今河南省淮阳市。 [4] 都乡侯：封爵名号。与乡侯同为一级。都乡是城内及城郊之地。 [5] 舆车：魏晋时天子小出，多乘舆车，即一种小车。 [6] 导从：与今仪仗队相似。导，引导；从，随从。 [7] 罗拜：罗列而拜，环绕着下拜。 [8] 践阼（zuò）：即天子位。 [9] 晋阳侯：侯爵名号。晋阳：县名。故城址在今山西省太原市西南。 [10] 建始殿：洛阳宫殿名称。魏文帝曹丕都洛阳，初居北宫，在建始殿朝会群臣。 [11] 召虎：即召穆公，西周初召公奭的后裔。西周宣王（公元前828—前781年在位）时，淮夷不服，召穆公奉命征讨，威服淮夷。这里曹丕用来比喻张辽。 [12] 第舍：府第官舍。 [13] 殿：殿堂。 [14] 虎贲：这里指虎贲郎，属虎贲中郎将管辖，为皇帝的宿卫侍从。 [15] 雍丘：县名。故址在今河南省杞县。 [16] 太医：官名。少府太医令、丞属下。 [17] 相属：络绎不绝。 [18] 瘳（chōu）：病愈。 [19] 行在所：皇帝巡行时所居之处，或称行宫。 [20] 太官：官名。少府太官令、丞的属下，掌皇帝饮食。 [21] 御食：御膳房所做的供皇帝食用的饭菜。 [22] 小差：病稍好些。差（chài），通"瘥"。

病愈。［23］海陵：县名。故址在今江苏省泰州市。［24］临江：到达长江边。［25］江都：县名。故址在今江苏省江都县西南。［26］六年：指魏黄初六年，即 225 年。［27］爪（zhuǎ）牙：比喻武臣。《汉书·李广传》："将军者，国之爪牙也。"注意：今天的"爪牙"为贬义词，是走狗的意思。［28］偏将军：官名。东汉所置，杂号将军之一魏因之，主征伐。

（219 年）关羽将曹仁围困在樊城，正好孙权上书称臣，曹操召张辽和各军都回兵去救援曹仁。张辽尚未赶到时，徐晃已打败关羽，给曹仁解了围。于是张辽与曹操在摩陂相会。当张辽的军队到达时，曹操乘辇出迎慰劳他，随后张辽回军屯驻陈郡。（220 年）曹丕即魏王位，张辽调任前将军。兄长张汎（fàn）和他的一个儿子分别被封为列侯。这一年，孙权再次背叛，曹丕派遣张辽回到合肥屯驻，给张辽进爵为都乡侯。送张辽母亲御用小车，并派兵马护送张辽家眷到驻地，传下命令，当张辽母亲到达时，仪仗队出来迎接。张母来到驻地，张辽所督各军将吏都环绕着御用小车，在道路两侧向张母下拜，观看者对张辽母子的荣耀称羡不已。同年，曹丕即天子位，封张辽为晋阳侯，增食邑一千户，连同以前的食邑共二千六百户。黄初二年（221 年），张辽到洛阳宫朝拜魏文帝曹丕，曹丕在建始殿召见张辽，亲自询问当年合肥之战打败东吴的情况。事后，曹丕叹息着对左右近侍说："张辽此人也是古时候的召虎啊。"随后，替张辽营造府第，又特意替张辽的母亲筑了殿堂，将当年随张辽大破吴军时应募的八百步兵，都封为虎贲郎。后来，孙权又称臣。张辽退回雍丘屯驻，得病。曹丕派侍中刘晔带了太医给张辽看病，那些当年合肥之战的勇士，现在当了虎贲郎的，前往探问病情，路上络绎不绝。张辽病未愈，曹丕将他接到行宫，亲自来探望，见面时握着他的手，安慰一番，把御衣赐给他，让太官每日送御食。当病稍好转时，张辽就回到驻地。后来孙权又再次背叛，曹丕让张辽乘船，与曹休一起赶到海陵，到达长江边。孙权得知张辽到达的消息，很害怕，告诫各将说："张辽虽然有病，仍然勇不可当，大家千万谨慎！"这一年，张辽与诸将打败孙权的将领吕范。后不久，张辽病重，就在江都去世。曹丕听到噩耗，伤心落泪，谥号刚侯。张辽的儿子张虎继承封爵。黄初六年（225年），曹丕追思张辽、李典在合肥的功劳，下诏书说："合肥之役，张辽、李典以八百步兵，破敌十万，自古用兵，没有这样的了。使敌至今丧胆，堪称国家的武臣。将张辽、李典的食邑各拿出一百户，封他们的另外一个儿子为关内侯。"张虎官至偏将军，死后，儿子张统继承爵位。

钟会传

钟会传

钟会（225—264 年）是司马昭的重要谋士。

曹魏少帝曹芳时，司马懿发动政变，击垮了曹爽集团，控制了政权。但是仍有一部分亲曹氏的军事势力起兵反对司马氏的专权。嘉平三年（251 年），司马懿在平定太尉王凌在扬州的起兵后病死，他的儿子司马师接着专擅朝政。司马师比较注意笼络曹魏旧臣，并维持旧有的制度，稳定了司马氏的统治地位。嘉平六年（254 年），司马师因中书令李丰等密谋政变，牵连到曹芳，便废掉曹芳，另立曹髦为帝。次年，司马师在平定镇东将军毋丘俭和扬州刺史文钦在寿春的起兵后病死，他的弟弟司马昭接着掌握朝政。征东大将军诸葛诞在淮南起兵反对司马氏，在扬州寿春拒守，司马昭亲率大军镇压，终于平定。这时，魏帝曹髦鉴于“司马昭之心，路人皆知”，不甘坐等被废，亲率左右侍从进攻司马昭，兵败被杀。司马昭另立曹奂为帝。景元四年（263 年），司马昭命令灭蜀汉。次年，司马昭称晋王，第二年死去。不久，他的儿子司马炎称帝建立了晋朝。司马氏家族经过三代人的努力才夺得皇帝宝座。

钟会作为司马氏集团的重要谋士，先后参加了平定反对司马氏专权的毋丘俭、诸葛诞起兵，并出谋划策，立下功劳。司马昭下令灭蜀时，他又奉命与邓艾分别率军攻蜀。钟会先取汉中，后与蜀国大将姜维对峙剑阁；邓艾则偷越阴平，直攻成都，蜀后主刘禅投降。但钟会在灭蜀后，向卫瓘密告，诬陷邓艾谋反。司马昭命令逮捕邓艾，用槛车送往洛阳。这时蜀中只有钟会一人执掌军权，于是他与蜀降将姜维密议谋反，诈称奉郭太后密诏讨伐司马昭，不料部下不信，反而击杀了钟会和姜维。

本文节选了钟会随从司马师、司马昭平毋丘俭、平诸葛诞、破寿春及率军平蜀国的内容，借以反映司马氏取代曹魏政权的过程。

钟会字士季，颍川长社人，太傅繇小子也。少敏惠夙成[1]。中护军蒋济著论[2]，谓“观其眸子[3]，足以知人。”会年五岁，繇遣见济，济甚异之，曰：“非常人也。”及壮，有才数技艺，而博学精练名理[4]，以夜续昼[5]，由是获声誉。正始中，以为秘书郎[6]，迁尚书中书侍郎[7]。高贵乡公即尊位[8]，赐爵关内侯。

[1] 夙成：早熟。 [2] 中护军：官名。曹操为丞相时，复置护军，建安十二年改为中护军，职掌禁兵，位略低于中领军。 [3] 眸子：瞳仁，眼神。 [4] 名理：魏晋时把辨别分析事物是非、道理叫名理，也指魏晋时期的“玄学”。 [5] 以夜续昼：夜以继日。 [6] 秘书郎：官名。曹操为魏王时初置，属秘书省。职掌图书经籍的收藏管理事务。 [7] 中书侍郎：官名。魏文帝时置，属中书省。职掌机要文书。 [8] 高贵乡公：指曹髦，254—260年在位。即尊位：即天子位。

钟会，字士季，颍川郡长社县人，太傅钟繇的小儿子。年幼时聪明过人，显得早熟。中护军蒋济在自己的论著中说：“观其眼神，足以知道他的为人。”钟会五岁时，钟繇让他去拜见蒋济，蒋济见到后感到很惊奇，称赞说：“真是神童啊。”到他成年时，学有多种技艺，博学精熟玄学，夜以继日苦读，因此获得了声誉。曹魏正始中，当上秘书郎，不久调任尚书中书侍郎。高贵乡公曹髦即皇位后，被封为关内侯。

毌丘俭作乱[1]，大将军司马景王东征[2]，会从，典知密事[3]，卫将军司马文王为大军后继[4]，景王薨于许昌，文王总统六军[5]，会谋谟帷幄[6]。时中诏敕尚书傅嘏[7]，以东南新定，权留卫将军屯许昌为内外之援，令嘏率诸军还。会与嘏谋，使嘏表上，辄与卫将军俱发，还到洛水南屯住。于是朝廷拜文王为大将军、辅政，会迁黄门侍郎。封东武亭侯[8]，邑三百户。

[1] 毌（wú）丘俭：人名。复姓毌丘。正元二年（255年）镇东将军毌丘俭与扬州刺史文钦在寿春起兵反对司马氏，兵败被杀，文钦降吴。[2]司马景王：即司马师。 [3]典知密事：从事管理机密工作。 [4]卫将军：官名。位次上卿。职掌京师兵卫和边防屯警。司马文王：即司马昭。[5]六军：古制规定："王六军，大国三军，次国二军，小国一军。"后泛指军队。这里指全军。 [6]谋谟帷幄：出谋划策于军帐之中。谟：计谋，谋略。帷幄：军中帅营门前的帐幕。 [7]中诏：当时诏命按司马氏的意见发出，这里是按皇帝的意图从宫中发出，所以称中诏。嘏（gǔ 又读 jiǎ）：福。 [8]东武亭侯：钟会的父亲钟繇初封也为东武亭侯。东武：即今山东省诸城市。

毌丘俭作乱，大将军司马师东征，钟会随征，参与军机大事，卫将军司马昭率军作为大军的后继部队。不久，司马师死于许昌，司马昭统率全军，钟会在军中替司马昭出谋划策。当时宫中发出诏书，命令尚书傅嘏说，因为东南新近平定，暂留卫将军司马昭屯驻许昌，作内外之援，让傅嘏率领各军还都。钟会与傅嘏商议，叫傅嘏上表，要求与司马昭一起班师回京，不久回到洛水南岸屯驻。于是朝廷任命司马昭为大将军，辅佐朝政，钟会调任黄门侍郎，封东武亭侯，食邑三百户。

甘露二年，徵诸葛诞为司空[1]，时会丧宁在家[2]，策诞必不从命，驰白文王。文王以事已施行，不复追改[3]。及诞反，车驾住项[4]，文王至寿春[5]，会复从行。

[1] 诸葛诞：山东琅邪人，正元二年被封为高平侯，任镇东大将军。因曹爽被诛，心不自安，又不满司马氏专权，在甘露二年（257 年）五月，起兵淮南，甘露三年（258 年）二月，兵败被杀。 [2] 丧宁：回家服丧。古人父母去世，做官的儿子要求免职回家服丧三年，称为“宁”。 [3] 追改：追回更改。 [4] 项：县名。故址在今河南省沈丘县。 [5] 寿春：当时为扬州的州治，即今安徽省寿县。

甘露二年（257 年），征召镇东大将军诸葛诞任司空，当时，钟会在家服丧，他料定诸葛诞一定不会接受新的任命，派人急告司马昭。司马昭认为诏命已经下达，不好再改。不久，诸葛诞反叛，司马昭车驾亲征，住在项县，随后进军寿春，钟会又随征。

初，吴大将全琮，孔权之婚亲重臣也[1]。琮子怿、孙静、从子端、翩、缉等，皆将兵来救诞。怿兄子辉、仪留建业[2]，与其家内争讼，携其母，将部曲数十家渡江[3]，自归文王。会建策，密为辉、仪作书，使辉、仪所亲信赍[4]入城告怿等，说吴中怒怿等不能拔寿春，欲尽诛诸将家，故逃来归命[5]。怿等恐惧，遂将所领开东城门出降，皆蒙封宠，城中由是乖离[6]。寿春之破，会谋居多，亲待日隆，时人谓之子房[7]。军还，迁为太仆[8]，固辞不就。以中郎[9]在大将军府管记室事[10]，为腹心之任。以讨诸葛诞功，进爵陈侯[11]，屡让不受。诏曰：“会典综军事，参同计策。料敌制胜，有谋谟之勋，而推宠固让。

辞指款实[12]，前后累重[13]，志不可夺。夫成功不处，古人所重，其听会所执，以成其美。”迁司录极尉。虽在外司[14]，时政损益，当世与夺[15]，无不综典。嵇康等见诛[16]，皆会谋也。

［1］亲：指姻亲。全琮娶孙吴的公主为妻，所以称婚亲。［2］建业：三国孙吴都城。建安十六年（211年）孙权自京（今江苏省镇江市）徙治棱陵，第二年改名建业。治所在今南京市。［3］部曲：家仆。三国时期指豪门大族的私人军队。［4］赍（jī）：携带。［5］归命：归顺。［6］乖离：背离。这里指人心离散。［7］子房：即汉高祖刘邦的谋臣张良，字子房。［8］太仆：官名。汉九卿之一，职掌皇帝车马。［9］中郎：官名。即中郎将。钟会何时任此职，不详。［10］记室：官名。汉代公府设记室令史，职掌上表奏章等事宜，参与朝廷机要大事。［11］陈侯：封爵名号。陈：县名，故址在今河南省淮阳市。［12］辞指款实：言辞意旨恳切诚实。［13］累重（chóng）：屡次重复。这里指屡次推让。［14］外司：别的政务机构。这里指钟会任司隶校尉后不在大将军府任职。［15］与夺：即予夺。这里指任免。［16］嵇康：人名。“竹林七贤”之一。钟会挟恨劝司马昭杀了嵇康。见《三国志·魏书》二十一卷。

起初，东吴有位大将全琮，本为孙权姻亲重臣，他的儿子全怿、孙子全静、侄子全端、全翩、全缉等人，都奉命领兵来救援诸葛诞。而全怿的侄子全辉、全仪留守建业，他们与家里发生纠纷，就带了母亲，率领部曲几十家北渡长江，径自归顺了司马昭。于是，钟会设谋，暗中替全辉、全仪代写书信，派全辉、全仪的亲信携带密信进入寿春交给全怿等人，信中说因东吴对全怿等人不能使寿春解围，准备尽诛诸将的家眷，所以逃出来归顺了司马昭。全怿等人恐惧起来，就率领自己的部下把东城门打开，出城投降，结果都受到封爵和宠信，城内因此人心离散。寿春的攻破，钟会献计最多，司马昭待他日益亲近，当时人称他是汉初的张良。不久，班师回朝，调钟会任太仆，钟会坚辞推让，不肯就任。于是，以中郎的身份在大将军府管记室事，这是司马昭心腹才担任的职务。后来，因讨伐诸葛诞有功，进爵陈侯，钟会又一再辞让，不肯接受。因此，诏书上说："钟会总管机密军情，献计设谋，参与决策，料敌制胜，有谋划之功，而对恩宠坚辞推让，言辞恳切真诚，前次授官，这次封爵，反复辞让，态度坚决。建立功名而不居功，古人所推重，接受钟会执意辞让之请，以成全他的美名。"调任司隶校尉。以后，钟会虽然不在大将军府任职，但朝廷政事和任免官员，无不参与。嵇康等人被杀，都是钟会的主意。

文王以蜀大将姜维屡扰边陲[1]，料蜀国小民疲，资力单竭，欲大举图蜀。惟会亦以为蜀可取，豫共筹度地形[2]，考论事势。景元三年冬，以会为镇西将军[3]、假节都督关中诸军事[4]。文王敕青、徐、兖、豫、荆、扬诸州，并使作船，又令唐咨作浮海大船，外为将伐吴者。四年秋，乃下诏使邓艾、诸葛绪各统诸军三万余人，艾趣甘松、沓中连缀维[5]，绪趣武街、桥头绝维归路[6]，会统十余万众，分从斜谷、骆谷入[7]。先命牙门将许仪在前治道[8]，会在后行，而桥穿，马足陷，于是斩仪。仪者，许褚之子，有功王室，犹不原贷[9]。诸军闻之，莫不震竦[10]。蜀令诸围皆不得战[11]，退还汉、乐二城守[12]。魏兴[13]太守刘钦趣子午谷[14]，诸军数道平行，至汉中。蜀监军王含守乐城[15]，护军蒋斌守汉城[16]，兵各五千。会使护军荀恺、前将军李辅各统万人，恺围汉城，辅围乐城。会径过，西出阳安口[17]，遣人祭诸葛亮之墓[18]。使护军胡烈等行前，攻破关城[19]，得库藏积谷。

姜维自沓中还，至阴平[20]，合集士众，欲赴关城。未到，闻其已破，退趣白水[21]。与蜀将张翼、廖化等合守剑阁拒会[22]。

［1］边陲：边疆。这里指魏蜀交界处。［2］豫：通“预”。预先。［3］镇西将军：将军名号之一，位次四征将军，领兵同征西将军。［4］都督关中诸军事：魏文帝黄初三年，始置都督诸州军事，或领刺史。都督关中诸军事，即有权监督关中各军的军事行动。假节，授军中生杀之权。钟会假节都督关中诸军事，职权扩大。［5］甘松：地名。在今甘肃省迭部县东南，当时曹魏的边防驻地。沓中：地名。在今甘肃省曲周县西北，当时曹魏的边防驻地。连缀：《邓艾传》作“缀连”，都是保持接触的意思。这里指加以牵制。［6］武街：即武都郡下辨县。故址在今甘肃省成县西。桥头：地名。在今甘肃省文县东南白水江上。［7］斜（xié）谷：山谷名。陕西省终南山有褒斜二谷口，北口叫斜，南口叫褒，同为一谷，长170里，是古陕、蜀的通道。骆谷：见《曹爽传》注。［8］牙门将：官名。三国时初置，位同杂号将军。［9］原贷：原谅宽免。［10］莫不震竦：无不震惊恐惧。竦（sǒng）：恐惧。［11］围：以兵守城叫“围”。这里指有防御设施的军事据点。［12］汉、乐二城：诸葛亮所筑。据《华阳国志·汉中志》载：汉城即沔阳（故城址在今陕西省勉县东南），乐城即成固（故城址在今陕西省城固县）。［13］魏兴：郡名。曹魏黄初中，曹丕改西城郡为魏兴郡。治所在今陕西省安康县西北。［14］子午谷：穿越秦岭的山谷要道。北口在陕西省西安市南一百里，南口曹魏时在石泉县界。子，北；午，南方。道通南北，所以叫“子午”。［15］监军：曹魏各州时或不设都督，则设监军。将军领兵出征，都设监军。蜀汉、孙吴同。［16］护军：曹魏时重要军镇以及将军领兵出征，也都设护军。蜀汉、孙吴同。［17］阳安口：即阳安关。在今陕西省宁强县西北。［18］诸葛亮之墓：在今陕西省勉县南定军山。

[19] 关城：即后世所称阳安关。关城东西二里长，南倚鸡公山，北傍嘉陵江，形势险要。 [20] 阴平：县名。故址在今甘肃省文县西北。 [21] 白水：县名。故城址在今四川省青川县东白水街北。 [22] 剑阁：即剑门关。在今四川省剑阁县东北剑门乡。

司马昭因蜀汉大将姜维屡次侵扰边界，又料想蜀汉国小民疲，资财不足，力量单薄，准备大举发兵，谋取蜀汉。当时，只有钟会也认为蜀汉可取，于是司马昭就和他预先一起筹划，估量地形，确定路线，讨论形势，选择时机。景元三年（262年）冬，任钟会为镇西将军、借符节都督关中诸军事。司马昭命令青州、徐州、兖州、豫州、荆州、扬州一齐造船，又命令唐咨建造能航海的大船，表面上装成将要讨伐东吴的架势。景元四年（263年）秋，就下诏书，派邓艾、诸葛绪各领军三万多，邓艾奔赴甘松、沓中牵制姜维，诸葛绪奔赴武街、桥头断姜维的归路。钟会统率十多万兵马，分别从斜谷、骆谷进军。先命令牙门将许仪在前开道，钟会率军后行，可是桥面穿孔，马蹄陷入，因此钟会斩了许仪。许仪是许褚之子，许褚是曹操手下名将，有功于王室，可是钟会对名将功臣之子也不原谅宽免。各军听到这件事，无不震惊恐惧。钟会大军进入关中后，蜀汉命令各军事据点都不得战斗，退回到汉、乐二城据守。魏兴郡太守刘钦奔赴子午谷，各军几路并进，到达汉中。蜀汉监军王含据守乐城，护军蒋斌据守汉城，各有五千兵卒。钟会命护军荀恺、前将军李辅各领兵万人，荀恺围攻汉城，李辅围攻乐城。钟会大军径直穿过，西出阳安关，派人到定军山祭诸葛亮之墓。又命令护军胡烈等先行，攻破关城，缴获城内库藏军粮。当时，姜维已从沓中回军，到达阴平，集合士众，准备赶到关城。姜维尚未赶到，听到关城已破，于是退兵奔赴白水，与张翼、廖化等将领共守剑阁，抗拒钟会。

邓艾追姜维到阴平，简选精锐，欲从汉德阳[1]入江由[2]、左儋道[3]诣绵竹[4]，趣成都，与诸葛绪共行。绪以本受节度邀姜维[5]，西行非本诏，遂进军前向白水，与会合。会遣将军田章等从剑阁西，径出江由。未至百里，章先破蜀伏兵三校[6]，艾使章先登。遂长驱而前。会与绪军向剑阁，会欲专军势，密白绪畏懦不进，槛车[7]徵还。军悉属会，进攻剑阁，不克，引退，蜀军保险拒守。艾遂至绵竹，大战，斩诸葛瞻。维等闻瞻已破，率其众东入于巴[8]，会乃进军至涪[9]，遣胡烈、田续、庞会等追维。艾进军向成都，刘禅诣艾降，遣使敕维等令降于会。维至广汉郪县[10]，令兵悉放器杖，送节传于胡烈，便从东道诣会降。……会于是禁检士众不得钞略，虚己诱纳[11]，以接蜀之群司[12]，与维情好欢甚。十二月诏曰："会所向摧弊[13]，前无强敌，缄制众城[14]，网罗迸逸[15]。蜀之豪帅[16]，面缚归命，谋无遗策，举无废功。凡所降诛，动以万计，全胜独克，有征无战。拓平西夏[17]，方隅清晏[18]。其以会为司徒，进封县侯。增邑万户。封子二人亭侯，邑各千户。"

[1]汉德阳：亭名。在今四川省江油县东北雁门坝。一说在马角坝。[2]江由：蜀汉军镇。在今四川省平武县东南南坝。[3]左儋道：当是江由县南涪江边的山道，依山傍水，峻险狭窄，北来的人右靠崖壁，只能用左肩担物，所以称"左儋道"。儋，通"担"。[4]绵竹：县名。故址在今四川省德阳县北黄许镇。[5]节度：部署，节制调度。[6]校（xiào）：古代军队的编制，军队的一部叫一校。[7]槛车：押送犯人的囚车。[8]巴：这里指巴西郡。治所在今四川省阆中县。[9]涪（fú）：县名。故址在今四川省绵阳市东涪江东岸。[10]广汉：郡名。这里指东广汉郡。

后主延熙中分广汉四县置，郡治在今四川省射洪县南柳树乡。郪县：属东广汉郡，在今四川省三台县南郪江乡。［11］虚已诱纳：假意接纳，诱敌归降。［12］群司：各政务机构。［13］摧弊：挫败疲弊的人。［14］缄（jiān）制：控制。［15］迸逸：奔散逃亡。［16］豪帅：本指少数民族部族的首领。这里指蜀汉将领。［17］西夏：华夏之西部。这里指蜀汉统治的地区。［18］方隅：边疆。

邓艾从沓中追击姜维到达阴平，当发觉姜维已退守剑阁时，就选拔精兵，要从汉德阳亭进入江由镇、左儋道往緜竹县去，直取成都，与诸葛绪一起行动。诸葛绪因原来按司马昭部署截击姜维，向西行动不是原来的诏命，便进军向前到白水与钟会会合。于是，钟会派将军田章等从剑阁西直接出江由镇。进军不到百里，田章先破蜀汉伏兵三部，邓艾让田章打头阵。自己就长驱直前。钟会与诸葛绪向剑阁进军，钟会想专擅军权，扩大自己的兵力，秘密向司马昭报告，说诸葛绪怯懦，畏缩不前，诸葛绪被关进囚车押回。军队全归钟会指挥，钟会进攻剑阁，不能攻克，率军退回，蜀军凭险据守。当钟会与姜维在剑阁对峙时，邓艾到达绵竹，展开大战，斩了诸葛瞻。姜维等听到诸葛瞻已败，就率领部众弃剑阁向东，退到巴西郡。于是钟会就进军涪县，派遣胡烈、田续、庞会等追击姜维。此时，邓艾从绵竹向成都进军，蜀汉后主刘禅到邓艾军前投降，又派使者命令姜维等向钟会投降。姜维接到命令后，到广汉郡郪县，让部下全都放下武器，将符节传送给胡烈，自己就从东路来向钟会投降……于是，钟会下令部众不得掠夺，并查处违禁士卒，自己则假意接纳，诱敌归顺，来与蜀汉的各级官吏接触，又与姜维情投意合，经常欢会。十二月诏书说："钟会所向披靡，战无敌手，控制了许多城邑，网罗奔散逃亡之众。使蜀汉将领，自缚归降，谋划从未失算，举动没有无用之功。总计归降的或被诛杀的，动不动就要用万来计数，独力克敌，取得全胜，有征讨，无战斗。平定蜀汉，从此边疆无事。任钟会为司徒，进爵县侯，增加食邑万户。封他的两个儿子为亭侯，各食邑千户。”

会内有异志[1]，因邓艾承制专事[2]，密白艾有反状[3]，于是诏书槛车征艾。司马文王惧艾或不从命，敕会并进军成都，监军卫瓘在会前引，以文王手笔令宣喻艾军，艾军皆释仗[4]，遂收艾入槛车。会所惮唯艾，艾既禽而会寻至，独统大众，威震西土。自谓功名盖世，不可复为人下，加猛将锐卒皆在己手，遂谋反。欲使姜维等皆将蜀兵出斜谷，会自将大众随其后，既至长安，令骑士从陆道，步兵从水道顺流浮渭入河，以为五日可到孟津[5]，与骑会洛阳，一旦天下可定也。会得文王书云：“恐邓艾或不就征，今遣中护军贾充将步骑万人径入斜谷，屯乐城，吾自将十万屯长安，相见在近。”会得书，惊呼所亲语之曰：“但取邓艾，相国知我能独办之；今来大重，必觉我异矣，便当速发。事成，可得天；不成，退保蜀汉，不失作刘备也。我自淮南以来[6]，画无遗策，四海所共知也。我欲持此安归乎[7]！”会以五年正月十五日至[8]，其明日，悉请护军、郡守、牙门骑督以上及蜀之故官[9]，为太后发丧于蜀朝堂[10]。矫太后遗诏，使会起兵废文王，皆班示坐上人，使下议讫，书版署置[11]，更使所亲信代领诸军。所请群官，悉闭著益州诸曹屋中，城门宫门皆闭，严兵围守。会帐下督丘建本属胡烈[12]，烈荐之文王，会请以自随，任爱之。建愍烈独坐，启会，使听内一亲兵出取饮食[13]，诸牙门随例各内一人。烈绐语亲兵及疏与其子曰[14]：“丘建密说消息，会已作大坑，白棓数千[15]，欲悉呼外兵入，人赐白帢[16]，拜为散将[17]，以次棓杀坑中。”诸牙门亲兵亦咸说此语，一夜传相告，皆偏。或谓会：

“可尽杀牙门骑督以上。”会犹豫未决。十八日日中，烈军兵与烈儿雷鼓出门[18]，诸军兵不期皆鼓噪出，曾无督促之者[19]，而争先赴城。时方给与姜维铠杖[20]，白外有匈匈声[21]，似失火，有顷，白兵走向城。会惊，谓维曰:“兵来似欲作恶，当云何?”维曰:“但当击之耳。”会遣兵悉杀所闭诸牙门郡守，内人共举机以柱门[22]，兵斫门，不能破。斯须[23]，门外倚梯登城，或烧城屋，蚁附乱进，矢下如雨，牙门、郡守各缘屋出[24]，与其卒兵相得。姜维率会左右战，手杀五六人，众既格斩维，争赴杀会。会时年四十，将士死者数百人。

[1]异志:异心，指谋反之心。[2]承制专事:接受命令，全权负责（军事）。[3]密白艾有反状:裴注引《世说》说:钟会善于模仿别人的字迹，在剑阁截取邓艾上奏朝廷和司马昭的章表报告，另外拟写，使邓艾的语气骄傲狂妄，以引起司马昭的猜忌和不快。同时又截取司马昭的回信，改写后使邓艾也感到司马昭在猜疑自己。[4]释仗:放下武器。仗，兵仗，即武器。[5]孟津:关名。在今河南省孟县南。[6]淮南以来:指钟会在诸葛诞起兵反司马氏时设计破寿春之事。[7]我欲持此安归乎:意为我有这样的才能功名还想有什么归宿呢!此，指“画无遗策”的功劳。[8]五年:指景元五年。至:指至成都。[9]牙门骑督:指牙门将骑兵官督等。[10]太后:指魏明帝郭皇后。曹芳即位，尊郭皇后为太后。按:郭太后卒于景元四年十二月。[11]书版署置:书写于版上保存。署，题名、题字;置，安放、保存。[12]帐下督:将军的属官。[13]听内:允许纳用。内同“纳”。[14]绐:欺骗。疏:指纸条。[15]棓:同“棒”。[16]帢（qià）:同“帢”。曹操所制一种帽子，形制简易，用缣帛制作。[17]散将:无职守的军官。[18]雷鼓:擂鼓。雷同“擂”。[19]曾:乃，竟。[20]铠杖:铠甲兵器。[21]匈匈声:喧扰之声。匈匈同“汹汹”，扰攘不安。[22]内人:里面

的人。机同“几”。柱同“拄”，顶、撑。［23］斯须：一会儿。［24］缘：攀登、攀援。

钟会内心有谋反之意，因邓艾奉命全权负责军事，密告邓艾有谋反迹象，因此诏书命令把邓艾装进槛车，送到朝廷。司马昭担心邓艾或许不服从命令，下令钟会同时向成都进军，监军卫瓘走在钟会的前头，用司马昭亲笔手令向邓艾的军队宣布，邓艾的军队都放下了武器，于是逮捕邓艾，装进槛车。钟会畏惧的只有邓艾，邓艾既然被捕，钟会随即到达成都，独自统帅大军，威震西蜀。钟会自以为功劳名望超过世上一切人，不能再做别人的下属，再加上猛将精兵都掌握在自己手中，于是就谋反。他想派姜维等率领全部蜀军出兵斜谷，自己率领大军跟随在后。取得长安后，命令骑兵从陆路、步兵从水路顺着渭水进入黄河，预计五天就可到达孟津，再与骑兵会师洛阳，天下很快就可以平定。这时，钟会得到司马昭的信说：“我恐怕邓艾或许不肯俯首就擒，今派遣中护军贾充率领步、骑兵一万人直穿斜谷，屯驻在乐城，我自己率领十万大军屯驻长安，近期就可相见。”钟会收到信后，惊慌地召呼亲信，对他们说：“只捕取邓艾，相国知道我独自能够办理此事；如今大军重兵压境，一定是发觉我可疑了，应当急速发动。大事成功，可以取得天下；如果不成，退兵保守蜀汉之地，至少做个刘备。我从寿春之战以来，谋划从未失算，这是天下人都知道的。我有这样的才能功名还想有什么归宿呢！”钟会在景元五年（264年）正月十五日到达成都，第二天，邀请全体护军、郡太守、牙门骑督以上将官和原来蜀国的官员，在原来蜀国的朝堂为郭太后举办丧事。假冒郭太后遗诏，命钟会起兵废除司马昭的职务，把遗诏颁示给所有在座的人，让大家议论后，把意见书写在版上保存起来，另外派亲信代替原来将领统领各军。邀请来的将官们，全都被禁闭在原益州官署诸曹官的房屋内，把城门宫门都关闭，派兵严格包围看守。钟会的帐下督丘建本来是胡烈的下属，胡烈把他推荐给司马昭，钟会又请求让他跟随自己，对他信任喜爱。丘建哀怜胡烈单独坐在那儿，启禀钟会，让钟会允许他纳用一名亲兵外出拿饮食物品，各牙门将也随例各纳用一人。胡烈诓骗亲兵并给他儿子写纸条说："丘建秘密地传消息说，钟会已命人挖好大坑，准备白色棒数千根，想把外面的士兵都叫进来，每人赐给白色帢帽，授予'散将'官衔，然后按次序用白棒击杀在大坑中。"各牙门将的亲兵也都说这样的话，一夜之间相互传言，传遍了军营。有人对钟会说："把牙门骑督以上的官都杀光。"钟会犹豫不决。十八日中午，胡烈部下兵士和胡烈的儿子擂着鼓走出营门，其他各军的士兵也都不约而同地叫嚷着走出营门，竟然没有督促他们的人，他们争先恐后地奔赴城内。当时，钟会正给予姜维铠甲兵器，有人报告说外面有扰攘不安的声音，好像失火了，过一会儿，又有人报告说士兵们奔向城里。钟会惊惶，对姜维说："士兵们好像要来作乱，应当怎么办？"姜维说："只好击杀他们了。"钟会派兵杀死所有禁闭的牙门骑督、郡守，被关在屋内的牙门骑督、郡守等人一起用桌几顶住门，钟会派来的兵士砍门，不能攻破。一会儿，城外的士兵依靠梯子登上城墙，有人烧掉城上房屋，众人像蚂蚁那样成群拥入城中，箭下如雨，牙门骑督、郡守各自从屋上爬出，与他们的部下士兵会合。姜维领着钟会左冲右突，杀死五六个人。众人格斗斩杀姜维后，争着赶去杀死钟会。钟会当时四十岁，死去的将士有几百人。

华佗传

华佗传

华佗（？—208年）是东汉末年著名的医学家。

人们赞颂华佗，首先是赞颂他高尚的医德。他不愿成为为统治者个人服务的医官，甘愿以他精湛的医术为人民群众治病除疾。面对统治者的威胁利诱，他不为所动，终于被害。

华佗医术高超，为我国古代的医学发展做出了贡献。他精通内、外、妇、儿、针灸各科，尤其擅长外科。他是我国历史上有明确记载施行腹部外科手术的第一位医生。他在施行手术时所用的麻醉剂“麻沸散”，比西方发明麻醉剂要早1600余年。他在针灸的用穴、进针、灸壮等方面均有独创性，他创用的“夹脊穴”，被后人称为“华佗穴”。华佗对保健运动有充分的认识，他认为要想不得病，必须强身，运动是强身的最有效手段。为此，他首创了名为“五禽戏”的保健运动。可惜的是华佗的医学著作未能流传下来，现存的《中藏经》是后人假托华佗名义的作品。

本文所选，反映了华佗的医德和医术两个方面内容。

华佗字元化，沛国谯人也。一名旉[1]。游学徐土[2]，兼通数经。沛相陈珪举孝廉，太尉黄琬辟，皆不就。晓养性之术[3]，时人以为年且百岁而貌有壮容[4]。又精方药[5]，其疗疾，合汤不过数种，心解分剂[6]，不复称量，煮熟便饮，语其节度[7]，舍去辄愈[8]。若当灸[9]，不过一两处，每处不过七八壮[10]，病亦应除。若当针，亦不过一两处，下针言“当引某许[11]，若至，语人”。病者言“已到”，应便拔针，病亦行差[12]。若病结积在内，针药所不能及，当须刳割者[13]，便饮其麻沸散[14]，须臾便如醉死无所知，因破取。病若在肠中，便断肠湔洗[15]，缝腹膏摩[16]，四五日差，不痛，人亦不自寤[17]，一月之间，即平复矣。

［1］旉（fū）：同“敷”。［2］徐土：地名。在今江苏省徐州一带。具体不详。［3］养性：养生。［4］壮容：壮年人的面容。［5］方药：医方药物。［6］分剂：药物的分量。［7］节度：限制，注意事项。［8］舍去辄愈：吃完药病就好。舍同“捨”。［9］灸（jiǔ）：用艾叶烧灼进入穴位的银针顶端，达到治病目的。这方法叫“灸”。［10］壮：针灸术语。艾灸时，灼一次为一壮。［11］当引某许：针感应当传导到身体某处。引，导；某许，某处。［12］差（chài）：同“瘥”，病愈。［13］刳（kū）：割开。［14］麻沸散：古代的麻醉剂，已失传。有人考证认为大约是属于莨宕或曼陀罗等药的制剂。［15］湔（jiān）洗：洗涤。［16］膏摩：敷上药膏。［17］不自寤（wù）：自己不觉得。寤，觉。

华佗，字元化，又名旉。沛国谯县人。他外出到徐土求学，兼通几种经书。沛国国相陈珪推举他为孝廉，太尉黄琬征召他为属吏，均不就任。华佗通晓养生之术，那时人们认为他虽年近百岁而容貌却似壮年。华佗还精通医方药物。他治病时，组合汤剂不超过几味药，抓药时，心里估量各种药物的分量，不再用秤称量。药煎透后就让病人服下，并说明注意事项，总是药到病除。如果某病应该针灸，选穴不超过一两个，每个穴位下灸不超过七八壮，病症同样可以除去。如果某病适合针刺，选穴也是不超过一两个。下针时他关照病人，针感应当传导到身体某处，若该部位有了针感，就立即告诉他。当病人说声“针感已到”，他便立刻起针，病症也随之而愈。如果久病，邪气凝结积聚体内，针灸、药物不能见效，应当开刀割除的，便让病人冲饮他自制的麻沸散，一会儿病人就如同醉死一般，失去知觉，华佗就趁此机会割破皮肤取出病结。如病结在肠，华佗便剖腹切肠洗涤，术后再将腹部缝合起来，敷上药膏，四五天后创口愈合，不感觉疼痛，病人自己也不觉得已开了刀，一个月内，身体就恢复了。

广陵太守陈登得病，胸中烦懑，面赤不食。佗脉之曰[1]："府君胃中有虫数升，欲成内疽[2]，食腥物所为也。"即作汤二升，先服一升，斯须[3]尽服之。食顷，吐出三升许虫，赤头皆动，半身是生鱼脍也[4]，所苦便愈。佗曰："此病后三期当发[5]，遇良医乃可济救。"依期果发动，时佗不在，如言而死。

太祖闻而召佗，佗常在左右。太祖苦头风[6]，每发，心乱目眩，佗针鬲[7]，随手而差。

[1] 脉：切脉。这里作动词用。 [2] 内疽（jū）：腹腔里肿烂的毒疮。 [3] 斯须：一会儿。 [4] 鱼脍（kuài）：切碎的鱼肉。 [5] 三期（jī）：三年。 [6] 头风：头风病。发病时头痛目眩。 [7] 鬲（gé）：同"膈"。膈俞（shù，通腧）穴，在背部。

广陵太守陈登得了一种病，自觉胸中烦闷，颜面发红，不进饮食。华佗为他诊脉后说："您胃中有好几升虫子，如不驱除，将要在胃内变成毒疮，这是吃了生腥食物所造成的。"当即煎汤药二升，先让病人服了一升，过一会儿再将剩余汤药全部服下。过了吃顿饭的工夫，病人从口中吐出三升左右的红头虫子，条条都还能活动，半身还像切碎的生鱼肉，陈登的痛苦便解除了。华佗对陈登说："此病三年后必当复发，遇上医术高明的大夫才能救治。"三年后，陈登果然旧病复发，病发时华佗不在，正如华佗所说的那样病死了。

曹操听说华佗医术高明，把他召来。以后华佗便经常在曹操身边看病。曹操因患头风病，很是痛苦，每当发病时，心烦眼花，华佗给他针刺膈俞穴，便手到病除。

李将军妻病甚，呼佗视脉，曰："伤娠而胎不去。"将军言："闻实伤娠，胎已去矣。"佗曰："案脉，胎未去也。"将军以为不然。佗舍去[1]，妇稍小差。百余日复动，更呼佗，佗曰："此脉故事有胎[2]。前当生两儿，一儿先出，血出甚多，后儿不及生。母不自觉，旁人亦不寤，不复迎[3]，遂不得生。胎死，血脉不复归，必燥著母脊[4]，故使多脊痛。今当与汤，并针一处，此死胎必出。"汤针既加，妇痛急如欲生者。佗曰："此死胎久枯，不能自出，宜使人探之。"果得一死男，手足完具，色黑，长可尺所[5]。

[1] 舍去：给药吃下后离去。 [2] 故事有胎：仍然有胎。 [3] 迎：这里指接生，接产。 [4] 血脉不复归，必燥著母脊：血脉不再供应胎儿的营养，必定使胎儿枯死，粘贴母亲的脊部。 [5] 尺所：尺许，一尺左右。

李将军的妻子病得很厉害，喊华佗前来诊脉，华佗按脉后说："此病是妊娠后受了伤而死胎未曾除掉。"李将军说："听说妊娠后的确受过伤，但胎儿已生下了。"华佗说："据脉象，胎儿未除去。"李将军认为不是这么回事。华佗给李妻吃了药离去，李妻的病稍微好了些。百日后李妻的病又犯了，再去喊华佗，华佗诊脉后说："脉上仍然有胎。以前本应生双胞胎，一婴儿先娩出，产妇出血过多，后一婴儿没来得及出世。当时母亲自己没有感觉到，接生的人也不知道，不再接产，于是就不能生下来。胎儿死于腹中，血脉不再供应胎儿营养，必然使胎儿枯死，粘贴在母亲脊背上，因而使母亲经常感觉脊背疼痛。现在应当给予一剂汤药，同时针一穴，死胎必然会出来。”服药又加针刺后，李妻腹内疼得厉害，像要生孩子似的。华佗说：“这个死胎枯死很久了，已经不能自行娩出，应叫人用手探取。”取出后一看，果然是一男性死婴，手足都已长全，肤色发黑，长约一尺左右。

佗之绝技，凡此类也。然本作士人，以医见业，意常自悔，后太祖亲理[1]，得病笃重，使佗专视。佗曰：“此近难济，恒事攻治[2]，可延岁月。”佗久远家思归，因曰：“当得家书[3]，方欲暂还耳。”到家，辞以妻病，数乞期不反[4]。太祖累书呼，又敕郡县发遣[5]。佗恃能厌食事[6]，犹不上道。太祖大怒，使人往检。若妻信病[7]，赐小豆四十斛，宽假限日；若其虚诈，便收送之。于是传付许狱[8]，考验首服[9]。荀彧请曰：“佗术实工，人命所县[10]，宜含宥之[11]。”太祖曰：“不忧，天下当无此鼠辈耶？”遂考竟佗[12]。佗临死，出一卷书与狱吏，曰：“此可以活人。”吏畏法不受，佗亦不彊，索火烧之。佗死后，太祖头风未除。太祖曰：“佗能愈此。小人养吾病，欲以自重[13]，然吾不杀此子，亦终当不为我断此根原耳[14]。”及后爱子仓舒病困[15]，太祖叹曰：“吾悔杀华佗，令此儿彊死也[16]。”

[1] 亲理：亲自处理国政。 [2] 恒事攻治：长期治疗。 [3] 当得家书：刚才收到家信。当，适、刚才。 [4] 乞期：请假。反同“返”。 [5] 敕郡县发遣：传命郡县的官吏催他动身。 [6] 厌食事：厌恶听人使唤。

[7] 信：确信，确实。 [8] 许狱：许都的监狱。 [9] 考验首服：审查下来认罪服罪。 [10] 县：同“悬”。 [11] 含宥：宽容赦免。 [12] 考竟：死在监狱中。 [13] 自重：抬高自己。 [14] 根原：病根。原同“源”。 [15] 仓舒：指曹冲，字仓舒。十三岁病死。 [16] 彊死：枉死。彊同“强”。

华佗在医术方面的绝技，就是这一类。然而华佗本来是个读书人，以行医作为职业，内心常常懊悔。后来曹操亲理国政，得了很重的病，让华佗专为他一人看病。华佗说：“这种病短期内是治不好的，长期治疗，能延长寿命。”华佗离家久远想回去，便对曹操说：“刚才收到家信，正想暂时回去一趟呢。”华佗回到家里，便托辞妻子有病，多次请求延期不肯返回。曹操屡次写信来喊，又传命郡县的官吏催他动身。华佗自恃有本事而厌恶被人使唤，仍然不肯上路。曹操大怒，派人前往查验。并传命说，如果他妻子确实患病，赐他小豆四十斛，放宽假期；如果他欺诈，便把他拘捕起来。因此华佗被押到许都投进监狱，审查后认罪服罪。荀彧向曹操请求说：“华佗确实擅长医术，他行医治病关系到许多人的生命，应对他宽容赦免。”曹操说：“不必担忧，天下难道再没有这种小人了吗？”华佗终于被害，死于狱中。临死前，华佗拿出一卷医书交与狱吏，说：“这卷书可以救治病人。”狱吏害怕犯法而不敢接受，华佗也不勉强，取火把书烧了。华佗死后，曹操头风病没有得到根除。曹操说：“华佗本来是能治好我的病的。他这个小人故意给我留下病根，是想借以抬高自己。但是我不杀此小人，他终究也不会为我断此病根的。”到后来曹操的爱子曹冲被疾病困扰时，曹操叹息说：“我后悔杀了华佗，让这个儿子枉死了！”

广陵吴普、彭城樊阿皆从佗学[1]。普依准佗治[2]，多所全济。

佗语普曰："人体欲得劳动[3]，但不当使极尔[4]。动摇则谷气得消[5]，血脉流通，病不得生，譬犹户枢不朽是也。是以古之仙者为导引[6]之事，熊颈鸱顾[7]，引挽腰体[8]，动诸关节，以求难老。吾有一术，名五禽之戏[9]，一曰虎，二曰鹿，三曰熊，四曰猨[10]，五曰鸟，亦以除疾，并利蹄足[11]，以当导引。体中不快，起作一禽之戏，沾濡汗出[12]，因上著粉，身体轻便，腹中欲食。"普施行之，年九十余，耳目聪明[13]，齿牙完坚。阿善针术。凡医咸言背及胸藏之间不可妄针[14]，针之不过四分，而阿针背入一二寸，巨阙胸藏针下五六寸[15]，而病辄皆瘳[16]。阿从佗求可服食益于人者，佗授以漆叶青粘散[17]。漆时屑一升，青粘屑十四两，以是为率，言久服去三虫[18]，利五藏，轻体，使人头不白。阿从其言，寿百余岁。漆叶处所而有[19]，青粘生于丰、沛、彭城及朝歌云[20]。

[1]彭城：县名。故址在今江苏省徐州市。汉、魏时为彭城郡治所。[2]准：准则，办法。[3]劳动：运动。[4]极：极限，过度。[5]动摇：运动。谷气得消：食物中的养分得到消化。[6]导引：古医家的一种健身法、养生术。指通过呼吸俯仰、屈伸手足而使血液、气息流通，促进新陈代谢，以达到延年益寿目的之健身运动。[7]熊颈鸱（chī）顾：据说熊攀树，用颈脖夹住树枝悬挂，而鸱鸟总是不断地回头看。这里指模仿熊攀枝悬挂和鸱鸟频频回顾的运动动作。[8]引挽：牵引。挽通"挽"。这里指扭腰动作。[9]五禽之戏：即五禽戏，是以模仿虎、鹿、熊、猿、鸟的动作和姿态进行肢体活动，以增强体质，防治疾病。禽，泛指鸟兽。[10]猨：同"猿"。似猴。[11]利蹄足：利于行走。这里指使走路轻快。[12]沾濡汗出：微微出汗。[13]耳目聪明：耳聪目明。[14]胸藏：胸脏。藏，通"脏"。[15]巨阙：任脉经穴。位在肚脐沿腹白线上至"剑突"上的四

分之一处。［16］瘳（chōu）：病愈。［17］漆叶青粘散：中药名。主要成分是漆叶和青粘（黄精）。［18］三虫：人体内的三种寄生虫。指蛔、赤、蛲三虫或蛔、蛲、寸白三虫。［19］处所：到处。［20］朝歌：县名。故址在今河南省淇县。

广陵的吴普、彭城的樊阿都跟华佗学医。吴普依照华佗的办法治病，多数成功。华佗对吴普说："人体需要运动，但不应使之过度。人体经常运动就会使食物中的养分得到消化，血脉流通，病也不会生，好比像经常转动的门轴不会被蛀蚀腐朽一样。因此，古代修炼成仙的，作健身运动时，模仿熊攀枝悬挂和鸱鸟回顾的动作，扭腰屈体，运动各关节，以期不易衰老。我有一套养生术，叫'五禽戏'，即模仿虎、鹿、熊、猿、鸟五种鸟兽的动作，也能治慢性病，并且能使人走路轻快，用来作为健身法。身体感到不舒服，起身模仿一种鸟兽的运动动作，当身体微微出汗时，便向身上撒点粉，这时身体感到轻松，腹中感到饥饿，想吃食物。"吴普施行这套健身法，九十多岁时，耳聪目明，牙齿完整坚硬。樊阿擅长针灸。所有医生都讲人的背部以及胸脏之间不可乱扎针，即使下针也不超过四分，而樊阿在背部进针达一两寸深，在任脉经穴从胸脏处进针五六寸深，可病都好了。樊阿向华佗求取能口服对人有益的药方，华佗传授他漆叶青粘散。用漆叶屑末一升，青粘屑末十四两，以这个比例作为标准配制，说久服可除三虫，对内脏有利，身体轻健，使人头发不白。樊阿照华佗的话去做，活到一百多岁。据说，漆叶随处可取，青粘产于丰、沛、彭城及朝歌等地。

先主传

先主传

《三国志》的作者陈寿在记载三国时期的历史时，以魏国为正统，对蜀、吴二国的国君不立纪称帝，而是立传称主。所谓主就是一方之主。蜀汉政权二传而灭，先后二主，刘备被称为先主，刘禅被称为后主。

刘备（161—223年）的祖先是西汉的宗室，以后支系疏远，家道没落，成为平民。他虽然也在东汉末年起兵，镇压黄巾起义，但力量弱小，既不能像曹操那样可以“挟天子以令诸侯”，又不能像孙权那样可以凭借父兄之遗业和长江天险割据江东。他建立蜀汉政权经历了一个屡遭失败、积聚力量、访求人才和等待时机的曲折过程。

赤壁之战前，刘备兵力较少，也无固定地盘，先后依附过公孙瓒、陶谦、曹操、袁绍、刘表等人，辗转于青州、徐州、豫州和荆州。因为刘备胸怀大志，又有政治才能，所以他经常受到人家的猜忌和防范。刘备来到荆州后，笼络当地士人，争取荆州地主集团的支持，扩大军事力量，特别是三顾茅庐，邀请诸葛亮辅佐自己，对以后事业的发展，起了重大作用。建安十三年（208年），曹操率军南征荆州，正好荆州牧刘表病逝，刘琮投降，曹军顺利地占据江陵，兵壮气盛，准备消灭刘备，征服孙权。于是刘、孙联合，共拒曹操。赤壁一战，曹军大败，刘备占据了荆州大部分地区，称荆州牧。三国鼎立的局面初步形成。

以荆州为基地，刘备接着向西谋取益州。当时益州被刘璋集团所占据，他的主要军事力量是南阳和长安一带流民所编成的，号称“东州兵”。“客籍”的刘璋集团与益州“土著”地主集团之间的矛盾很尖锐，而“东州兵”侵暴百姓的行为，更引起益州人民的不满。刘备利用了刘璋集团与益州地主集团之间的矛盾，延揽人心，得到了张松和法正的帮助，进入益州，并继续“厚树恩德，以收众心”。刘璋不甘刘备势力坐大，想加以抑制，刘备借机发难，终于在建安十九年（214年）五月取得益州。此后，刘备又调整了自己与益州地主集团、刘璋集团的关系，缓和了统治集团内部的矛盾，初步稳定了在益州的统治。

刘备取得益州后，与孙权在争夺荆州上，与曹操在争夺汉中上，先后发生过多次战争。其结果是孙权夺取了荆州，把势力伸展到三峡以东地区；刘备则夺取了汉中。这样三国鼎立的局面就最后形成了。以后刘备虽然为夺回荆州而进行东征，但猇亭之战，蜀军大败，刘备自己也病逝于白帝城。诸葛亮治蜀，致力于西南地区的开发和经营，和东吴保持联盟关系。

刘备的历史功绩在于他建立了蜀汉政权，给以后西南地区经济的开发、文化的发展奠定了基础。刘备的政治军事才能在于他选拔人才，善于团结并发挥他们的长处，善于调整统治集团内部的矛盾。在政治上，他打出了维护、继承汉家正统的旗帜；在军事上，他选择时机，不急于求成，都取得了效果。

本文节选了《先主传》的部分内容，以反映刘备一生的主要事迹。值得提醒读者的是作者陈寿的苦心：他是晋代人，晋代魏而建国，所以他承认魏是正统；但他又认为蜀继承了汉，不能认为是僭伪，于是他称曹操为帝，刘备、孙权为主。但是陈寿又称曹操死为崩，以与其帝王身份相符；孙权的死为薨，视之为诸侯；刘备的死为殂，亦以帝王视之。这大约因为陈寿曾是蜀汉子民的原因吧。

先主姓刘，讳备，字玄德，涿郡涿县人[1]，汉景帝子中山靖王胜之后也。胜子贞，元狩六年封涿县陆城亭侯[2]，坐酎金失侯[3]，因家焉[4]。先主祖雄，父弘，世仕州郡。雄举孝廉，官至东郡范令[5]。

［1］涿县：今河北省涿县。［2］元狩六年：汉武帝元狩六年，即公元前117年。但《官本考证》据《汉书·王子侯表》载：陆城侯贞，元朔二年（前127年）六月甲午封。这里说元狩六年，恐误。详见《三国志集解》。陆城亭侯：潘眉说："前汉无乡亭之封。据《汉书·王子侯表》，贞封陆城侯，无亭字。《地理志》，陆成，中山国县名。贞为中山靖王之后，故封中山国之陆成县侯。成字无土旁。"（《三国志考证》卷六）涿县：这里涿县应是涿郡。而涿郡无陆成县。陆成县在中山国，故城址在今河北省蠡县南。［3］酎（zhòu）金：汉制以正月初一作酒，八月成，名酎酒。天子以酎酒祭于宗庙，诸侯贡金助祭，称为酎金。坐：因犯……罪（或错误）。按：汉武帝常以王侯助祭的酎金成色或分量不足削去王侯的爵位，来加强中央集权统治。［4］因家焉：便在此安了家。家作动词用。焉，在这里。［5］令：范县的长官。范县故址在今山东省原范县东南。

先主刘备，字玄德，涿郡涿县人，是汉景帝十四子中山靖王刘胜的后代。刘胜的儿子刘贞，汉武帝元狩六年（公元前117年）被封为陆成侯，因酎金不合标准被削去侯爵，便在涿县安了家。刘备祖父刘雄，父亲刘弘，世代在州郡做官。刘雄被举荐为孝廉，官至东郡范县的县令。

先主少孤，与母贩履[1]织席为业。舍东南角篱上有桑树生高五丈余，遥望见童童[2]如小车盖，往来者皆怪此树非凡，或谓当出贵人。先主少时，与宗中[3]诸小儿于树下戏，言："吾必当乘此羽葆盖车[4]。"叔父子敬谓曰："汝勿妄语，灭吾门也！"年十五，母使行学，与同宗刘德然、辽西公孙瓒俱事故九江太守同郡卢植[5]。德然父元起常资给先主，与德然等[6]。元起妻曰："各自一家，何能常尔邪[7]！"元起曰："吾宗中有此儿，非常人也。"而瓒深与先主相友。瓒年长，先主以兄事之。先主不甚乐读书，喜狗马、音乐、美衣服。身长七尺五寸[8]，垂手下膝，顾自见其耳[9]。少语言，善下人，喜怒不形于色。好交结豪侠，年少争附之。中山大商张世平、苏双等资累千金[10]，贩马周旋于涿郡，见而异之，乃多与之金财，先主由是得用合徒众。

[1] 履（lǚ）：鞋。 [2] 童童：覆盖的样子。 [3] 宗中：同宗族之中。 [4] 羽葆盖车：古时天子所乘之车的盖外用羽毛装饰，故名。 [5] 九江：郡名。东汉末治所寿春，在今安徽省寿县。 [6] 等：一样，同等。 [7] 常尔邪：经常这样呀！ [8] 七尺五寸：汉代一尺相当于今 0.69 市尺，0.23 米。由此推算，刘备身高 1.725 米。 [9] 顾自见其耳：自己看到自己的耳朵。顾，回头着。 [10] 资累千金：财产多达千金。

刘备少时父亲去世，与母亲贩鞋织席作为生计。他家房子东南角篱笆旁长的一棵桑树，有五丈多高，远远看去，枝繁叶茂，像小车的顶盖似的，往来之人都奇怪这棵树长势非同寻常，有的说这人家要出贵人。刘备年少时，与同宗族中的许多儿童在桑树下游戏，曾说："我一定会乘这种羽葆盖的车子。"他的叔父刘子敬一听，教训他说："你休要胡说，这要遭灭族的啊！"十五岁时，母亲让他去求学，与同宗族的刘德然、辽西的公孙瓒一起拜原九江太守涿郡的卢植为老师。刘德然的父亲刘元起经常资助刘备，给的钱财与德然的一样多。刘元起的妻子说："各自一家，怎能经常这样呢！"刘元起说："我们宗族中这个孩子不是一般的人啊。"公孙瓒与刘备友情很深。公孙瓒年纪大一点，刘备把他当兄长看待。刘备不太喜欢读书，喜爱狗马、音乐、华美的衣服。他身长七尺五寸，两手过膝，自己能看见自己的耳朵。他沉默寡语，诚心待人，喜怒不表现在脸上。喜欢结交豪侠之人，年轻人竞相追随他。当时，中山国的大商人张世平、苏双等有千金资财，在涿郡来回贩马，一见刘备，惊异非常，于是就多给予钱财，刘备因此能组织起一支队伍。

灵帝末，黄巾起，州郡各举义兵[1]，先主率其属从校尉邹靖讨黄巾贼有功，除安喜尉[2]。督邮[3]以公事到县，先主求谒，不通，直入缚督邮，杖二百，解绶系其颈着马枊[4]，弃官亡命[5]。顷之，大将军何进遣都尉毌丘毅诣丹杨[6]募兵，先主与俱行，至下邳遇贼，力战有功，除为下密丞[7]。复去官。后为高唐尉[8]，迁为令。为贼所破，往奔中郎将公孙瓒，瓒表为别部司马[9]，使与青州刺史田楷以拒冀州牧袁绍。数有战功，试守平原令[10]，后领平原相[11]。郡民刘平素轻先主，耻为之下，使客刺之。客不忍刺，语之而去。其得人心如此。

［1］义兵：这里指镇压黄巾军的地主武装。［2］安喜：县名，或作安熹，故城址在今河北省定县东。尉：县尉，职掌缉盗治安。［3］督邮：官名。太守属吏，督察各县，奉宣教令。［4］马枊（àng）：拴马柱。［5］亡命：逃亡。［6］丹杨：郡名。治所在今安徽省宣城市。［7］下密：县名。故址在今山东省昌邑县东。丞：县丞，县令或县长的辅佐，职掌文书、仓库和监狱等。［8］高唐：县名。故址在今山东省禹城市西南。［9］别部司马：官名。东汉大将军领营五部，每部设校尉一人，军司马一人，别营领属则设别部司马。时公孙瓒为中郎将，亦设别部司马。［10］试守平原令：暂代平原县令。平原：县名。故址在今山东省平原县西南。［11］平原相：平原国相，相当于郡太守。平原：汉王国名，治平原县。

汉灵帝末年，黄巾军兴起，州郡纷纷组织武装镇压黄巾军，刘备率领自己的部众跟随校尉邹靖讨伐黄巾军，立有战功，被授予安喜县尉。当时督邮因公事到安喜县，刘备求见，被拒之门外，就直闯了进去，缚住督邮，拖出来杖打二百，解了绶带系到他脖子上并把他拴在马桩旁，弃官而走。时过不久，大将军何进派都尉毋丘毅到丹杨郡去招募兵士，刘备与毋丘毅同往，到下邳时遇敌人，刘备力战有功，被授予下密县县丞。不久，又弃官而去。后来任高唐县尉，调任高唐县令。之后，刘备被敌人打败，投奔中郎将公孙瓒，公孙瓒上表奏请刘备任别部司马，让他与青州刺史田楷共同抵御冀州牧袁绍。刘备多次立有战功，暂代平原县令，后以别部司马兼任平原国相。当时，郡里有位叫刘平的人，素来看不起刘备，以在刘备管辖之下为耻，派刺客暗杀他。后刺客不忍暗杀刘备，告诉了他实情，随后离去。可见刘备如此深得人心。

袁绍攻公孙瓒，先主与田楷东屯齐。曹公征徐州，徐州牧陶谦遣使告急于田楷，楷与先主俱救之。时先主自有兵千余人及幽州乌丸杂胡骑，又略得饥民数千人。既到，谦以丹杨兵四千益先主，先主遂去楷归谦。谦表先主为豫州刺史，屯小沛。谦病笃，谓别驾糜竺曰："非刘备不能安此州也。"谦死，竺率州人迎先主，先主未敢当。下邳陈登谓先主曰："今汉室陵迟，海内倾履，立功立事，在于今日。彼州[1]殷富，户口百万，欲屈使君[2]抚临州事。"先主曰："袁公路近在寿春，此君四世五公，海内所归，君可以州与之。"登曰："公路骄豪，非治乱之主。今欲为使君合步骑十万，上可以匡主济民，成五霸之业，下可以割地守境[3]，书功于竹帛[4]。若使君不见听许，登亦未敢听使君也。"北海相孔融谓先主曰："袁公路岂忧国忘家者邪？冢中枯骨，何足介意。今日之事，百姓与能，天与不取，悔不可追。"先主遂领徐州。袁术来攻先主，先主拒之于盱眙、淮阴[5]。曹公表先主为镇东将军，封宜城亭侯[6]，是岁建安元年也。先主与术相持经月，吕布乘虚袭下邳。下邳守将曹豹反，闲迎布[7]。布虏先主妻子，先主转军海西[8]。杨奉、韩暹寇徐、扬闲，先主邀击，尽斩之。先主求和于吕布，布还其妻子。先主遣关羽守下邳。

[1] 彼州：清人钱大昕说："《华阳国志》作'鄙州'。登，下邳人；下邳属徐州，故云鄙州。彼字误。"鄙是自谦之词。 [2] 使君：汉称州、郡长官叫使君。时刘备为豫州刺史，所以称使君。 [3] 割地守境：割据地方，守护境内。这里指据徐州而守。 [4] 竹帛：古代以竹帛代纸。这里指史册。 [5] 盱眙（xū yí）：县名。故址在今江苏省盱眙县东北。淮阴：县名。故址在今江苏省清江市。 [6] 宜城：县名。故址在今湖北省宜城市南。[7] 闲(jiàn)：秘密地，悄悄地。 [8] 海西：县名。故址在今江苏省灌南县南。

袁绍攻打公孙瓒，刘备与田楷向东在齐国屯驻。曹操征讨徐州时，徐州牧陶谦派遣使者向田楷告急，田楷便和刘备同往救援他。当时，刘备自己有士兵千余人和一些幽州乌丸等胡族骑兵，还抓带了几千饥民。到达后，陶谦将四千丹杨兵拨给刘备，充实他的队伍，于是，刘备就脱离田楷归附陶谦。陶谦上表奏请任刘备为豫州刺史，屯驻小沛。后陶谦病危，召来别驾麋竺，对他说："除了刘备没人能安定徐州。"陶谦一死，麋竺率领本州人士迎接刘备任州牧，刘备不敢当。下邳的陈登对刘备说："如今汉室衰微，海内倾覆，建功立业，在于今日。鄙州殷富，户口百万，想让您屈尊就任州牧。"刘备回答说："袁术近在寿春，他家四代有五人居三公之位，海内众心所归，您可将徐州交给他。"陈登说："袁术骄横，不是治乱之人，我们想给您组织十万步兵和骑兵，这样，上可以匡扶汉室、拯救百姓，成就春秋五霸那样的大业；下可以占据徐州，守护本州的境界，功成名就，永载史册。如您不应允，那么，我也不敢听从您的意见。”北海国国相孔融也对刘备说：“袁术哪里是忧国忘家之人？不过是墓中一堆枯骨，何足介意。今日之事，百姓想将州牧交付有能力的您来担当，这是上天赐给您的良机，您不取的话，追悔不及啊。”于是，刘备就兼任徐州牧。袁术听到后，出兵来攻打刘备，刘备在盱眙、淮阴抵御。曹操看到刘备与袁术争战，上表奏请任刘备为镇东将军，封爵宜城亭侯，这一年是建安元年（196 年）。刘备与袁术相持达一月之久，这时，吕布乘虚袭击了下邳。下邳守将曹豹叛反，悄悄地迎接吕布，因此吕布虏掠了刘备的妻子儿女，刘备转而进军海西。当时，杨奉、韩暹进犯徐州、扬州一带，刘备迎上去截击他们，把他们全杀了。事后，刘备向吕布求和，吕布送还刘备的妻子儿女。接着，刘备派关羽守下邳。

先主还小沛，复合兵得万余人。吕布恶之[1]，自出兵攻先主，先主败走归曹公。曹公厚遇之，以为豫州牧。将至沛收散卒，给其军粮，益与兵使东击布。布遣高顺攻之，曹公遣夏侯惇往，不能救，为顺所败，复虏先主妻子送布。曹公自出东征，助先主围布于下邳，生擒布。先主复得妻子，从曹公还许。表先主为左将军，礼之愈重，出则同舆，坐则同席。袁术欲经徐州北就袁绍，曹公遣先主督朱灵、路招要击术[2]。未至，术病死。

［1］恶（wù）：厌恶，忌恨。［2］要（yāo）击：截击，拦击。

刘备回到小沛，又集聚兵力万余人。吕布对刘备这样做很忌恨，便亲自出兵攻打他，刘备败逃，归附曹操。曹操厚待他，让他任豫州牧。送他到沛收集散兵，给他军粮，补充他的兵力，让他东击吕布。吕布派高顺迎战刘备，曹操派夏侯惇前来救援，不能解围，刘备等被高顺打败，妻子儿女又被高顺俘获后送到吕布那里。于是，曹操亲自东征，助刘备在下邳围攻吕布，最后活捉了吕布。刘备又领回妻子儿女，随曹操回许都。曹操奏请任刘备为左将军，愈加隆重地待之以礼，出则同车，坐则同席。后来，袁术想经过徐州北上，靠近袁绍，曹操派遣刘备督率朱灵、路招截击袁术，尚未到达，袁术已病死。

先主未出时，献帝舅车骑将军董承辞受帝衣带中密诏[1]，当诛曹公。先主未发。是时曹公从容谓先主曰："今天下英雄，唯使君与操耳。本初之徒，不足数也[2]。"先主方食，失匕箸[3]，遂与承及长水校尉种辑、将军吴子兰、王子服等同谋。会见使[4]，未发。事觉，承等皆伏诛[5]。

[1] 辞受帝衣带中密诏:《三国志集解》引刘咸炘说，"辞"字当删。全句意思是：接受皇帝写在衣带里的秘密诏书。 [2] 数（shǔ）：计算，谈得上。 [3] 失匕箸：掉落调羹、筷子。这件事后来演化为《三国演义》中的"青梅煮酒论英雄"故事。裴注引《华阳国志》说："这时正当雷震，刘备乘机对曹操说：圣贤说过'迅雷风烈必变'很有道理。雷震的威力，竟这样巨大。" [4] 会见使：不久被派遣。 [5] 伏诛：犯罪被杀。

刘备未被派遣出来时，汉献帝的舅舅车骑将军董承接受了皇上写在衣带里的秘密诏书，按旨应当诛杀曹操。刘备尚未发动。这时曹操从容地对刘备说："如今天下英雄，只有你我两人而已。袁绍这种人，是算不上的。"刘备正在吃东西，一听这话，惊慌得手中的调羹、筷子都掉落了。于是就与董承及长水校尉种辑、将军吴子兰、王子服等共同密谋。不久，刘备被派遣东击袁术,未能起事。后来密谋的事被发觉,董承等全都被杀。

先主据下邳。灵等还,先主乃杀徐州刺史车胄,留关羽守下邳,而身还小沛。东海昌霸反[1],郡县多叛曹公为先主,众数万人,遣孙乾与袁绍连和,曹公遣刘岱、王忠击之,不克。五年,曹公东征先主,先主败绩[2]。曹公尽收其众,虏先主妻子,并擒关羽以归。

[1] 昌霸:据《武帝纪》建安五年载:"昌狶叛为备,又攻破之。"则昌霸即昌狶。 [2] 先主败绩:裴注引《魏书》载:此时,曹操在官渡方面军事告急,但不愿坐观刘备势大。于是就安排诸将留驻官渡,自领精兵东征刘备。最初,刘备认为曹操与大敌袁绍在官渡相接,不能东来,而等曹操骑兵突然到达时,又说是曹操亲自来了。刘备大惊,但还不太相信。亲自率数十骑兵出来,看到曹操的大军,亲见曹操的大旗,见势不妙,便弃众而逃。

刘备占据下邳。朱灵等退还,刘备就杀了徐州刺史车胄,留关羽守下邳,而自己回小沛屯驻。当时,东海郡的昌狶背叛曹操,不少郡县都为了刘备而背叛了曹操,刘备很快就聚众数万,派孙乾前往与袁绍联合,于是,曹操调遣刘岱、王忠攻打刘备,不能攻克。建安五年(200年),曹操东征刘备,刘备战败。曹操收降了他的全体部众,俘获了他的妻子儿女,连同关羽一齐捉住,带回许都。

先主走青州。青州刺史袁谭,先主故茂才也[1],将步骑迎先主。先主随谭到平原,谭驰使白绍。绍遣将道路奉迎,身去邺二百里,与先主相见。驻月余日,所失亡士卒稍稍来集[2]。曹公与袁绍相拒于官渡,汝南黄巾刘辟等叛曹公应绍。绍遣先主将兵与辟等略许下。

关羽亡归先主。曹公遣曹仁将兵击先主，先主还绍军，阴欲离绍，乃说绍南连荆州牧刘表。绍遣先主将本兵复至汝南，与贼龚都等合，众数千人。曹公遣蔡阳击之，为先主所杀。

［1］茂才：即秀才。东汉因避光武帝刘秀讳，改叫茂才。为汉代举荐人才的科目之一。清人钱大昕说：袁谭是汝南人，汝南在豫州，刘备兼任豫州牧时，举荐袁谭为茂才。［2］稍稍来集：逐渐前来集合。

刘备奔青州，青州刺史袁谭是刘备原先荐举的秀才，因此率领步兵骑兵迎接刘备。刘备随袁谭到了平原县，袁谭派使者飞驰前去告诉袁绍。袁绍派遣将领途中迎候，亲自到距邺城二百里处与刘备相见。刘备在袁绍那里屯驻了一月有余，失散的士卒逐渐前来集合。当时，曹操与袁绍在官渡对峙，汝南的黄巾军首领刘辟等背叛曹操，响应袁绍。袁绍派遣刘备领兵与刘辟等攻掠许都附近。关羽逃走，回归刘备。曹操派曹仁率军攻击刘备，刘备交还袁绍的兵众，心想离开袁绍，不好明说，就劝说袁绍要南连荆州牧刘表。于是，袁绍派刘备率领本部兵马又到达汝南，与龚都等合兵，部众数千人。曹操听到刘备南下，派蔡阳袭击他，被刘备所杀。

曹公既破绍，自南击先主。先主遣麋竺、孙乾与刘表相闻，表自郊迎，以上宾礼待之，益其兵，使屯新野。荆州豪杰归先主者日益多，表疑其心，阴御之[1]。使拒夏侯惇、于禁等于博望[2]。久之，先主设伏兵，一旦自烧屯伪遁，惇等追之，为伏兵所破。

［1］阴御之：暗中对他防范。裴注引《九州春秋》说：刘备在荆州一住几年，有一次与刘表坐谈时，起身上厕所，看到自己大腿内侧长出了肉，感

慨至于流泪。回来坐下时泪未干，刘表惊奇问他，他说："我经常身不离鞍，大腿无肉。现在不再骑马，长出了肉。日月飞驰，老将至矣，可是不能建功立业，因此悲伤罢了。" [2] 博望：县名。故址在今河南省方城县西南。

曹操打败袁绍后，亲自南下追击刘备。刘备派遣麋竺、孙乾与刘表互通信息，刘表亲自到城郊迎接，以上宾之礼款待他，增加他的兵力，让他屯驻新野。从此，荆州豪杰归附刘备的日益增多，刘表对他怀疑起来，暗中防范他。后来，派他到博望抵御夏侯惇、于禁。相持时间长了，刘备便设下伏兵，一天早晨，自己放火烧了屯驻的营寨，假装逃遁，夏侯惇等人追上来，被刘备的伏兵打得大败。

十二年，曹公北征乌丸，先主说表袭许，表不能用。曹公南征表，会表卒，子琮代立，遣使请降。先主屯樊，不知曹公卒至，至宛乃闻之，遂将其众去。过襄阳，诸葛亮说先主攻琮，荆州可有。先主曰："吾不忍也[1]。"乃驻马呼琮，琮惧不能起。琮左右及荆州人多归先主，比到当阳[2]，众十余万，辎重数千辆，日行十余里，别遣关羽乘船数百艘，使会江陵。或谓先主曰："宜速行保江陵，今虽拥大众，被甲者少，若曹公兵至，何以拒之？"先主曰："夫济大事必以人为本，今人归吾，吾何忍弃去！"

[1] 吾不忍也句：裴注引孔衍的《汉魏春秋》说："刘琮乞降，不敢告诉刘备。刘备也不知道，好久才发觉，遣亲随去问刘琮。刘琮命宋忠到刘备处宣布投降的决定。这时曹操大军在宛城，刘备才大吃一惊，对宋忠说："你们几个人这样办事，不早点告诉我，现在大祸降临才告诉我，不是太急促了吗！"说完，举刀对宋忠说："如今杀了你，不足以解恨，也耻于大丈夫临别

又杀你们这种人！”把宋忠送走，就呼喊部下集中，商议怎么办。有人劝刘备劫持刘琮及荆州吏士南下江陵，刘备答道：“刘表临死托孤于我，背弃信义来救自己，我所不为，这样，死后有何面目去见刘表呢！”［2］当阳：县名。故址在今湖北省当阳市东。

建安十二年（207 年），曹操北征乌丸，刘备劝刘表袭击许都，刘表不采用。曹操北征得胜后，南征刘表，恰逢刘表病死，小儿子刘琮代立，派使者请降。当时，刘备屯驻樊城，不知曹操突然来到，曹军到达宛城才听说刘琮已降，于是就率领自己的部众离开樊城。经过襄阳时，诸葛亮劝刘备攻打刘琮，认为这样可得荆州。刘备说：“我不忍心啊。”于是停下呼喊刘琮问话，刘琮害怕，不能起身应答。刘琮左右的人和荆州百姓大多归附刘备。等到达当阳县境时，聚众十多万，辎重几千辆，每天只走十多里路，刘备另外派遣关羽率几百艘船，乘船而去，让他到江陵会合。有人对刘备说：“应该快速行军保守江陵，如今虽然拥有许多百姓，但是，披甲衣的战士不多，如曹操追兵赶上，用什么来抵抗他呢？”刘备说：“但凡成大事的必以人为本，今天众人归附我，我怎能忍心丢下他们离开呢！”

曹公以江陵有军实[1]，恐先主据之，乃释辎重，轻军到襄阳。闻先主已过，曹公将精骑五千急追之，一日一夜行三百余里，及于当阳之长坂。先主弃妻子，与诸葛亮、张飞、赵云等数十骑走，曹公大获其人众辎重。先主斜趋汉津[2]，适与羽船会，得济沔[3]，遇表长子江夏太守琦众万余人，与俱到夏口。先主遣诸葛亮自结于孙权[4]，权遣周瑜、程普等水军数万，与先主并力，与曹公战于赤壁，大破之，焚其舟船。先主与吴军水陆并进，追到南郡[5]，时又疾疫，北军多死，曹公引归。

［1］军实：军用物资。［2］汉津：津渡名。在今湖北省荆门市东九十里汉水过境处。［3］沔：沔水。［4］先主遣诸葛亮自结于孙权句：裴注引《江表传》说：孙权派鲁肃到刘表的两个儿子那里去吊丧，并让他结识刘备。鲁肃还未到达而曹操已渡过汉津。鲁肃仍然向前走，在当阳与刘备相遇。便转达孙权的旨意，议论天下形势，殷勤致意。又问刘备说："刘豫州今想到哪里去？"刘备答称与苍梧太守吴巨是旧交，想去投奔他。鲁肃说："孙权聪明仁义，礼贤下士，江表英豪，都归附他，已占有六郡，兵精粮多，足以成大事。如今为您着想，不如派心腹之人出使东吴，主动结交孙权，推崇连和的好处，共图大业。可是您反而说投奔吴巨，吴巨是普通的人，又在边远地方，快要被人吞并了，怎能依靠呢？"刘备一听，大喜，便进军鄂县，立即派诸葛亮随鲁肃到孙权那里，终于设誓结盟。［5］南郡：郡名。治江陵县，即今湖北省江陵县。

曹操因江陵富有军用物资，担心刘备占据它，于是就留下辎重，轻装进军，到达襄阳。听到刘备已走，曹操率精锐骑兵五千，急追刘备。曹军一天一夜行军三百多里，在当阳的长坂赶上了。刘备丢下妻子儿女，与诸葛亮、张飞、赵云等数十骑逃跑，曹操大获刘备的人马和辎重。刘备向东北直奔汉津，正好与关羽的船队会合，终于渡过沔水，又遇到刘表长子江夏太守刘琦率领的一万多部众，与他们一起到达夏口。刘备派诸葛亮主动去结交孙权，孙权派周瑜、程普等率领几万水军，与刘备合力作战，在赤壁与曹操交战，大破曹操，火烧曹军船只。曹操败逃时，刘备与东吴军队水陆并进，一直追到南郡，当时曹军又遭瘟疫，伤亡很大，于是曹操率兵撤退。

先主表琦为荆州刺史，又南征四郡，武陵太守金旋[1]、长沙太守韩玄[2]、桂阳太守赵范[3]、零陵太守刘度皆降[4]。庐江[5]雷绪率部曲数万口稽颡[6]。琦病死，群下推先主为荆州牧，治公安[7]。权稍畏之，进妹固好。先主至京见权，绸缪恩纪[8]。权遣使云欲共取蜀，或以为宜报听许，吴终不能越荆有蜀，蜀地可为己有。荆州主簿殷观进曰："若为吴先驱，进未能克蜀，退为吴所乘，即事去矣。今但可然赞其伐蜀，而自说新据诸郡，未可兴动，吴必不敢越我而独取蜀。如此进退之计，可以收吴、蜀之利。"先主从之，权果辍计[9]。迁观为别驾从事[10]。

［1］武陵：郡名。治所在今湖南省常德市西。［2］长沙：郡名。治所在今湖南省长沙市。［3］桂阳：郡名。治所在今湖南省郴（chēn）县。［4］零陵：郡名。治所在今湖南省零陵县。［5］庐江：郡名。治所原在今安徽省庐江县西南。建安四年（199年）移治皖县，即今安徽省潜山县。［6］稽颡（qǐ sǎng）：以额触地。本为古代礼节之一，这里指投诚。颡，指额。［7］公安：县名。故址在今湖北省公安县。裴注引《江表传》说：赤壁之战后，周瑜任南郡太守，分南岸地给刘备。刘备在油江口另立营寨，改名为公安。［8］绸缪恩纪：亲密恩爱。前人认为此处与下文不连贯，疑有脱文。［9］辍计：停止或放弃计划。［10］别驾从事：官名。为州牧、刺史的佐吏，当州牧、刺史巡行时，别乘传车随行，所以省称别驾。

刘备表请刘琦为荆州刺史，自己又南征四郡。武陵太守金旋、长沙太守韩玄、桂阳太守赵范、零陵太守刘度全都归降。庐江人雷绪率部曲几万人投诚。后来，刘琦病死，众人共推刘备任荆州牧，治所在公安。这时，孙权对刘备逐渐起敬畏之心，将妹妹嫁给他，来加强同盟友好。刘备到达京口与孙权相见，刘备成亲后，夫妇亲密恩爱。刘备回荆州后，孙权派使者来说，想与他共同攻取蜀地，有的人认为应回报孙权表示同意，取蜀后，东吴最终是不能跨越荆州来占有蜀地，那么蜀地可据为己有。荆州主簿殷观进言说："如果作为东吴的先驱，进兵未必能攻克蜀，退兵的话，要被东吴乘机进攻，那可就坏了大事。如今只可赞成孙权讨伐蜀地，而推说我们自己新近占据各郡，不能兴师动众，那么吴必不敢越过我们而单独攻蜀。像这样有进有退的计策，可以收到既赞成东吴攻蜀又能为自己保留蜀地的好处。"刘备听从了殷观的意见，孙权果然停止了取蜀的计划。刘备调殷观任别驾从事。

十六年，益州牧刘璋遥闻曹公将遣钟繇等向汉中讨张鲁，内怀恐惧。别驾从事蜀郡张松说璋曰："曹公兵强无敌于天下，若因张鲁之资以取蜀土，谁能御之者呼？"璋曰："吾固忧之而未有计。"松曰："刘豫州[1]，使君[2]之宗室而曹公之深仇也，善用兵，若使之讨鲁，鲁必破。鲁破，则益州强，曹公虽来，无能为也。"璋然之，遣法正将四千人迎先主，前后赂遗以巨亿计[3]。正因陈益州可取之策[4]。先主留诸葛亮、关羽等据荆州，将步卒数万人入益州。至涪，璋自出迎，相见甚欢。张松令法正白先主，及谋臣庞统进说，便可于会所袭璋。先主曰："此大事也，不可仓卒[5]。"璋推先主行大司马，领司隶校尉；先主亦推璋行镇西大将军[6]，领益州牧。璋增先主兵，使击张鲁，又令督白水[7]军。先主并军三万余人，车甲器械资货甚盛。是岁，璋还成都。先主北到葭萌[8]，未即讨鲁，厚树恩德，以收众心。

[1] 刘豫州：即刘备。因陶谦表请刘备为豫州刺史，故有此称呼。[2] 使君：指刘璋。[3] 赂遗：赠送礼物。遗（wèi）：赠与。[4] 正因陈益州可取之策：裴注引《吴书》说：刘备从前会见过张松，后来得到了法

正，都以恩意厚加接纳，欢会时，刘备极为殷勤。乘便询问蜀中地理形势、府库兵器、兵马多少以及各军事要道距离远近，张松等人全都告知，还画了地图，因此刘备尽知道益川的虚实。［5］仓卒：仓促。卒，通“猝”。［6］镇西大将军：官名。东汉末置四镇将军，位次于四征将军，资深者加大。又据《晋书·职官志》：各大将军开建府署、自辟属官的位从三公。不开府的，秩同特进，位次三公。这里指不开府的镇西大将军，实为刘备、刘璋相互封官而已。［7］白水：指广汉郡白水县的白水关。［8］葭（jiā）萌：县名。故址在今四川省广元县西南。

建安十六年（211 年），益州牧刘璋远闻曹操准备派遣钟繇等往汉中讨伐张鲁，因此心怀恐惧。别驾从事蜀郡的张松劝说刘璋道：“曹操兵强，无敌于天下，如果凭借张鲁的资财来攻取蜀地，谁能抵御他呢？”刘璋说：“我本来就担忧却无法对付。”张松说：“刘备是您的宗室却又是曹操的深仇大敌，他善于用兵，如让他征讨张鲁，张鲁必败。张鲁一破，则益州强大，曹操即使前来，也无能为力。”刘璋赞成他这个看法，于是派法正率四千人去迎接刘备，前前后后赠送的礼物可以用亿来计算。法正便向刘备陈述可以取得益州的计策。刘备留下诸葛亮、关羽等守荆州，自己率领几万步兵进入益州。刘备到达涪县时，刘璋亲自出迎，两人相见，很是高兴。张松让法正禀告刘备，刘备的谋臣庞统又进言劝说，都认为可在会见之处袭击刘璋。刘备说：“这等大事，不可仓促。”会见之后，刘璋推刘备任代理大司马，兼领司隶校尉；刘备亦推刘璋任代理镇西大将军，兼领益州牧。随后，刘璋给刘备增兵，让他进击张鲁，又令他督领白水关驻军。于是，刘备扩并军队达三万多人，车甲器械资财很多。这一年，刘璋回成都。刘备北进到葭萌县，没有立即讨伐张鲁，而是重施恩德来收服人心。

明年，曹公征孙权，权呼先主自救[1]。先主遣使告璋曰："曹公征吴，吴忧危急。孙氏与孤本为唇齿[2]，又乐进在青泥[3]与关羽相拒，今不往救羽，进必大克，转侵州界[4]，其忧有[5]甚于鲁。鲁自守之贼，不足虑也。"乃从璋求万兵及资实，欲以东行。璋但许兵四千，其余皆给半。张松书与先主及法正曰："今大事垂可立[6]，如何释此去乎！"松兄广汉太守肃[7]，惧祸逮己[8]，白璋发其谋。于是璋收斩松，嫌隙始构矣[9]。璋敕关戍诸将文书勿复关通先主[10]。先主大怒，召璋白水军督杨怀[11]，责以无礼，斩之。乃使黄忠、卓膺勒兵向璋。先主径至关中[12]，质诸将并士卒妻子[13]，引兵与忠、膺等进到涪，据其城。璋遣刘璝、冷苞、张任、邓贤等拒先主于涪，皆破败，退保绵竹。璋复遣李严督绵竹诸军，严率众降先主。先主军益强，分遣诸将平下属县，诸葛亮、张飞、赵云等将兵泝流定白帝、江州、江阳[14]，惟关羽留镇荆州。先主进军围洛；时璋子循守城，被攻且一年[15]。

[1]自救：自己救援自己（孙权）。 [2]唇齿：唇齿相依，关系密切。 [3]青泥：地名。在今湖北省襄樊市西北二十里。 [4]州界：这里指益州的边界。 [5]有：通"又"，更。 [6]垂可立：将要成功。垂：将近。立：成功。 [7]广汉：郡名。治洛县，在今四川省广汉市城北五里巷。 [8]逮：牵涉，累及。 [9]嫌隙：由猜疑而形成仇怨。 [10]关通：禀报。 [11]军督：官名。即督军。 [12]关中：指白水关内。 [13]质诸将并士卒妻子：以诸将连同士卒的妻子儿女为人质。当时刘备军中有刘璋旧部，要进攻刘璋，担心旧部叛变，故有此举。 [14]泝（sù）流：逆水而上。泝同"溯"。白帝：白帝城，故址在今重庆市奉节县东。江州：县名。是巴郡郡治。故址在今重庆市。江阳：县名。又为江阳郡郡治。故址在今四川省泸州市。 [15]且：

将近。

第二年（212年），曹操征讨孙权，孙权向刘备呼救。于是刘备遣使告诉刘璋说："曹操征吴，东吴担心，处在危急之中。孙权与我本是唇齿相依，同时乐进又在青泥与关羽对峙，如今不去救援关羽，乐进一定取胜，转而侵犯益州边界，到那时，忧虑更甚于张鲁。张鲁不过是自守之贼，不值得忧虑。"于是向刘璋要求借兵一万及军用资财，准备东进。可是，刘璋仅同意借四千兵众，其余要求都给半数。这时，张松写信给刘备和法正说："如今大事将要成功，怎么放弃这里离开呢！"张松的哥哥张肃，任广汉太守，惧怕祸害连及自己，向刘璋告发此事。因此刘璋将张松逮捕处斩，刘备与刘璋之间的怨恨仇隙开始形成了。刘障命令守关各将，文件不再禀报刘备。刘备大怒，召来白水关督军杨怀，斥责他无礼，把他斩杀。就命黄忠、卓膺统率军队向刘璋进攻。刘备径直到白水关内，把各将连同士兵的妻子儿女作为人质，领兵与黄忠、卓膺进军抵达涪县，占领县城。刘璋派刘璝（guī）、冷苞、张任、邓贤等在涪县抵御刘备，全都大败，退守绵竹。刘璋又派遣李严督领绵竹各军，李严率众投降了刘备。刘备军队力量更强，分派各将平定下属各县，同时诸葛亮、张飞、赵云等率军逆流而上，平定白帝城、江州县、江阳县，只留下关羽镇守荆州。刘备进军围攻洛县；当时是刘璋的儿子刘循守卫洛县县城，遭刘备围困近一年。

十九年夏，洛城破，进围成都数十日，璋出降。蜀中殷盛丰乐，先主置酒大飨士卒，取蜀城中金银分赐将士，还其谷帛[1]。先主复领益州牧[2]，诸葛亮为股肱[3]，法正为谋主，关羽、张飞、马超为爪牙[4]，许靖、麋竺、简雍为宾友[5]。及董和、黄权、李严等本璋

之所授用也[6]，吴壹、费观等又璋之婚亲也，彭羕又璋之所排摈也[7]，刘巴者宿昔之所忌恨也[8]，皆处之显任，尽其器能[9]。有志之士，无不竞劝[10]。

[1] 取蜀城中金银分赐将士两句：据《资治通鉴》胡三省注：凡城内公私所有金银，全部取来分赏给将士，至于谷帛，就分别退还原主。 [2] 复领：又兼任。因刘备已为荆州牧，这里又任益州牧，故称复领。 [3] 股肱：大腿和胳膊。这里比喻辅佐君主的大臣。 [4] 爪牙：喻国家武臣。见《张辽传》。 [5] 宾友：宾客师友。 [6] 授用：授职信用。 [7] 排摈：排斥摈弃。据《资治通鉴》胡三省注：彭羕（yàng）在刘璋时官不过书佐，后遭人谗毁，被髡钳为徒隶。 [8] 忌恨：忌妒而怀恨。据《刘巴传》及裴注：刘巴一直轻视刘备，赤壁之战前，刘备南下，荆楚之士从者如云，刘巴独自北投曹操，后奉命南下长沙等郡招降，被刘备所阻，远游交阯，后入蜀，又谏阻刘备入蜀、领兵击张鲁。刘备占成都，迫不得已归降。 [9] 器能：才能。 [10] 竞劝：竞相勉励。

建安十九年（214年）夏，刘备攻破洛城，进军围困成都几十日，刘璋出城投降。蜀中殷实，物产丰富，百姓安乐，刘备摆酒宴，大大地犒劳士兵，取成都城中的金银来分赏给将士，谷帛等物退还原主。随后，刘备又兼任益州牧，诸葛亮为辅佐大臣，法正为重要谋臣，关羽、张飞、马超为武臣，许靖、麋竺、简雍为宾客师友。以及董和、黄权、李严等人，本是刘璋所授职信用的；吴壹、费观等人，又是刘璋的姻亲，而彭羕又是刘璋所排斥、摈弃的；刘巴更是刘备一向忌恨之人，都把他们安排到显要的位置上，使他们的才能尽量得到发挥。因此有志之士，无不争相勉励。

诸葛亮传

诸葛亮传

诸葛亮（181—234年）是三国时期著名的政治家和军事家。他一生的主要业绩在于辅佐刘备建立蜀汉政权和治理蜀国。

诸葛亮在刘备三顾茅庐时提出的《隆中对》，分析了当时各割据势力间的力量对比，提出了占据荆、益两州，积聚力量，联合孙权，与曹操、孙权鼎足而立，选择时机，北伐曹操，最后实现全国统一这样一个战略和策略。赤壁之战，诸葛亮联孙抗曹的主张得以实施，刘备取得荆州大部，进而取得益州，实现了三国鼎立的局面。但由于蜀、吴争夺荆州，联盟破裂，猇亭之战，蜀国元气大伤，刘备亦于此时去世，蜀国的辖境便局限于西蜀一隅。

此后，诸葛亮受刘备托孤，辅佐刘禅，治理蜀国。首先，诸葛亮加强了政权建设。他任人唯才，选拔贤能，让有才能的士人参加到政权中来；同时又励行法治，严明赏罚，听取忠言，集思广益，调动各级官员的积极性，提高了政府工作效率。其次，诸葛亮“南抚夷越”，开发西南地区，加速了西南各族封建化的过程，将汉族地区先进的生产技术传授给少数民族以发展生产。与治蜀同时，诸葛亮派邓芝出使东吴，修复了与东吴的联盟关系。

诸葛亮所做的另一件大事，便是北伐了。北伐曹魏是诸葛亮一贯追求的事业，但是从当时的力量对比来看，魏占有整个北方地区，力量最强，孙吴其次，而蜀国最弱。以弱击强，要想取得胜利是不可能的。诸葛亮的北伐虽然也取得了一些局部的胜利，攻占了一些地方，但都旋得旋失。将蜀国积聚起来的力量都用于北伐，不能不说是一种失策。

关于诸葛亮，艺术作品及民间传说很多，但都把他理想化或神化了。《三国志》的作者陈寿以敬仰的心情记述了诸葛亮的一生，并没有夸张的成分，只是突出了他“鞠躬尽瘁，死而后已”的耿耿忠心，对于我们认识历史上的诸葛亮很有帮助。

本文有两处值得读者注意。第一处是《隆中对》，这是诸葛亮一生政治军事活动的纲领，其语言本身也简切深刻，逻辑性很强。第二处是《出师表》，这是诸葛亮伐魏兴汉忠贞之志的写照，感情真挚，文笔酣畅，是古代散文中的名篇。

诸葛亮字孔明，琅邪阳都人也[1]。汉司隶校尉诸葛丰后也。父珪，字君贡，汉末为太山郡丞[2]。亮早孤，从父玄为袁术所署豫章太守[3]，玄将亮及亮弟均之官[4]。会汉朝更选朱皓代玄。玄素与荆州牧刘表有旧[5]，往依之。玄卒，亮躬耕陇亩[6]，好为《梁父吟》[7]。身长八尺[8]，每自比于管仲、乐毅[9]，时人莫之许也[10]。惟博陵崔州平、颍川徐庶元直与亮友善[11]，谓为信然[12]。

[1] 阳都：县名。治所在今山东省沂南县。 [2] 太山郡丞：泰山郡的副长官。 [3] 豫章：郡名。治所在江西省南昌市。 [4] 将：带领。 [5] 有旧：有老交情。 [6] 躬耕陇亩：亲自耕种田地。这里指亲耕田地，自给自足。躬，亲自。陇亩，田地。 [7]《梁父吟》：古代歌谣名，格调比较悲凉。 [8] 八尺：当时八尺合今 1.84 米。 [9] 管仲：春秋时齐国名相，助齐桓公建立霸业。乐毅：战国时燕国名将，好研习兵书，燕昭王时，统领燕等五国之兵伐齐，连下七十余城。 [10] 莫之许：不以为然。 [11] 博陵：郡名。治所在今河北省蠡县南。徐庶元直：徐庶字元直。 [12] 谓为信然：认为确实如此。

诸葛亮，字孔明，琅邪郡阳都县人。他是东汉司隶校尉诸葛丰的后代。父亲名珪，字君贡，东汉末做过泰山郡的郡丞。诸葛亮年幼丧父，他的叔父诸葛玄被袁术所委任，做豫章太守，诸葛玄带领诸葛亮和他的弟弟诸葛均到职。恰巧东汉朝廷改派朱皓代替诸葛玄。诸葛玄素来与荆州牧刘表有交情，便去投靠他。后来，诸葛玄去世，诸葛亮就在南阳隆中住下，亲自耕作，自食其力，平时喜欢吟诵《梁父吟》，他身长八尺，常自比管仲、乐毅，当时人们却不以为然。只有博陵郡的崔州平，颍川郡的徐元直与诸葛亮友好，认为确实如此。

时先主屯新野，徐庶见先主，先主器之[1]，谓先主曰："诸葛孔明者，卧龙也[2]，将军岂愿见之乎[3]？"先主曰："君与俱来。"庶曰："此人可就见，不可屈致也[4]。将军宜枉驾顾之[5]。"由是先主遂诣亮，凡三往，乃见。因屏人曰[6]："汉室倾颓[7]，奸臣窃命[8]，主上蒙尘[9]，孤不度德量力[10]，欲信大义于天下[11]，而智术短浅，遂用猖蹶[12]，至于今日。然志犹未已，君谓计将安出？"亮答曰："自董卓以来，豪杰并起，跨州连郡者不可胜数[13]。曹操比于袁绍，则名微而众寡，然操遂能克绍，以弱为强者，非惟天时，抑亦人谋也[14]。今操已拥百万之众，挟天子而令诸侯，此诚不可与争锋[15]。孙权据有江东，已历三世[16]，国险而民附[17]，贤能为之用，此可以为援而不可图也[18]。荆州北据汉、沔[19]，利尽南海[20]，东连吴、会[21]，西通巴、蜀[22]，此用武之国[23]，而其主不能守，此殆天所以资将军[24]，将军岂有意乎？益州险塞[25]，沃野千里，天府之土[26]，高祖因之以成帝业。刘璋闇弱[27]，张鲁在北，民殷国富而不知存恤[28]，智能之士思得明君。将军既帝室之胄，信义著于四海，总揽英雄[29]，思贤如渴，若跨有荆、益，保其岩阻[30]，西和诸戎，南抚夷越[31]，外结孙权，内修政理；天下有变，则命一上将将荆州之军以向宛、洛[32]，将军身率益州之众出于秦川[33]，百姓孰敢不箪食壶浆以迎将军者乎[34]？诚如是，则霸业可成，汉室可兴矣。”先主曰：“善！”于是与亮情好日密。关羽、张飞等不悦，先主解之曰[35]：“孤之有孔明，犹鱼之有水也。愿诸君勿复言。”羽、飞乃止。

[1]器之：器重他。 [2]卧龙：当时有人称诸葛亮为卧龙，后人因此用来比喻隐居的俊杰。据裴注引《襄阳记》说：刘备访问司马德操，问起时势世事，司马德操回答说：“我是儒生俗士，岂识时务？识时务者在乎俊杰。此间自有伏龙、凤雏。”刘备问是谁，答称是诸葛孔明和庞士元（庞统）两人。[3]岂：副词，表示反诘或疑问。难道，怎么。 [4]就见：主动地去拜访。屈致：使人屈节地被招来。 [5]枉驾：屈驾，即亲自登门。顾之：拜访他。[6]屏（bǐng）人：让旁人退去。屏作动词用。 [7]倾颓（tuí）：危亡，衰败。[8]奸臣窃命：指董卓、曹操等窃取朝廷大权，主要指曹操挟天子以令诸侯。[9]蒙尘：古代指帝王流亡在外，蒙受风尘。意即遭受灾难。 [10]度（duó）德量力：衡量自己的德行、力量。 [11]信：同“伸”，伸张。 [12]用：因此。猖蹶（jué）：倾覆，受挫折。 [13]跨州连郡者：地跨州，土连郡的地方割据者。指东汉末的军阀。 [14]非惟：不只是。抑亦：而且也是。 [15]争锋：争胜。 [16]三世：本指三代。这里指孙坚及他的儿子孙策、孙权三人先后割据江东。 [17]国险：地势险要。民附：百姓归顺。 [18]可以为援而不可图：可作为支援但不能谋取。 [19]汉、沔：汉水和沔水。沔水在今陕南与汉水合流。今统称汉水。 [20]南海：郡名。这里指南方近海地区或广东一带。 [21]吴、会（kuài）：吴郡和会稽郡。即今江浙一带。[22]巴、蜀：巴郡和蜀郡，即今四川省。 [23]用武之国：兵家必争之地。[24]殆：大概。 [25]险塞：地形险要，易守难攻。 [26]天府：古人认为

西蜀（四川一带）沃野千里，水旱从人，不知饥馑，时无荒年，天下谓之天府。

［27］闇（àn）弱：昏庸懦弱。闇，通“暗”。［28］存恤：关心爱护。［29］总揽：广泛招揽。［30］岩阻：山势险要之处。［31］越：南越。古代南方少数民族之一，统称夷越。［32］宛、洛：宛县和洛阳。宛县当时为南阳郡治所。［33］秦川：秦时渭水流域，土地肥沃，世谓之秦川。即今陕西省、甘肃秦岭以北地区。［34］箪（dān）食壶浆：提着饭篮，捧着酒壶。箪，圆形竹器，供盛饭用。浆，酒。这里箪和壶都是名词作动词用。［35］解之：向他们解释。

当时刘备屯驻新野，徐庶拜见刘备，刘备很器重他。他对刘备说：“诸葛孔明这人，是卧龙呀，将军您愿意去访问他吗？”刘备说：“您去同他一起来吧。”徐庶说：“此人应该主动去拜访，不能让他屈节地被招来，您应屈驾前往看他才是。”因此刘备就去拜访诸葛亮，一连去了三次，第三次才见到他。于是刘备让旁人退去，诚恳地对诸葛亮说：“汉朝江山衰败危亡，奸贼挟天子以令诸侯，皇上遭难。我没有估量自己德多厚力多大，只想伸张大义于天下，可是智谋短浅，因此竟屡遭挫折，弄到今天这个地步。然而矢志不移，您说该怎么办？”诸葛亮答道：“自董卓之乱以来，天下豪杰纷纷起兵，跨州连郡割据一方的数不胜数。曹操与袁绍相比，那就名望小而兵众又少，但是曹操竟能战胜袁绍，由弱变强，究其原因，不只是时机好，而且也是靠人的谋划得当啊！现在曹操已拥有百万之众，挟持天子来命令诸侯，这确实不能与之争胜。孙权据有江东，传到他已经历三代，那里地势险要，百姓归顺，贤能之人，愿为他效命，这也是只可作外援而不能谋取的。而荆州北有汉水、沔水，南达南海，资财无穷，东与吴郡、会稽接近，西与巴蜀相通，这可是历来兵家必争之地，可现在荆州牧刘表守不住它，这大概是上天拿它来资助您成大业的，将军有此用意吗？至于益州，地形险要，易守难攻，沃野千里，天府之国，汉高祖刘邦凭借此地成就了帝业。而现在的益州牧刘璋昏庸懦弱，在他的北边有张鲁割据汉中，益州虽然人口众多、府库充实，但却不知安抚百姓，因此有识之士渴望得到贤明的州牧。将军您本是皇室的后代，信义又闻名天下，广泛招揽英雄豪杰，如饥似渴地访求贤才，如果占有荆、益两州，依山设防，凭险据守，对西部各少数民族，和好为贵，对南方少数民族，安抚为上，对外与孙权联盟，对内整治政务；一旦天下形势有变，立即命令一位上将率领荆州的军队直指宛城、洛阳，您亲自统领益州的大军出师秦川，那时老百姓谁敢不提着饭篮，手捧酒壶来欢迎将军您呢？果真如此，那么统一全国的大业就能成功，汉朝又可以复兴了。”刘备连声说：“好！”因此与诸葛亮情投意合，日益亲密。关羽、张飞等人对此心中不悦，刘备向他们解释说：“我有孔明，如鱼得水。希望各位不要再多说了。”从此，关羽、张飞才不再讲什么了。

刘表长子琦，亦深器亮。表受后妻之言，爱少子琮，不悦于琦。琦每欲与亮谋自安之术，亮辄拒塞[1]，未与处画。琦乃将亮游观后园，共上高楼，饮宴之间，令人去梯，因谓亮曰：“今日上不至天，下不至地，言出子口，入于吾耳，可以言未？”亮答曰：“君不见申生在内而危，重耳在外而安乎[2]？”琦意感悟，阴规出计。会黄祖死，得出，遂为江夏太守。俄而表卒，琮闻曹公来征，遣使请降。先主在樊闻之，率其众南行，亮与徐庶并从，为曹公所追破[3]，获庶母。庶辞先主而指其心曰：“本欲与将军共图王霸之业者，以此方寸之地也[4]。今已失老母，方寸乱矣，无益于事，请从此别。”遂诣曹公。

[1] 辄：常常。拒塞：搪塞。 [2] 君不见申生在内而危两句：申生、

重耳都是春秋时晋献公之子。申生是太子，被献公宠妃骊谗言所害，自缢身死。重耳当时在蒲，得到消息后出奔，流亡各国十多年，最后回国为君，他就是晋文公。［3］追破：被追兵打败。［4］方寸之地：指心。古人认为"心之官则思"，心的大小不过一寸见方，于是以方寸为心的别称。

刘表长子刘琦，也很器重诸葛亮。当时，刘表听了后妻的话，喜欢小儿子刘琮，对刘琦不满意。因此，刘琦总想与诸葛亮商议，求个自安的办法，诸葛亮却常常搪塞过去，没有给他想个办法。刘琦就领诸葛亮游后花园，一起登上高楼，在宴请饮酒时，刘琦悄悄地派人撤去梯子，便对诸葛亮说："今日上不及天，下不着地，话从您口中说出，只进入我的耳里，可以说了吧？"诸葛亮回答说："您没有见到春秋晋太子申生，在内而危亡，他的兄弟重耳亡命在外，反而安然无事吗？"刘琦心里终于明白过来，暗中筹划外出之计。恰巧黄祖死去，于是得以外出，做了江夏太守。不久，刘表病死，刘琮听到曹操前来征讨，派遣使者请降。刘备在樊城听到刘琮投降，率领自己的部众南下，诸葛亮与徐庶一并随行，刘备被曹操追兵击败，曹操抓获了徐庶的母亲。徐庶向刘备告辞，并指着自己的胸口说："我本想与将军共图王霸之业，凭的是这颗心啊。如今丢失老母，我的心乱了，留下来于事无益，请允许就此告别。"于是他就到曹操那里去了。

先主至于夏口，亮曰："事急矣，请奉命求救于孙将军。"时权拥军在柴桑[1]，观望成败，亮说权曰："海内大乱，将军起兵据有江东，刘豫州亦收众汉南，与曹操并争天下。今操芟夷大难[2]，略已平矣，遂破荆州，威震四海。英雄无所用武，故豫州遁逃至此。将军量力而处之：若能以吴、越之众与中国[3]抗衡，不如早与之绝；若不能当，何不案兵束甲，北面而事之！今将军外托服从之名，而内怀犹豫之计，事急而不断，祸至无日矣！”权曰：“苟如君言，刘豫州何不遂事之乎？”亮曰：“田横[4]，齐之壮士耳，犹守义不辱，况刘豫州王室之胄，英才盖世，众士仰慕，若水之归海，若事之不济，此乃天也，安能复为之下乎！”权勃然曰：“吾不能举全吴之地，十万之众，受制于人。吾计决矣！非刘豫州莫可以当曹操者，然豫州新败之后，安能抗此难乎？”亮曰：“豫州军虽败于长坂，今战士还者及关羽水军精甲万人，刘琦合江夏战士亦不下万人。曹操之众，远来疲弊，闻追豫州，轻骑一日一夜行三百余里，此所谓‘强弩之末’‘势不能穿鲁缟’[5]者也。故兵法忌之，曰‘必蹶上将军’[6]。且北方之人，不习水战；又荆州之民附操者，偪兵势耳，非心服也。今将军诚能命猛将统兵数万，与豫州协规同力，破操军必矣。操军破，必北还，如此则荆、吴之势强，鼎足之形成矣。成败之机，在于今日。”权大悦，即遣周瑜、程普、鲁肃等水军三万，随亮诣先主，并力拒曹公。曹公败于赤壁，引军归邺。先主遂收江南，以亮为军师中郎将[7]，使督零陵、桂阳、长沙三郡，调其赋税，以充军实。

［1］柴桑：县名。故址在今江西省九江市西南。［2］芟（shān）夷大难：消灭主要敌人。芟夷：削除，消灭。大难：大灾难。这里指曹操的主要敌人袁绍、袁术和吕布等割据势力。［3］中国：即中原。这里指曹操在官渡之战后统一的北方。［4］田横：人名。本为齐国宗室，楚汉相争时，自立为齐王。汉灭楚后，他率五百人逃入海岛。汉高祖派使者召他。田横说：“我起始与汉王（指刘邦）都南面称孤，今汉王为天子，而我要以亡虏的身份对他称臣，羞耻极了。”于是自杀。［5］强弩之末两句：强弩发射的箭超过射程快落地时，它的力量连很薄的鲁缟也不能穿透。弩：用机械力量发射箭的弓。缟：

白绢。据《汉书·韩安国传》颜师古注:"缟，素（白色）也。曲阜之地（山东曲阜，属古鲁国），俗善作之，尤为轻细，故以取喻。"［6］必蹶（jué）上将军:必使主将受到挫折。蹶:受挫折。据《孙子·军争》说:"五十里而争利，则蹶上将军。"［7］军师中郎将:官名。刘备初置。胡三省说:军师，也是古将军名号。曹操初置军师祭酒，而刘备置军师中郎将，都因当时军事需要来创建官名。但是军师祭酒只是军事参谋长，中郎将就有了兵权。"

刘备到达夏口，诸葛亮对刘备说:"军情危急，请让我奉您的命令向孙权将军求救吧。"当时孙权在柴桑拥兵自守，观望成败，诸葛亮见到孙权后，向他进言说:"天下大乱以来，将军您起兵占据江东之地，刘豫州也在汉南聚集部队，与曹操争夺天下。如今曹操已削平群雄，北方大体已经平定，最近又攻破荆州，威震四海。刘豫州英雄无用武之地，所以才逃到这里。愿将军您面对当前形势，量力而行:假如能够以吴、越的兵力与中原抗衡的话，不如趁早与曹操断绝往来；如果觉得无法抵挡的话，为什么不干脆放下武器，北面称臣，归顺了他呢！现在将军您表面上服从他，可内心却在迟疑不决，事到这样的紧急关头，还不当机立断，大祸降临，即在眼前！"孙权听后说:"照您的说法，刘豫州为什么就不归顺曹操呢？"诸葛亮回答说:"田横这人，不过是齐国的一名壮士罢了，尚能持守气节而不肯屈辱，何况刘豫州是王室的后裔，英才盖世，众人敬慕，从者如流，像河水汇入大海似的，万一事业不能成功，这也是天意，怎会再做曹操的属下呢！"孙权一听，突然恼怒地说:"我不能拿整个东吴之地和十万兵众，去受曹操的控制。我的主意已定！除了刘豫州就没有能抵抗曹操的人了，但是他刚刚打了败仗，怎能抵抗这个强敌呢？"诸葛亮说:"刘豫州的军队虽然在长坂坡战败，但是现在重新归队的战士和关羽的水军，有精兵万人，刘琦集合江夏的战士，也不少于万人。而曹操的兵众，远道而来，疲惫不堪，听说追赶刘豫州的轻骑兵，一天一夜行军三百多里，这样的军队，正所谓‘强弩之末，势不能穿鲁缟’啊。所以兵法上忌讳这样用兵，认为‘必然使主将受到挫折’。况且北方人不会水战；另外，荆州百姓归附曹操的，是被曹军逼迫而已，并非心服。现在将军您如真的能命令猛将，统率几万大军与刘豫州同心协力，那就一定能够打败曹操。曹操被打败后，必定北撤，这样荆州、东吴的势力增强，鼎足而立的局势便形成了。决定成败的时机，就在今天。”孙权十分高兴，立即派周瑜、程普、鲁肃等人率领三万水军，随诸葛亮到刘备那里，齐心协力抗击曹操。不久，曹操在赤壁之战中大败而归，撤军回到邺城。于是刘备就收复长江以南失地，任诸葛亮为军师中郎将，派他管辖零陵、桂阳、长沙三郡，调集三郡的赋税收入，充实军资。

建安十六年，益州牧刘璋遣法正迎先主，使击张鲁。亮与关羽镇荆州。先主自葭萌还攻璋，亮与张飞、赵云等率众泝江，分定郡县，与先主共围成都。成都平，以亮为军师将军，署左将军府事[1]。先主外出，亮常镇守成都，足食足兵。二十六年[2]，群下劝先主称尊号[3]，先主未许，亮说曰：“昔吴汉、耿弇等初劝世祖即帝位[4]，世祖辞让，前后数四，耿纯进言曰：‘天下英雄喁喁[5]，冀有所望。如不从议者，士大夫各归求主，无为从公也。’世祖感纯言深至，遂然诺之。今曹氏篡汉，天下无主，大王刘氏苗族[6]，绍世而起[7]，今即帝位，乃其宜也。士大夫随大王久勤苦者，亦欲望尺寸之功如纯言耳。”先主于是即帝位，策亮为丞相曰：“朕遭家不造[8]，奉承大统，兢兢业业，不敢康宁，思靖百姓，惧未能绥[9]。于戏[10]！丞相亮其悉朕意，无怠辅朕之阙[11]，助宣重光，以照明天下，君其勖哉[12]！”亮以丞相录尚书事，假节。张飞卒后，领司隶校尉。

[1] 军师将军：官名，刘备置，既参军谋，又掌兵权。资历浅的称军师中郎将。署左将军府：当时刘备自任左将军，诸葛亮以军师将军，署理左将军府事。 [2] 二十六年：即建安二十六年。建安二十五年二月，曹丕继魏王位，改建安为延康；同年十月，受禅代汉称帝，改年号为黄初，称黄初元年（220 年）。因此建安无二十六年。这里是刘备不承认曹丕称帝、改年号，便继续使用建安年号。 [3] 群下：群臣、部下。尊号：帝号。 [4] 吴汉、耿弇（yǎn）：东汉初刘秀的开国功臣。吴汉原以贩马为业，后归刘秀，伐蜀，八战八克，官至大司马，封广平侯。耿弇，王莽末年起事，后归刘秀，从战有功，官拜建威大将军，封好畤侯。《后汉书》均有传。世祖：即光武帝刘秀。[5] 喁喁（yóng yóng）：相应和的声音。这里比喻众人景仰归向的样子。[6] 大王：即刘备，当时刘备称汉中王，所以这里称大王。苗族：苗裔，后裔。[7] 绍世而起：继世而兴起。绍，继承。 [8] 遭家不造：家遭不幸。家，这里指汉皇室。不造，《诗经·周颂·闵予小子》有："闵予小子，遭家不造。"郑笺以为："造犹成也。" [9] 绥：安宁。 [10] 于戏：叹词，同呜呼。[11] 阙（quē）：差错，过失。 [12] 勖（xù）：勉励。

建安十六年（211 年），益州牧刘璋派遣法正迎接刘备，让他攻打张鲁。诸葛亮与关羽留下镇守荆州。后来，刘备从葭萌回军攻打刘璋，诸葛亮与张飞、赵云等率军逆长江而上，分别平定郡县，最后与刘备会师，共围成都。成都平定，刘备任诸葛亮为军师将军，署理左将军府事。以后，当刘备出征在外时，诸葛亮经常镇守成都，支援刘备，使刘备军粮充实、兵力充足。建安二十六年（220 年），群臣劝刘备称帝，刘备没有答应，诸葛亮劝说道："从前吴汉、耿弇等起初劝世祖即帝位，世祖推辞，前后数次，耿纯向世祖进言说：'天下英雄景仰归附您，都有所希望。如您不从众议的话，士大夫各自归去，另求新主，不必再跟随您了。'世祖感到耿纯的话说得深切，就答应称帝。现在曹氏篡夺汉室，天下无主，大王您是刘氏后裔，继世而兴，如今即皇帝位是很适宜的。士大夫跟随您长期辛劳，为的是也和耿纯说的一样，想求取一点功名罢了。"于是刘备即帝位，命诸葛亮为丞相，说："朕刘姓皇室遭遇不幸，如今奉天命承继大统，兢兢业业，不敢贪图自己平安，只想百姓安宁，唯恐不能使天下太平。呜呼！诸葛丞相最明白我的心意，辅佐我，弥补我的不足之处，不得懈怠，助我宣扬汉室的德业，造福天下百姓。请多多自勉！"从此，诸葛亮以丞相录尚书事，总领朝政，借符节，统帅各军。张飞死后，兼任司隶校尉。

章武三年[1]春，先主于永安病笃，召亮于成都，属以后事，谓亮曰："君才十倍曹丕，必能安国，终定大事。若嗣子[2]可辅，辅之；如其不才，君可自取。"亮涕泣曰："臣敢竭股肱之力，效忠贞之节，继之以死[3]！"先主又为诏敕后主曰："汝与丞相从事，事之如父[4]。"建兴元年[5]，封亮武乡侯[6]，开府治事[7]。顷之，又领益州牧。政事无巨细，咸决于亮。南中[8]诸郡，并皆叛乱，亮以新遭大丧，故未便加兵，且遣使聘吴[9]，因结和亲，遂为与国[10]。

[1] 章武三年：即223年。章武，先主称帝后的年号。 [2] 嗣子：指刘禅，小名阿斗，继蜀汉帝位后，世称他为后主。 [3] 臣敢竭股肱之力三句：我一定尽力辅佐，忠贞不二，一直到死。股肱，意为辅佐。 [4] 汝与丞相从事两句：你与丞相一起治理国家，对待他要像待父亲那样。事，第一句指国事，第二句意为侍奉。 [5] 建兴元年：即223年。建兴是后主年号。先主章武三年五月死，后主继位改年号为建兴，因此建兴元年和章武三

年实是同一年。［6］武乡侯：封爵名号。武乡，潘眉认为是琅邪郡的一个县。三国时封爵制度，多以受封者本郡的县为封土，即使不在本国范围内，也可遥领。武乡侯是县侯,不是乡侯。(《三国志考证》卷六）［7］开府治事：开建府署，设置属官，处理政务。汉代三公始能开府，这里诸葛亮以丞相开府，职位与三公相同。［8］南中：今云南、贵州及四川西昌一带，为少数民族地区，当时称南中。［9］聘吴：向吴国致意问候。聘，古代诸侯或天子之间派使节问候叫聘。［10］与国：相互亲善友好之国，即同盟国。

章武三年（223年）春，刘备在白帝城病危，将诸葛亮从成都召来，以身后事相嘱托，对诸葛亮说："您的才能超过曹丕十倍，定能安定国家，最终完成统一大业。假如我儿子可以辅佐，就辅佐他；假如他不成才，您可以取而代之。"诸葛亮流着泪回答说："我一定尽力辅佐，忠贞不二，一直到死！"刘备又作遗诏告诫后主说："你与丞相一起治国，处理政事，待他要像对父亲那样。"建兴元年（223年），后主封诸葛亮为武乡侯，开建府署，设置属官，处理政务。不久，又兼任益州牧。政事不论大小，都由诸葛亮决定。当时，南中各郡，都相继叛乱，诸葛亮因新遭国丧，所以不便即刻派兵征讨，但是派遣使者到东吴致意问候，趁便修复亲善关系，结为盟国。

三年春[1]，亮率众南征[2]，其秋悉平。军资所出，国以富饶[3]，乃治戎讲武，以俟大举。五年，率诸军北驻汉中，临发，上疏曰[4]：

先帝创业未半而中道崩殂，今天下三分，益州疲弊[5]，此诚危急存亡之秋也。然侍卫之臣不懈于内，忠志之士忘身于外者，盖追先帝之殊遇[6]，欲报之于陛下也。诚宜开张圣听[7]，以光先帝遗德[8]，恢弘志士之气[9]，不宜妄自菲薄[10]，引喻失义[11]，以塞忠谏之路也。

宫中府中[12]，俱为一体，陟罚臧否[13]，不宜异同。若有作奸犯科及为忠善者[14]，宜付有司论其刑赏[15]，以昭陛下平明之理[16]，不宜偏私，使内外异法也。侍中、侍郎郭攸之、费祎、董允等[17]，此皆良实[18]，志虑忠纯[19]，是以先帝简拔以遗陛下[20]，愚以为宫中之事[21]，事无大小，悉以咨之[22]，然后施行，必能裨补阙漏[23]，有所广益。将军向宠[24]，性行淑均[25]，晓畅军事，试用于昔日，先帝称之曰能，是以众议举宠为督[26]。愚以为营中之事，悉以咨之，必能使行陈和睦[27]，优劣得所。亲贤臣，远小人，此先汉所以兴隆也[28]；亲小人，远贤臣，此后汉所以倾颓也。先帝在时，每与臣论此事，未尝不叹息痛恨于桓、灵也[29]。侍中、尚书、长史、参军[30]，此悉贞良死节之臣[31]，愿陛下亲之信之，则汉室之隆，可计日而待也[32]。

臣本布衣[33]，躬耕于南阳，苟全性命于乱世，不求闻达于诸侯[34]。先帝不以臣卑鄙[35]，猥自枉屈[36]，三顾臣于草庐之中，谘臣以当世之事，由是感激，遂许先帝以驱驰[37]，后值倾覆[38]，受任于败军之际，奉命于危难之间，尔来二十有一年矣[39]。先帝以知臣谨慎，故临崩寄臣以大事也[40]，受命以来，夙夜忧叹[41]，恐托付不效[42]，以伤先帝之明，故五月渡泸[43]，深入不毛[44]。今南方已定，兵甲已足，当奖率三军[45]，北定中原，庶竭驽钝[46]，攘除奸凶[47]，兴复汉室，还于旧都。此臣所以报先帝，而忠陛下之职分也。

至于斟酌损益，进尽忠言，则攸之、祎、允之任也。愿陛下托臣以讨贼兴复之效；不效，则治臣之罪，以告先帝之灵。若无兴德之言，则责攸之、祎、允等之慢[48]，以彰其咎[49]。陛下亦宜自谋[50]，以谘诹善道[51]，察纳雅言[52]，深追先帝遗诏[53]。臣不胜受恩感激，今当远离，临表涕零，不知所言。

遂行，屯于沔阳。

［1］三年：即蜀汉建兴三年（225 年）。［2］南征：指诸葛亮出征讨伐南中诸郡叛乱。据《马良传》裴松之引《襄阳记》说：建兴三年，诸葛亮征讨南中，马谡送行数十里外。诸葛亮对他说："虽然共同谋划多年，今天还望指教良策。"马谡回答说："南中自恃路远道险，长期不服，即使今天打败他，明天又叛。如今您正准备举全国兵力北伐来对付强敌，南中诸郡一旦知道国内空虚，叛乱也会加速。如果斩草除根以绝后患的话，既不是仁义之为，况且又不会在仓促之间完成。用兵之道，攻心为上，攻城为下，心战为上，兵战为下，愿您使他们心悦诚服而已。"诸葛亮采纳了马谡的计策，多次放了孟获，使南中归服。因此到诸葛亮去世，南中再也不敢叛反。［3］军资所出句：裴注引《汉晋春秋》说：诸葛亮到达南中，每战告捷。听说孟获这人，夷民、汉人都佩服他，诸葛亮命令要将他活捉。俘获后，请他在军营内参观，问他："这支军队如何？"孟获回答说："以前不知虚实，所以战败。如今承蒙您让我观看军阵，假如就是这样，我就一定能打胜仗。"诸葛亮笑了笑，放他回去再战，七纵七擒，可诸葛亮还是放他回去。这时，孟获留下不肯走了，对诸葛亮说："公，天威也，南人不复反矣。"［4］上疏：呈送奏章。以下即著名的《出师表》。［5］疲弊：困乏。指蜀汉经丢失荆州、猇亭战败、先主去世的打击，国力困乏。［6］殊遇：特殊的恩宠。［7］开张圣听：广开言路。［8］遗德：留传下来的美德。［9］恢弘：发扬，振奋，激发。［10］妄自菲薄：毫无根据地看轻自己。即自轻自贱。［11］引喻失义：讲话不当，缺乏原则。引喻，援引、譬喻。失义，缺乏原则。［12］宫中府中：宫中即皇宫内。府中即丞相府及各官府。宫中府中，这里指宫中侍从和官府的官吏。［13］陟罚臧否：赏罚褒贬。陟（zhì），进用。臧（zāng），表扬。否（pǐ），批评。［14］作奸犯科：作恶犯法。科，律条。［15］有

司：有关主管部门及有关官吏。古代设官分职，各有专司，故称为有司。［16］平明之理：公正严明的治理。理，治理。［17］侍中句：侍中、侍郎均为官名。当时郭攸之、费祎（yī）为侍中，董允为侍郎。［18］良实：贤能、诚实的人。［19］志虑：心志、思想。［20］简拔以遗陛下：选拔上来又留传给您陛下。［21］愚以为:我以为。愚,自称谦辞。这里指诸葛亮。［22］咨：询问，商量。［23］裨补阙漏：弥补过失、阙漏。阙同“缺”。［24］向宠：刘备时任牙门将。夷陵之战，刘备大败时，只有向宠营寨完好无损。后主即位，向宠被提拔为将军，掌宿卫军。［25］性行淑均：性格和善，行为公正。［26］督：指向宠被推举为中部督，统率禁卫部队。［27］行（háng）陈:军队内部。陈同“阵”。［28］先汉:指西汉。［29］桓、灵：指东汉桓帝刘志和灵帝刘宏。［30］侍中句：侍中指郭攸之、费祎，尚书指陈震，长史指张裔，参军指蒋琬。当时诸葛亮北伐，出驻汉中，张裔领留府长史，和参军蒋琬共掌留府（丞相府）众事。［31］贞良死节之臣：忠正诚信、能以死守节的大臣。［32］计日而待：指日可待，所希望的事不久就可以实现。［33］布衣:平民。［34］闻达:播扬名声。［35］卑鄙:卑贱浅陋。这里是诸葛亮的自谦之词。［36］猥自枉屈：降低身份，屈尊相访。猥自，委曲，降低身份。枉屈，枉驾屈就。［37］驱驰：奔走效劳。［38］倾覆：遭到失败。这里指建安十三年刘备败于当阳长坂坡事。［39］尔来二十有一年矣:自那时以来已二十一年了。有通“又”。据裴松之按:刘备以建安十三年败，遣诸葛亮使吴，诸葛亮以建兴五年北伐，自倾覆至此整二十年。但刘备始与诸葛亮相遇,在败军之前一年时。［40］寄臣以大事:将国家托付于我。寄，托付。大事:国家大事。这里指刘备白帝城托孤之事。［41］夙（sù）夜忧叹：日夜担忧。夙夜，早晚。［42］恐托付不效：唯恐托付给我的大事不见成效。［43］泸：泸水，即今金沙江。［44］不毛：指草木不生、人烟稀少的荒凉地区。这里指少数民族聚居的南中诸郡。

[45]三军:军队的通称。《荀子·赋》:城郭以固,三军以强。 [46]庶竭驽钝:希望尽自己微薄的力量。庶，希冀;竭，尽力;驽，劣马;钝，钝刀。驽钝比喻力薄智浅。 [47]攘除奸凶:铲除奸人元凶。奸凶，这里指曹魏政权。[48]慢:怠慢、渎职。 [49]咎(jiù):过失,罪责。 [50]自谋:自己谋求、设法。 [51]谘诹(zōu)善道:询问好办法。 [52]察纳雅言:明辨是非,采纳正确的意见。 [53]深追:深切追念。

建兴三年(225年)春，诸葛亮统率大军南征，到秋天就平定了全部叛乱。军费支出，从南中各郡得到补充，国家因此而富饶起来，于是诸葛亮就整治军备,讲武练兵,等待机会向中原大举进军。建兴五年(227年)，诸葛亮统率各路大军北上，屯驻汉中，他在临出发前，向后主刘禅呈送奏疏说:

先帝创建王业，不到一半就中途逝世，现在天下三分，鼎足而立，而我们益州国弱民疲，实在是到了决定生死存亡的时刻。然而在朝廷内侍奉卫护陛下的大臣毫不松懈，在外驻防的忠勇将士奋不顾身，这都是怀念先帝对他们的特殊恩宠，因而想报答于陛下。所以，陛下理应广开言路，发扬光大先帝的美德，激发志士为国奋勇的英雄豪气，不该自轻自浅，言谈失当，忘了原则，从而堵塞了臣下尽忠规劝的渠道。宫内侍卫与丞相府中及各官府的官吏同为一个整体，赏罚褒贬，不宜有所不同。倘使有谁作恶犯法或者尽忠尽职，应交给有关主管官吏去评判是罚还是赏，以显示陛下公正严明的治理，不应有所偏私，造成内外异法啊。侍中郭攸之、费祎，侍郎董允等都是贤能诚实、忠贞纯正的人，因此先帝选拔出来，留给陛下。我认为宫中之事，无论大小都可以向他们询问，然后实行，这样定能防止疏漏，弥补不足，做到集思广益。将军向宠，性格和善，行为公正，通晓军事，过去试用时，先帝称赞他有才干，因此大家推举他任中部督。我以为禁卫军中的事，都可以询问他，这样定能使军内和睦，人尽其才，安排得当。亲近贤臣，疏远小人，这是西汉所以兴盛的原因；亲近小人，疏远贤臣，这就是东汉所以衰败的缘故。先帝在世时，每当与我议论及此，从来没有不为桓帝、灵帝的腐败而感叹一番、痛惜不已。侍中郭攸之、费祎，尚书陈震、留府长史张裔、参军蒋琬，这些人都是忠正诚信、能以死守节的大臣，愿陛下亲近他们，信任他们，那么汉室的复兴就可指日而待了。

我本是平民，在南阳亲自耕作，只望在乱世苟安求生，不想向诸侯求得功名。先帝不嫌我微贱浅陋，降低身份，屈尊相访，三顾茅庐，询问我天下大事，因此我很感激，终于答应先帝，为他奔走效劳。后遭失败，我接受任命于兵败危难的时刻，从那时到今天已经二十一年了。先帝知我一向谨慎，所以临终前把国事托付给我。接受遗诏以来，我日夜担忧，唯恐托付的国事毫无成就，有损先帝的英明，所以我在五月间就率军渡过泸水，深入不毛之地。现在南方已经平定，武器军备已足，应当勉励全军，向北平定中原，我愿竭尽微力，铲除奸凶，复兴汉室，迎陛下还都洛阳。这是我报答先帝知遇之恩，并效忠陛下的职责所在呀！

至于斟酌政务的利弊得失，毫无保留地进献忠言，那是郭攸之、费祎、董允的责任。愿陛下把讨伐奸贼、复兴汉室的责任交给我；如果不见成效，那么就治我的罪，以告先帝在天之灵。如果没有劝勉陛下发扬圣德的忠言，那么就追究郭攸之、费祎、董允等人的怠惰之罪，公布他们的过失。陛下也应自己谋划，探询高明的治国之道，明辨是非，采纳正确的意见，深切追念先帝遗诏。我受厚恩，不胜感激。现在我就要远离陛下，面对表文，不禁流泪，真不知怎么说才好。

于是，诸葛亮就率军出发，在沔阳屯驻。

六年春，扬声由斜谷道取郿[1]，使赵云、邓芝为疑军，据箕谷[2]，魏大将军曹真举众拒之。亮身率诸军攻祁山，戎陈整齐，赏罚肃而号令明，南安、天水[3]、永安三郡叛魏应亮，关中响震[4]。魏明帝西镇长安，命张郃拒亮，亮使马谡督诸军在前，与郃战于街亭[5]。谡违亮节度，举动失宜，大为郃所破。亮拔西县千余家[6]，还于汉中，戮谡以谢众。上疏曰："臣以弱才，叨窃非据[7]，亲秉旄钺以厉三军[8]，不能训章明法[9]，临事而惧[10]，至有街亭违命之阙，箕谷不戒之失，咎皆在臣授任无方[11]。臣明不知人，恤事多暗[12]，《春秋》责帅[13]，臣职是当。请自贬三等，以督厥咎[14]。"于是以亮为右将军，行丞相事，所总统如前。

[1] 扬声：扬言，散布消息。 [2] 箕谷：山谷名，在今陕西省勉县褒城镇北十五里的箕山中。 [3] 天水：郡名。曹魏改汉阳为天水，治所在今甘肃省甘谷县东南。 [4] 关中响震句：裴注引《魏略》说：起始，曹魏朝廷认为蜀中只有刘备是劲敌。刘备已死，几年中也没听到蜀汉有什么举动，因此几乎不作预防；而今突然听到诸葛亮出兵，朝廷上下一片恐慌，陇右、祁山更加惊慌，所以三郡同时叛魏响应诸葛亮。 [5] 街亭：地名，在今甘肃省庄浪县东南。 [6] 西县：属天水郡，故址在今甘肃省天水市西南。[7] 叨窃非据：意为担任了难以胜任的职务。 [8] 秉：掌握。旄钺：白旄和大斧，两者都是天子使用的仪仗，后常赐予统兵的大臣，表示授予统兵将帅特殊的权力。白旄，用牦牛尾作装饰的旗帜。厉：激励。 [9] 训章明法：训导规章，严明法纪。 [10] 临事而惧：遇事应存戒慎之心，不可轻忽大意。惧，警戒。 [11] 授任：分配任务。意指用人。 [12] 恤事多暗：考虑事情不是很明白。意为考虑不周。恤，考虑、体察。 [13]《春秋》责帅：据《春秋》之义，兵败责在统帅。责，责备。 [14] 督厥：督，责备。阙，其，

这里指诸葛亮自己。

建兴六年(228年),蜀汉大军扬言要从斜谷道攻取郿县,派遣了赵云、邓芝作为诱敌部队,占据箕谷,魏国大将军曹真举兵抵挡他们。诸葛亮亲自率领各军进攻祁山,军阵整齐,赏罚严肃,号令分明,南安、天水、安定三郡背叛魏国响应诸葛亮,关中反响强烈,大为震惊。魏明帝西行镇守长安,命令张郃抵御诸葛亮,诸葛亮派马谡为先锋,在前线督领各军,随后,与张郃在街亭交战。马谡背违诸葛亮的军事部署,措施失当,被张郃打得一败涂地,丢失街亭。诸葛亮只好攻拔西县千余家,退回汉中,以军法处斩了马谡,向众谢罪。而自己上奏疏说:"因我才能不足,担任了我难以胜任的职务,虽然亲自统兵出征以激励全军将士,但是没有训导规章,严明法纪,使将领遇事存戒慎之心,不轻忽大意,才造成了违背命令而丢失街亭的错误,又造成了箕谷防备不足的过失,责任都在于我用人不当,筹措不力。我知人不明,虑事不周,据《春秋》之义,兵败责任在统帅,失职的过错应由我承担。我请求降职三级来责罚我的过失。"因此降诸葛亮为右将军,代理丞相的职务,所兼任各职如前。

冬,亮复出散关,围陈仓,曹真拒之,亮粮尽而还。魏将军王双率骑追亮,亮与战,破之,斩双。七年,亮遣陈式攻武都、阴平。魏雍州刺史郭淮率众欲击式,亮自出至建威[1],淮退还,遂平二郡。诏策亮曰:"街亭之役,咎由马谡,而君引愆[2],深自贬抑,重违君意[3],听顺所守。前年耀师,馘斩王双[4];今岁爰征,郭淮遁走;降集氐、羌,兴复二郡,威镇凶暴,功勋显然。方今天下骚扰,元恶未枭,君受大任,干国之重[5],而久自挹损,非所以光扬洪烈矣。今复君丞相,君其勿辞。"

[1] 建威：军镇名。建威城在今甘肃省西和县西。 [2] 引愆（qiān）：引咎自责。愆，过失、罪咎。 [3] 重（zhòng）违：难以违拗。 [4] 馘（guó）斩：意即斩杀。馘，割下敌人的耳朵。 [5] 干：支撑，主治。

（建兴六年，228年）冬，诸葛亮又出兵散关，围攻陈仓，曹真率军抵抗，诸葛亮因粮尽而回。魏国将领王双率骑兵追赶，诸葛亮与他交战，打败魏军，斩了王双。建兴七年（229年），诸葛亮派陈式进攻武都、阴平。魏国雍州刺史郭淮率军要袭击陈式，诸葛亮亲自出征到达建威，郭淮退回，于是攻克武都、阴平二郡。后主给诸葛亮诏书说："街亭之役，错在马谡，而您引咎自责，自贬过深，当时也难以违背您的心意，听从了您的请求。去年出师扬威，斩杀了王双；今年出征，郭淮望风逃遁；氐、羌投降，收复二郡，威武镇住凶顽，功勋显赫。如今天下骚乱，元凶未除，您身受重任，关系到国家的命运，可是长久地自贬，不是所用来发扬光大、建立大功的办法呀！如今恢复您丞相之职，您不要推辞。"

九年，亮复出祁山，以木牛运[1]，粮尽退军，与魏将张郃交战，射杀郃。十二年春，亮悉大众由斜谷出，以流马运，据武功五丈原[2]，与司马宣王对于渭南。亮每患粮不继，使己志不申，是以分兵屯田，为久驻之基。耕者杂于渭滨居民之间，而百姓安堵[3]，军无私焉。相持百余日。其年八月，亮疾病，卒于军，时年五十四。及军退，宣王案行其营垒处所[4]，曰："天下奇才也。"

[1] 木牛：人力独轮车。下文"流马"则是人力四轮车。 [2] 武功：县名，故址在今陕西省武功县西南。五丈原：地名，在今陕西省岐山县南

的斜谷口西侧。［3］安堵：安稳如墙壁。意为安全、安定。［4］案行：察看，视察。

建兴九年（231 年），诸葛亮又出祁山，用木牛为运输工具，又因粮尽退军，魏将张郃前来拦击，诸葛亮与他交战，射杀了他。建兴十二年（234 年）春，诸葛亮倾全部兵力从斜谷出祁山，用流马运输，占据武功县五丈原，与司马懿在渭南对峙。这时，诸葛亮一直担心军粮供应跟不上，会使自己的抱负不能实现，所以分兵屯田，打算建立起长驻的军事基地。屯田耕地的士兵混杂在渭水边的居民中间，而与百姓相安无事，因为诸葛亮的军队没有谋私、侵扰百姓。两军相持了一百多天。这年八月，诸葛亮病危，死在军中，终年五十四岁。等到蜀汉大军撤退，司马懿视察他们的营地，赞叹地说："诸葛亮是天下奇才啊！"

亮遗命葬汉中定军山，因山为坟，冢足容棺[1]，敛以时服[2]，不须器物。

［1］冢足容棺：挖掘的坟穴只够放一口棺材。［2］时服：指丧葬时所服用的衣服。

诸葛亮临终遗嘱要求把他葬在汉中定军山，依山造坟，坟穴只要能放下棺材即可，殡殓只用丧葬时所服用的衣服，不放其他随葬器物。

初，亮自表后主曰："成都有桑八百株，薄田十五顷，子弟衣食，自有余饶。至于臣在外任，无别调度[1]，随身衣食，悉仰于官，不别治生[2]，以长尺寸[3]。若臣死之日，不使内有余帛，外有赢财，以负陛下。”及卒，如其所言。

［1］调度：安排，调用。［2］治生：经营产业。［3］尺寸：尺寸都算作微量，引申为少、细微。

当初，诸葛亮自己上表向后主说：“我在成都有桑树八百株，薄田十五顷，供儿辈们的衣食，富足有余。至于我在外任职，别无安排，随身衣着，起居饮食，全靠官府供给，不另外经营产业，使家产稍有增加。到我死的那一天，我不使家中有剩余物资，外有多余财产，从而辜负陛下。”等到诸葛亮死后，一如他所说的那样。

关羽传

关羽传

关羽（？—219 年）是刘备的重要将领。他自刘备涿县起兵就一直忠心耿耿地追随刘备，作战勇猛，不避艰险。特别是赤壁之战以后，刘备西取益州，留关羽镇守荆州，使刘备无后顾之忧，为蜀汉政权的创建立了大功。但是关羽生性骄傲，不能很好地团结部下，也不能正确处理与孙权的关系，最终在曹操和孙权的夹击下兵败身亡，荆州也随之丢失。从此蜀汉政权只能囿于西南一隅。由此可见，关羽只是一位猛将，而不是一个具有战略眼光的军事家。

关羽的品格中有两点颇为突出：一是他的忠义，一是他的骄傲。本文对关羽的忠义和骄傲这两方面都作了生动的描写，如他不为曹操高官厚礼所动，坚持追随刘备；写信问诸葛亮，马超可与谁比拟等。

关羽品格中的忠义这方面，历来就被封建统治阶级所提倡。大约自南宋以蜀汉为正统开始，关羽的地位不断上升，到了明清时期，关羽已被神化成为“武圣人”，封为“关圣大帝”，民间遂以关帝相称，立庙祭祀。而本文叙述了历史上真实的关羽其人，对读者认识关羽和了解《三国演义》通过艺术加工塑造的关羽形象，均有所帮助。

关羽字云长，本字长生，河东解人也[1]。亡命奔涿郡。先主于乡里合徒众，而羽与张飞为之御侮。先主为平原相，以羽、飞为别部司马[2]，分统部曲。先主与二人寝则同床，恩若兄弟。而稠人广坐，侍立终日，随先主周旋[3]，不避艰险。先主之袭杀徐州刺史车胄，使羽守下邳城，行太守事，而身还小沛。

［1］解（xiè）：县名。故址在今山西省临猗县。［2］别部司马：官名。东汉末，大将军领营五部，部有军司马一人，别营领属为别部司马。时刘备为平原相，也自置此官，职权不大。［3］周旋：驰逐，指应战、交战。

关羽，字云长，原字长生，河东郡解县人，后来逃亡到涿郡。刘备在家乡集合徒众，关羽和张飞为他抵御侵侮。刘备做了平原相以后，任命关羽和张飞为别部司马，分头统率他的军队。刘备和关羽、张飞二人睡觉同在一张床上，情如兄弟。而在大庭广众之中，关、张二人整天侍立在刘备身旁，追随刘备作战，从不畏惧艰难险阻。当刘备袭击徐州，杀死了徐州刺史车胄后，刘备就让关羽守卫下邳城，暂代太守的职事，而自己回到小沛屯驻。

建安五年，曹公东征，先主奔袁绍。曹公擒羽以归，拜为偏将军，礼之甚厚。绍遣大将颜良攻东郡太守刘延于白马，曹公使张辽及羽为先锋击之。羽望见良麾盖，策马刺良于万众之中，斩其首还，绍诸将莫能当者，遂解白马围。曹公即表封羽为汉寿亭侯[1]。初，曹公壮羽为人，而察其心神无久留之意，谓张辽曰：“卿试以情问之。”既而辽问羽，羽叹曰：“吾极知曹公待我厚，然吾受刘将军厚恩，誓以共死，不可背之。吾终不留，吾要当立效以报曹公乃去。”辽以羽言报曹公，曹公义之。乃羽杀颜良，曹公知其必去，重加赏赐。羽尽封其所赐，拜书告辞，而奔先主于袁军[2]。左右欲追之，曹公曰：“彼各为其主，勿追也。”

[1] 汉寿亭侯：亭侯名号。汉寿，地名，清人王鸣盛等人认为武陵郡属县有汉寿，关羽所封即其地。故城址在今常德市东北的空笼城。 [2] 袁军：即袁绍的军队。

建安五年（200年），曹操东征刘备，刘备败逃，投奔袁绍。曹操擒获了关羽而回，他封关羽为偏将军，以礼相待，赏赐很多。后来，袁绍派大将颜良到白马攻击东郡太守刘延，曹操就派张辽及关羽为先锋进击颜良。关羽一见颜良的军旗车盖，便挥鞭策马，在千军万马之中将颜良刺死，割下他的头颅回营，当时袁绍的部下各将吓得没有一个敢于出阵抵挡，于是解除了白马之围。曹操立刻表奏朝廷，封关羽为汉寿亭侯。当初，曹操很赞赏关羽的英勇，可是留心观察他的表情神色，知他没有长留之意，便对张辽说："你不妨用真情试探一下，看他有无久留之心。"不久，张辽就这件事询问关羽，关羽感叹地说："我深知曹公待我优厚，然而我受刘将军厚恩，曾发誓要与他共生死，不能背弃这个誓言。我终究不会留在这里的，但是，我一定要在这里立了功，报效曹公后才离开。"张辽把关羽的话报告了曹操，曹操更加敬重关羽的义气。等到关羽杀了颜良，曹操明白关羽一定要离开了，就大加赏赐。关羽封存曹操所赐的一切财物，留下一封书信告辞，到袁绍军中投奔刘备去了。曹操手下的人想追赶阻拦，曹操说："他也是各为其主，不必去追了。"

从先主就刘表。表卒，曹公定荆州，先主自樊将南渡江，别遣羽乘船数百艘会江陵。曹公追至当阳长阪，先主斜趣汉津，适与羽船相值，共至夏口。孙权遣兵佐先主拒曹公，曹公引军退归。先主收江南诸郡，乃封拜元勋，以羽为襄阳太守，荡寇将军，驻江北。先主西定益州，拜羽董督荆州事[1]。羽闻马超来降，旧非故人，羽书与诸葛亮，问超人才可谁比类。亮知羽护前[2]，乃答之曰:“孟起兼资文武，雄烈过人，一世之杰，黥、彭之徒[3]，当与益德并驱争先，犹未及髯之绝伦逸群也[4]。”羽美须髯，故亮谓之髯。羽省书大悦，以示宾客。

［1］董督:统领管理。［2］护前:护短。［3］黥、彭:即黥布、彭越，都是汉高祖刘邦部下的大将。［4］髯（rán）:两腮的胡子，也泛指胡子。这里指关羽，因为关羽的胡子很美，故有美髯公之称。绝伦逸群:超群绝伦。绝伦，独一无二，逸群，超过一般。

关羽跟随刘备依附刘表。后来，刘表病故，曹操平定了荆州。刘备从樊城率部南下，准备渡过长江，另外派关羽率领几百艘战船与他在江陵会合。曹操急追刘备，到达当阳长阪，刘备向东北直奔汉津，正好遇上了关羽的船队，一起到达夏口。不久，孙权派军队帮助刘备抗击曹操，曹操率军退回。刘备南下收复了江南四郡，于是加封部下有功之臣，任命关羽为襄阳太守、荡寇将军，驻守长江北岸。后来，刘备向西夺取益州，任命关羽监督管理荆州军政大事。关羽听说马超前来归降刘备，因为他过去并不认识马超，便写信给诸葛亮，询问马超的人品才能可同谁相匹比。诸葛亮知关羽护短，耻为人下，便回信说:“孟起（马超）文武双全，勇猛过人，是一代豪杰，如黥布、彭越一类人物，可与益德并驾齐驱，却比不上你美髯公的超群绝伦。”关羽胡须很美，因而诸葛亮称他为“美髯公”。关羽看了诸葛亮的回信，非常高兴，拿着这封书信给幕僚传阅。

羽尝为流矢所中，贯其左臂[1]，后创虽愈[2]，每至阴雨，骨常疼痛，医曰:“矢镞有毒，毒入于骨，当破臂作创，刮骨去毒，然后此患乃除耳。”羽便伸臂令医劈之。时羽适请诸将饮食相对，臂血流离，盈于盘器，而羽割炙引酒[3]，言笑自若。

[1] 贯：穿透。 [2] 创：创伤，伤口。 [3] 炙：烤肉。引酒：端起酒杯喝酒。

关羽曾经被乱箭射中，穿透了左臂，后来伤口虽然愈合了，但每逢阴天下雨，左臂骨经常疼痛。医生说："那是因为箭头上带毒，毒素侵入骨头，必须割破上臂作为创口，刮除骨头上的余毒，然后这种病才能根除。"关羽就立即伸出左臂让医生开刀。当时，关羽恰巧宴请诸将，相对而坐，饮酒吃喝，开刀时手臂的血直流，把接血的盘子都注满了，而关羽却一边割着烤肉吃，一边饮酒，谈笑风生，神色自若。

二十四年，先主为汉中王，拜羽为前将军，假节钺。是岁，羽率众攻曹仁于樊。曹公遣于禁助仁。秋，大霖雨，汉水泛溢，禁所督七军皆没。禁降羽，羽又斩将军庞德。梁、郏、陆浑群盗或遥受羽印号[1]，为之支党[2]，羽威震华夏[3]。曹公议徙许都以避其锐，司马宣王、蒋济以为关羽得志，孙权必不愿也。可遣人劝权蹑其后，许割江南以封权，则樊围自解。曹公从之。先是，权遣使为子索羽女，羽骂辱其使，不许婚，权大怒。又南郡太守麋芳在江陵，将军士仁屯公安，素皆嫌羽轻己。自羽之出军，芳、仁供给军资，不悉相救，羽言"还当治之"，芳、仁咸怀惧不安。于是权阴诱芳、仁，芳、仁使人迎权。而曹公遣徐晃救曹仁，羽不能克，引军退还。权已据江陵，尽虏羽士众妻子，羽军遂散。权遣将逆击羽，斩羽及子平于临沮[4]。

追谥羽曰壮缪侯[5]。子兴嗣。

[1] 郏(jiá):县名，故址在今河南省郏县。陆浑:县名，故址在今河南省嵩县东北。 [2] 支党:下属的组织。 [3] 华夏:这里指中原。 [4] 临沮:县名。故城址在今湖北省远安县境。 [5] 壮缪侯:缪同"穆"。关羽死后，景耀三年(260年)后主追谥他为壮穆侯。

建安二十四年(219年)，刘备自立为汉中王，任命关羽为前将军，并授以符节斧钺。这一年，关羽率领部队前往樊城进攻曹仁。曹操派于禁支援曹仁。到了秋季，天连降大雨，汉水泛滥，于禁所率七支军队尽被淹没水中。因而，于禁投降关羽，关羽又斩杀曹将庞德。梁县、郏县、陆浑县的许多强盗有的也远远接受关羽印信号令，成为关羽的下属，从此，关羽威震中原。曹操甚至和部下商议，准备从许县迁都，来避开关羽的锐势，司马懿、蒋济则认为关羽得意，孙权一定不乐意。可派使者劝说孙权偷袭关羽的后方，并且许诺割江南之地封赐给他，那么，樊城之围必将自动解除。曹操听从了他们的建议。先前，孙权曾派使臣为儿子求娶关羽的女儿，关羽辱骂来使，不答应婚事，孙权很是恼怒。再有，南郡太守麋芳在江陵，将军士仁驻扎公安，向来都讨厌关羽轻视他们。从关羽率军征战，麋芳、士仁负责供应军用物资，不全力支援。关羽曾说"回去后应惩处他们"，麋芳、士仁都恐惧不安。因此，孙权就暗中诱降麋芳、士仁，麋芳、士仁也派人迎接孙权的军队进城。这时曹操派了徐晃救援曹仁，关羽与徐晃交战，不能取胜，便带军向南退还。而孙权已占领了江陵，关羽守军及他们的妻子儿女被全部俘虏，关羽的军队就瓦解了。孙权又派将领迎击关羽，在临沮擒杀关羽和他的儿子关平。

关羽死后，后主刘禅追谥他为壮缪侯。他的儿子关兴袭爵。

张飞传

张飞传

张飞（？—221 年）也是刘备的重要将领。他的特点是威武勇猛。当阳长阪之战，他仅率二十余骑，瞋目横矛而退曹军追兵，声威大著。他勇猛中有策略，与曹将张郃的作战就采取了迂回战术，大获全胜，对稳定三巴（巴东郡、巴西郡、巴郡）地区的局势起了很大作用。张飞还勇猛惜勇猛，义释严颜便是著名的例子。但是张飞的猛也用来对待部下，结果被部下所杀。所以，本文中说“飞爱敬君子而不恤小人”。后主景耀三年（260 年），追赠张飞的谥号是“桓”，意为威武，实在是很恰当的。

张飞字翼德，涿郡人也，少与羽俱事先主。羽年长数岁，飞兄事之。先主从曹公破吕布，随还许，曹公拜飞为中郎将。先主背曹公依袁绍、刘表。表卒，曹公入荆州，先主奔江南。曹公追之，一日一夜，及于当阳之长坂。先主闻曹公卒至，弃妻子走，使飞将二十骑拒后。飞据水断桥，瞋目横矛曰：“身是张益德也，可来共决死！”敌皆无敢近者，故遂得免。先主既定江南，以飞为宜都太守[1]，征虏将军[2]，封新亭侯[3]。后转在南郡。先主入益州，还攻刘璋，飞与诸葛亮等泝流而上，分定郡县。至江州，破璋将巴郡太守严颜，生获颜。飞呵颜曰：“大军至，何以不降而敢拒战？”颜答曰：“卿等无状，侵夺我州，我州但有断头将军，无有降将军也。”飞怒，令左右牵去斫头，颜色不变，曰：“斫头便斫头，何为怒邪！”飞壮而释之，引为宾客[4]。飞所过战克，与先主会于成都。益州既平，赐诸葛亮、法正、飞及关羽各五百斤，银千斤，钱五千万，锦千匹，其余颁赐各有差，以飞领巴西太守。

［1］宜都：郡名，治所在今湖北省宜都市。［2］征虏将军：东汉末杂号将军之一，主征伐。［3］新亭侯：封爵名号。新亭，地名。据清人赵一清说，在石首市西四十里处。［4］宾客：幕僚。

张飞，字翼德，涿郡人，年轻时和关羽一起侍奉刘备。关羽的年龄比张飞大几岁，张飞便把他当作兄长。刘备跟从曹操打败吕布，随曹操回到许都，曹操任命张飞为中郎将。后来，刘备背离曹操先后投靠袁绍、刘表。刘表病故后，曹操攻入荆州，刘备逃奔长江南岸。曹操在后面追赶他，经过一日一夜，在当阳长坂坡追及。刘备听说曹操突然到来，便丢下了妻子儿女逃跑，派张飞带领二十名骑兵断后。张飞拆断桥梁，据守对岸桥头，瞪着眼睛，挺着长矛，大声喝道："我是张翼德，你们可来与我决一死战！"敌人没有一个敢靠近他，因而使刘备等人幸免于难。刘备平定了长江以南后，就任命张飞为宜都太守、征虏将军，封新亭侯，后又调任镇守南郡一带。刘备进入益州后，当回兵攻打刘璋时，张飞和诸葛亮等人沿长江逆流而上，分头平定沿江各郡县。张飞到江州后，击败了刘璋的将领巴郡太守严颜，并活捉了他。张飞大声呵斥严颜说："我大军到此，你为何不早早投降而敢于抵抗？"严颜回答说："你等无礼，侵夺我益州土地，我益州只有断头将军，没有投降将军！"张飞大怒，命令左右把严颜牵出斩首，严颜面不改色地说："砍头便砍头，何必发怒！"张飞佩服他胆气壮烈，就释放了他，聘他作为幕僚。张飞所过之处，一一攻克，最后与刘备在成都会师。益州平定后，刘备赏赐诸葛亮、法正、张飞及关羽黄金各五百斤，白银千斤，钱五千万，锦帛千匹，对其余将官也均有大小不等的奖赏。任命张飞兼领巴西太守。

曹公破张鲁，留夏侯渊、张郃守汉川[1]。郃别督诸军下巴西，欲徙其民于汉中，近军宕渠、蒙头、荡石[2]，与飞相拒五十余日。飞率精卒万余人，从他道邀郃军交战，山道窄狭，前后不得相救，飞遂破郃。郃弃马缘山，独与麾下十余人从间道退，引军还南郑，巴土获安。先主为汉中王，拜飞为右将军，假节。章武元年，迁车骑将军，领司隶校尉，进封西乡侯[3]。

［1］汉川：此处指汉中一带。［2］宕渠：县名。故址在今四川省渠县东北。蒙头、荡石：均为地名。在今四川省渠县东七里。［3］西乡侯：县侯封爵名号。西乡，西汉涿郡属县有西乡县，这里张飞遥领本郡封邑。

曹操击败张鲁后，留夏侯渊、张郃屯守汉中。张郃另外督率各军进攻巴西，准备将巴西百姓迁到汉中，张郃率部行至宕渠县蒙头、荡石附近，和张飞的军队相遇，对峙五十余天。张飞亲率精兵一万余人，绕道拦截张郃的军队，与之交战，因山路狭窄，张郃的军队前后不能相互救援，于是被张飞击败。张郃只得扔下战马，攀出越岭，独自与他部下十几名将士从小路退走，然后收兵逃回南郑，巴郡一带从此得到安宁。刘备自立为汉中王后，封张飞为右将军，借符节，授予军中生杀大权。章武元年（221 年），张飞升任为车骑将军，兼任司隶校尉，进封为西乡侯。

初，飞雄壮威猛，亚于关羽，魏谋臣程昱等咸称羽、飞万人之敌也。羽善待卒伍而骄于士大夫，飞爱敬君子而不恤小人。先主常戒之曰：“卿刑杀既过差，又日鞭挝健儿，而令在左右，此取祸之道也。”飞犹不悛[1]。先主伐吴，飞当率兵万人，自阆中会江州。临发，其帐下将张达、范强杀飞，持其首，顺流而奔孙权。飞营都督表报先主[2]，先主闻飞都督之有表也，曰："噫！飞死矣。"追谥飞曰桓侯[3]。长子苞，早夭。次子绍嗣，官至侍中尚书仆射。

[1] 悛（quān）：改过，悔过。 [2] 都督：官名。汉末三国始置，为领兵官。这里指张飞军中的领兵官。 [3] 桓侯：谥号。古代天子、诸侯死后，继位者根据死者生前事迹选择恰当的词作谥号，以示尊崇。这里"桓"，意为威武。

当初，张飞的勇猛威武，仅次于关羽，魏国谋臣程昱等人常称关羽、张飞是万人敌的英雄。关羽对待部下士兵很和善，而在士大夫前却很高傲、骄横；张飞则敬重君子而不体恤部下。刘备经常告诫张飞说："你刑杀士卒已经是过头了，又日日鞭挞身强力壮的卫士，并且让他留在你身边，这是自取灾祸的做法。"张飞仍不悔改。刘备讨伐吴国，张飞奉命应率兵万人，从阆中出发，到江州与刘备会师。临出发前，张飞帐下将士张达、范强杀死了他，提着他的头颅，顺流而下逃奔孙权。张飞军中都督急忙上表报告刘备，刘备一听说张飞军中都督有表奏，便说："唉！张飞死了！"追谥张飞为桓侯。张飞长子张苞，早年夭折。次子张绍继承封爵，官做到侍中尚书仆射。

赵云传

赵云传

赵云（？—229 年）也是蜀汉著名的将军。他追随刘备较早，忠心耿耿，立有战功。《三国志》记载赵云的事迹较为简略，而裴松之注则引了现已佚失的《(赵）云别传》，补充了很多史料。综观《三国志》本文及裴注，我们可以看到赵云不仅作战勇敢、指挥有方，而且思考周密、行动谨慎，具有一定的战略眼光，是一位不可多得的将才。本文在注释中将裴注引用的史料逐段今译，使读者能全面地了解赵云的生平。《三国演义》在塑造赵云的形象时，也依据了裴注的史料。这点，读者阅读了本文后自然也会明白了。

赵云字子龙，常山真定人也[1]。本属公孙瓒，瓒遣先主为田楷拒袁绍，云遂随从，为先主主骑[2]。及先主为曹公所追于当阳长阪，弃妻子南走，云身抱弱子，即后主也，保护甘夫人，即后主母也，皆得免难。迁为牙门将军[3]。先主入蜀，云留荆州[4]。

［1］常山：王国名，治所在今河北省元氏县西北。真定：县名，故址在今河北省正定县南。［2］主骑：掌管骑兵。裴注引《云别传》说：赵云身长八尺，容貌雄伟，被本郡人推举，率领部分自愿跟从的官吏士卒投奔公孙瓒。当时袁绍自称冀州牧，公孙瓒对冀州人士附和袁绍而深为忧虑，很高兴赵云来归附自己，但又调笑地问赵云说："听说贵州（冀州）人都愿从袁氏，为什么独有您回心转意，迷途知返呢？"赵云回答说："天下汹汹，不知谁是

谁非，百姓有倒悬之危，鄙州人士议论，仁政所在，便当依从，不是轻视袁公而私下推崇将军您啊。”于是就跟从公孙瓒东征西讨。当时刘备也投奔了公孙瓒，结识了赵云，赵云与他交谊甚厚，深为依托。后来，赵云因兄长去世，向公孙瓒告辞暂时回家，刘备知赵云此去将不复回来，拉着他的手依依惜别，赵云感激地说：“终身不忘您的知遇之恩。”之后，刘备败奔袁绍，在邺城与赵云相见。刘备与赵同床眠卧，暗中让赵云召募部众，得几百人，都自称是左将军刘备的部曲，袁绍不知情。官渡之战前夕，赵云就随刘备到了荆州。［3］牙门将军：官名。位同杂号将军，职掌军中主帅警卫。刘备设置此官是为护卫自己家眷，职权甚重。［4］云留荆州句：裴注引《云别传》说：初时，刘备兵败当阳长坂坡，有人报告说赵云已向北而去，刘备用手戟敲打传话的人说：“子龙不会弃我而走，休得胡说！”一会儿，赵云赶了上来。后随刘备平定江南四郡，任为偏将军，兼领桂阳太守，代替赵范。原先，赵范的寡嫂叫樊氏，长得倾国姿色，赵范想把她嫁给赵云。赵云推辞说：“我与你同姓，你的兄长就是我的兄长，怎能娶自己的嫂嫂呢？”坚决推辞。当时有人劝赵云娶樊氏，赵云说：“赵范是被迫投降的，心不可测；要娶妻室，天下女子不为少也。”终于没娶樊氏。后来，赵范果然逃跑，赵云一点也没受到牵扯。早先，赵云与夏侯兰在博望交战，活捉了夏侯兰。夏侯兰是赵云的同乡，从小在一起，活捉后，赵云请刘备不要杀他，并推荐说，夏侯兰精通法律，任用他做军正。赵云没有留在自己身边任用，可见他的行动是这样的谨慎。刘备入益州时，赵云兼任荆州留营司马。这时候，刘备的孙夫人以自己是孙权之妹就骄傲自豪，带来的东吴官吏士卒也专横不法。刘备因赵云严肃持重，必能使内务整齐，特地任他掌握内事。孙权听说刘备西征，派遣许多舟船来迎妹回东吴，而孙夫人心想带刘备幼子刘禅回东吴，后被赵云与张飞率兵截江夺阿斗而回。

赵云，字子龙，常山真定县人。本是公孙瓒的部属，公孙瓒派刘备帮助田楷抵御袁绍，赵云就随从刘备，为刘备掌管骑兵。后来，刘备被曹操追赶，在当阳长阪丢下妻子儿女南奔，赵云怀裹幼儿，在敌阵中冲杀，幼儿就是后主刘禅，保护甘夫人，就是后主的母亲，使他们都幸免于难。后提升为牙门将军。刘备进入西蜀时，赵云留守荆州。

先主自葭萌还攻刘璋，召诸葛亮。亮率云与张飞等俱溯江西上，平定郡县。至江州，分遣云从外水上江阳[1]，与亮会于成都。成都既定，以云为翊军将军[2]。建兴元年，为中护军、征南将军，封永昌亭侯[3]，迁镇东将军。五年，诸葛亮驻汉中。明年，亮出军，扬声由斜谷道，曹真遣大众当之。亮令云与邓芝往拒，而身攻祁山。云、芝兵弱敌强，失利于箕谷，然敛众固守，不至大败。军退，贬为镇军将军[4]。

七年卒，追谥顺平侯。

[1] 江阳：县名，当时刘璋所置江阳郡郡治，故址在今四川省泸州市。

[2] 翊军将军：官名，刘备所置杂号将军。裴注引《云别传》说：益州平定后，当时有人提议要把成都城内房屋及城外园地、桑田分赏各将。赵云驳斥说："霍去病以匈奴未灭，无用家为，今国贼不仅仅是匈奴，不可贪求安逸。必须等天下统一了，各返故乡，归耕本土，才是最适宜的。现在益州人民，刚遭兵灾，田宅都应归还原主，让他们安居乐业，然后才可征调，得到他们的拥护。"刘备立即采纳了赵云的意见。后来，夏侯渊兵败被杀，曹操来争夺汉中之地，把几千万袋军粮运到北山下。黄忠认为可夺取，赵云的兵士也跟随黄忠去取米。黄忠去后，过了约定时间不归，赵云便率几十名骑兵轻装出营，接应黄忠等人。正值曹操率大队兵马出击，赵云遭曹操前锋部队的攻击，刚交战，曹操大军赶上，形势紧迫，于是赵云奋勇冲入敌阵，又突围而

出，且战且退。曹军败而复聚，赵云陷在敌阵，再突围退向自己营寨。蜀将张著受伤不能突围，赵云听到，又一次驰马飞奔曹军阵内迎接张著，突围还营。曹军一直追到蜀军大营，当时的沔阳县令张翼也在赵云的军营中，见赵云未回，准备闭上营门抵挡曹军，可是，赵云一回营寨，即令大开营门，偃旗息鼓。曹军见状，怀疑赵云有埋伏，即刻退走。赵云营中，突然擂鼓震天，只用弓箭手在后猛射曹军，曹军大乱，惊慌失措，争先恐后逃跑，自相践踏，落汉水而死的不计其数。第二天一早，刘备到赵云营地视察昨天作战的地方，赞赏地说:"子龙浑身是胆啊！"大排宴席庆贺，饮酒作乐直到天黑，军中称赵云为"虎威将军"。后来，孙权袭击荆州，杀关羽，刘备大怒，准备讨伐孙权。赵云规谏说:"国贼是曹操，不是孙权，况且先灭魏，东吴就会主动归服。现在曹操虽然死了，但他的儿子曹丕篡汉，应依靠大家齐心协力，早日谋取关中，占黄河、渭水上游来讨伐凶逆，这样，关东义士一定裹粮策马来迎接王师。不应放下魏，先与东吴交兵；战端一开，不会猝然而解啊！"刘备不听赵云劝告，终于率大军东征，留赵云督守江州。后在秭归战败，赵云奉命进军永安，到达时，吴军已退。［3］永昌亭侯:亭侯，封爵名号之一。永昌，地名，未详。［4］镇军将军:将军的名号。裴注引《云别传》说:诸葛亮问:"街亭失利，军队撤退时，兵和将不再相互检束，箕谷失利撤军时，兵将一点也没有失散，什么原因呢？"邓芝回答说:"赵云亲自断后，军资什物，几乎没有丢弃，兵和将也没有原因失散。"赵云剩有的军用资财等，诸葛亮让他分赏给将士，赵云说:"军事失利，为什么有赏？那些物资请全部送进赤岸的府库，须到十月份作为冬天的赏赐。"诸葛亮听了非常赞赏他的好办法。

刘备从葭萌关回军攻打刘璋时，急召诸葛亮出兵。诸葛亮奉命率领赵云与张飞等逆江而上，平定长江边的郡县。到达江州时，诸葛亮另派赵云从长江的支流赶到江阳，占据江阳后率军在成都与诸葛亮会师。成都平定后，刘备以赵云为翊军将军。建兴元年（223年），赵云任中护军、征南将军，封永昌亭侯，后升任镇东将军。建兴五年（227年），赵云随诸葛亮进驻汉中。第二年，诸葛亮出兵，扬言要从斜谷道经过，曹真派大部队来抵挡他。诸葛亮命令赵云与邓芝前往箕谷据守，而自己却率主力西出祁山。赵云、邓芝因敌强我弱，在箕谷战斗失利，但是赵云聚集兵众，顽强坚守，撤军时很有秩序，没遭大的损失。全军退回后，赵云请求自贬，降为镇军将军。

建兴七年（229年），赵云病故，追谥为顺平侯。

蒋琬传

蒋琬传

蒋琬（？—246年）是继诸葛亮以后蜀汉政权的主要支柱。他的功绩在于继续执行诸葛亮生前所制定的各项政策，对内安定百姓，发展生产；对外联吴抗魏，保持了蜀汉政权的稳定局面。

蒋琬从政之初便注重实效，不善表面修饰。他在诸葛亮北征曹魏时留守成都，策划军资，使诸葛亮无后顾之忧。诸葛亮逝世，他处变不惊，安定人心，深受百官信服。但蒋琬对诸葛亮的措施，并非萧规曹随，一成不变。如对北伐曹魏，他认为蜀国国小力弱，不能一味出兵，而需要改变进军路线，并与东吴联合，方能奏效。

蒋琬的个人品格也值得称道，他一心为公，胸怀宽大，能体察下情，不计个人恩怨，维护了蜀汉统治集团内部的团结。

本文所反映的均是蜀汉政权后期的政治军事情况。这时，魏、蜀、吴三国的政治、经济形势，都起了较大的变化，总的趋势是曹魏（实际上已由司马氏集团掌权）国力强盛，逐步具备了统一全国的条件。而蜀汉自蒋琬逝世后缺少贤能的政治人才，加之后主昏庸，黄皓弄权，国力日见其弱，最后被魏国所灭。

蒋琬字公琰，零陵湘乡人也[1]。弱冠与外弟泉陵刘敏俱知名[2]。琬以州书佐随先主入蜀[3]，除广都长[4]。先主尝因游观奄至广都[5]，见琬众事不理，时又沈醉，先主大怒，将加罪戮。军师将军诸葛亮请曰："蒋琬，社稷之器，非百里之才也[6]。其为政以安民为本，不以修饰为先，愿主公重加察之。”先主雅敬亮[7]，乃不加罪，仓卒但免官而已。琬见推之后[8]，夜梦有一牛头在门前，流血滂沱，意甚恶之，呼问占梦赵直。直曰：“夫见血者，事分明也。牛角及鼻，‘公’字之象，君位必当至公，大吉之徵也。”顷之，为什邡令[9]。先主为汉中王，琬入为尚书郎。建兴元年，丞相亮开府，辟琬为东曹掾。举茂才，琬固让刘邕、阴化、庞延、廖淳，亮教答曰：“思惟背亲舍德[10]，以殄百姓[11]，众人既不隐于心，实又使远近不解其义，是以君宜显其功举[12]，以明此选之清重也[13]。”迁为参军。五年，亮住汉中，琬与长史张裔统留府事。八年，代裔为长史，加抚军将军[14]。亮数外出，琬常足食足兵以相供给。亮每言：“公琰托志忠雅[15]，当与吾共赞王业者也。”密表后主曰：“臣若不幸[16]，后事宜以付琬[17]。”

[1] 湘乡：县名，故址在今湖南省湘乡市境内。 [2] 外弟：姑母之子称外兄或外弟。泉陵：县名，故址在今湖南省零陵县，当时也为零陵郡治所。[3] 书佐：官名，州的低级佐吏，各曹及部郡国都设书佐，为从事史的副手。[4] 广都：县名，故址在今四川省成都市双流区东南。 [5] 奄（yǎn）至：突然来到。奄，忽然。 [6] 百里之才：治理一个县的人才。百里，指一个县的范围。 [7] 雅敬：一向敬重，素来尊敬。 [8] 见推：被追究查处。推，究查。 [9] 什邡令：什邡县令。什邡，县名，故址在今四川省什邡县南。[10] 背亲舍德：背弃亲朋好友。 [11] 殄（tiǎn）：美善。通“腆”。[12] 功举：因功被举荐。 [13] 清重：清正慎重。 [14] 抚军将军：官名，蜀汉设置的杂号将军。 [15] 托志忠雅：立志忠正，为人高雅。 [16] 不幸：这里指死去。 [17] 后事：这里指国事。

蒋琬，字公琰，零陵郡湘乡县人。二十岁左右与姑表弟泉陵县人刘敏同时成为本郡的知名人物。不久，蒋琬以荆州书佐的微职随刘备入蜀，被授予广都县长之职。刘备曾因游览突然来到广都县衙，看到蒋琬公事不办，当时又喝得烂醉如泥，大为愤怒，要加罪杀他。军师将军诸葛亮替他向刘备求情说：“蒋琬是治国的大才，不是治理一县的人才。他为政以安民为根本，不把装饰表面放在首位，愿主公对他再加考察。”刘备素来尊重诸葛亮，才没有加罪处罚，仓促之中只给予免职处分而已。蒋琬被免官后，有天夜里梦见他家门前有只牛头，淌了一地的血，醒后心里很嫌恶，喊来占梦的赵直问他。赵直说：“梦中见血，说明事情已经分明了。牛头上的两角和当中的牛鼻不是一个‘公’字吗？您一定官至三公位，这是大吉的征兆。”过后不久，被任命为什邡县令。刘备称汉中王，蒋琬升任尚书郎。建兴元年（223 年），丞相诸葛亮建署开府，征召蒋琬任丞相府东曹的属官。举秀才时，蒋琬坚辞让给刘邕、阴化、庞延、廖淳，诸葛亮在教令中回答蒋琬说：“举荐的事，我只想远离亲朋故旧，这样，对百姓有利，大家既然于心不安，不被举荐的话，确实又让远近的人疑惑不解，因此，您应显示出自己是以功劳被举荐的，从而表明这次举荐的清正慎重。”后升任为参军。建兴五年（227 年），诸葛亮屯驻汉中，蒋琬与丞相府长史张裔总领留府事宜。建兴八年（230 年），蒋琬代张裔任长史，加官任抚军将军。诸葛亮多次出征在外，蒋琬经常供给他充足的军粮和武器。因而，诸葛亮经常说：“公琰立志忠正，是应当与我一同辅佐陛下完成统一大业的人。”诸葛亮曾秘密地写奏章给后主说：“假如我遭不幸去世，国事可托付给蒋琬。”

亮卒，以琬为尚书令，俄而加行都护[1]，假节，领益州刺史，迁大将军，录尚书事，封安阳亭侯[2]。时新丧元帅，远近危悚[3]。琬出类拔萃，处群僚之右，既无戚容，又无喜色，神守举止[4]，有如平日，由是众望渐服。延熙元年，诏琬曰:“寇难未弭，曹叡骄凶[5]，辽东三郡苦其暴虐[6]，遂相纠结，与之离隔。叡大兴众役，还相攻伐。曩秦之亡[7]，胜、广首难[8]，今有此变，斯乃天时。君其治严[9]，总帅诸军屯住汉中，须吴举动，东西掎角[10]，以乘其衅[11]。”又命蒋琬开府，明年就加为大司马。

[1] 都护:官名,即都护将军。职掌总监护各将。 [2] 安阳亭侯:亭侯，封号名称。安阳，县名，时属汉中郡，故址在今陕西省城固县东。 [3] 危悚(sǒng):恐惧的样子。 [4] 神守举止:神态举动。 [5] 曹叡:即魏明帝。[6] 辽东三郡:指辽东、乐浪、玄菟三郡。按魏明帝景初元年(237年)七月，魏辽东太守公孙渊起兵反魏，自立为燕王，次年八月，被司马懿平定。本句及下数句均指此事。 [7] 曩(nǎng):从前。 [8] 胜、广首难:陈胜、吴广首先发难。 [9] 治严:整理行装。这里指准备出征。汉明帝讳庄，汉人为避讳，庄、装都改作“严”。后世相袭，称办装为办严、治严。[10] 掎角:《左传》襄公十四年:“譬如捕鹿，晋人角之，诸戎掎之。”角，执抓其角，掎，扭拉其足。后世以分兵牵制或夹击敌人为掎角。[11] 衅(xìn):间隙、破绽。

诸葛亮去世后，后主任命蒋琬为尚书令，不久加官代都护将军，借符节，兼任益州刺史，升任大将军，总领尚书事，封爵安阳亭侯。当时，刚失去国家的元帅，上下远近恐惧不安。蒋琬出类拔萃，位处同僚之上，他既无忧容，也无喜色，神态举止，一如平时，因此众心敬仰，逐渐信服。延熙元年(238年)，刘禅下诏书给蒋琬说:“敌寇未平，曹叡骄横凶残，辽东三郡百姓在他暴虐统治之下，十分痛苦，于是联合起来脱离了曹叡的统治。而曹叡大兴兵役，来回攻伐。从前秦朝的灭亡，是由陈胜、吴广首先发难，今有辽东三郡之变，这是天赐良机。您即刻准备出征，统率各军屯驻汉中，必须等待东吴的行动，这样东西两边成掎角之势，以乘敌寇的破绽而动。”又命令蒋琬开建府署，第二年，便加官升任大司马。

东曹掾杨戏素性简略[1]，琬与言论，时不应答。或欲构戏于琬曰[2]：“公与戏语而不见应，戏之慢上，不亦甚乎！”琬曰：“人心不同，各如其面；面从后言[3]，古人之所诫也。戏欲赞吾是耶，则非其本心，欲反吾言，则显吾之非，是以默然，是戏之快也[4]。”又督农杨敏曾毁琬曰[5]：“作事愦愦[6]，诚非及前人。”或以白琬，主者请推治敏[7]，琬曰：“吾实不如前人，无可推也。”主者重据听不推[8]，则乞问其愦愦之状。琬曰：“苟其不如，则事不当理[9]，事不当理，则愦愦矣，复何问邪？”后敏坐事系狱[10]，众人犹惧其必死，琬心无适莫[11]，得免重罪。其好恶存道[12]，皆此类也。

［1］简略：简慢粗疏。［2］构：构陷。设计陷害，使人获罪。［3］面从后言：当面赞成，背后非议。［4］快：爽快，直率。［5］督农：官名。督察农业生产的官员。胡三省说：“督农，犹魏、吴之典农也。”［6］愦愦（kuì kuì）：昏乱，糊涂。［7］推治：追究惩处。［8］重据：再一次陈说的意思。［9］不当理：不合理。［10］坐事系狱：犯罪关进监狱。系，拘囚。［11］无适（dí）莫：无可无不可。这里指没有亲疏厚薄、无偏见。适，可；莫，不可。［12］存道：合乎情理。

大将军府东曹属官杨戏向来性格简慢粗疏，蒋琬与他谈话，时常不应不答。有人想在蒋琬面前陷害杨戏，说：“您和杨戏讲话，而杨戏一点反应也没有，杨戏对上司如此傲慢，不是太过分了吗！”蒋琬说：“人心不同，正如人的面容各不相同一样；当面赞成，背后非议，是古人所引以为戒的。杨戏要赞成我说的是对的吧，那不是他的本意，要反对我说的话，那就会显示我的错误，所以他只好默不作声，这是杨戏的耿直啊！”另有督农杨敏曾骂过蒋琬说：“办事糊涂，实在不如前人。”有人把这话报告了蒋琬，主管的人要求追究惩治杨敏，蒋琬说：“我确实不如前人，没有什么好追究的。”主管的人再一次陈说以后，就听从蒋琬不去追究，但请求去追问杨敏所谓糊涂的表现。蒋琬说：“如果说不及前人，那就是办事不合理，办事不合理，就是糊涂，又何必追问呢？”后来，杨敏犯罪被拘囚，关在监狱里，大家还担心他这次必然被处死，可是蒋琬心里不存偏见，所以杨敏才得以免于重罪惩处。蒋琬的爱憎合乎情理，凡这类事情都这样对待。

琬以为昔诸葛亮数窥秦川[1]，道险运艰，竟不能克，不若乘水东下，乃多作舟船，欲由汉、沔袭魏兴、上庸。会旧疾连动，未时得行[2]。而众论咸谓如不克捷，还路甚难，非长策也。于是遣尚书令费祎、中监军姜维等喻指[3]。琬承命上疏曰：“芟秽弭难[4]，臣职是掌。自臣奉辞汉中，已经六年，臣既闇弱，加婴疾疢[5]，规方无成[6]，夙夜忧惨[7]。今魏跨带九州[8]，根蒂滋蔓，平除未易。若东西并力，首尾掎角。虽未能速得如志，且当分裂蚕食，先摧其支党。然吴期二三[9]，连不克果[10]，俯仰惟艰[11]，实忘寝食。辄与费祎等议，以凉州胡塞之要，进退有资，贼之所惜；且羌、胡乃心思汉如渴，又昔偏军入羌，郭淮破走，算其长短[12]，以为事首，宜以姜维为凉州刺史。若维征行，衔持河右[13]，臣当帅军为维镇继[14]。今涪水陆四通[15]，惟急是应[16]，若东北有虞[17]，赴之不难。”由是琬遂还住涪。疾转增剧，至九年卒，谥曰恭。

[1] 窥（kuī）：窥伺。这里指“出兵”。 [2] 未时得行：没有及时行动。 [3] 喻指：晓喻意旨。这里指统一看法。 [4] 芟（shān）秽弭难：除秽平乱。这里指消灭曹魏。 [5] 婴疾疢（chèn）：患病。婴，通“撄”，纠缠；疾疢：疾病。 [6] 规方：规划方略，即制订计划。 [7] 忧惨：忧愁。 [8] 九州：指东汉十三州中的九州，即曹魏占有的司隶、豫、兖、冀、徐、青、凉、并、幽州。当时曹魏还占有扬州、荆州的一半，又分置雍州、秦州，因而超过了九个州。 [9] 吴期二三：东吴约定出兵期限接二连三改变。 [10] 连不克果：多次不能果断进攻。 [11] 俯仰惟艰：周旋、应付很艰难。这里指与盟国东吴很难打交道，未能取得同时进攻曹魏的一致决定。 [12] 算其长短：考虑利弊，比较得失。 [13] 河右：黄河上游一带，指今甘肃省黄河以西的地区。 [14] 镇继：经常的后援。 [15] 水陆四通：水路、陆路四通八达。 [16] 惟急是应：只要有急，即能接应。 [17] 有虞：有忧患或遇有不测。

蒋琬认为诸葛亮多次出兵秦川，路遥道险，转运艰难，终究不能取胜，不如乘船顺水东下，于是多造船只，准备从汉水、沔水袭击魏兴、上庸两郡。不巧，蒋琬旧病接连发作，没能及时行动。而大家议论，都认为这样进军的话，如不能克敌告捷，退路更难，不是良策。于是蒋琬派尚书令费祎、中监军姜维等人商议，统一意见。后来，蒋琬答应大家的要求，上奏后主说：“消灭曹魏是我的职责。自我奉命进驻汉中，已经六年，我不仅愚昧软弱，又加上疾病缠身，制订的计划没有完成，日夜忧愁不安。现在，曹魏地跨九个州，根深蒂固，铲除消灭，并非易事。如果东吴西蜀并力合作，首尾成犄角之势，即使不能迅速如愿以偿，也可以分裂其国，蚕食其土，首先摧毁曹魏的下属。然而，东吴接二连三地更改出兵的约期，多次不能果断进攻，与东吴周旋交涉也很是艰难，确使我无心寝食。我就与费祎等人商议，以为凉州是胡人的交通要道，进退都有凭借依仗，也是敌贼所重视的地方；而且凉州羌、胡的百姓，人心思汉，好像口渴的人要喝水似的，又有从前魏延率偏军入羌，雍州刺史郭淮大败而逃的事，估量得失，我认为占据凉州是最合适的，应任命姜维为凉州刺史，如姜维一旦奉命出征，扼守河右与敌相持，那时我当率军作姜维的后援。如今涪县水陆两路，四通八达，只要有急，即能接应，如东北方的汉中，遇有不测，赶到那里也不是难事。”因此，蒋琬就退还涪县屯驻。不久蒋琬病转严重，到延熙九年（246年）病故，谥号“恭”。

姜维传

姜维传

姜维（202—264 年）是蜀汉后期的重要将领。他原是曹魏的低级官员，被上司怀疑有异心而投奔蜀汉，受到诸葛亮的赏识，逐步成为蜀汉政权的军事统帅。他的军事活动，大都是以继承诸葛亮北伐曹魏、统一中国的遗志而进行的。但当时的蜀汉，后主宠信宦官黄皓，政治腐败，国力弱小，根本无力北伐曹魏。所以，执政的大将军费祎曾劝告姜维“保国治民，敬守社稷，如其功业，以俟能者”。但姜维在费祎逝世后，仍然多次出兵伐魏，均无功而返，消耗了蜀汉的国力。因此姜维虽然熟习军事，但未能客观估量敌我双方的实力，劳师无功，不是一个具有战略眼光的军事统帅。姜维忠于蜀汉，在后主投降后，曾想利用钟会叛反，兴复蜀汉，可是兵败被杀，未能成功。

姜维字伯约，天水冀人也[1]。少孤，与母居，好郑氏学[2]。仕郡上计掾[3]，州辟为从事。以父冏昔为郡功曹[4]，值羌、戎叛乱，身卫郡将[5]，没于战场，赐维官中郎[6]，参本郡军事。建兴六年，丞相诸葛亮军向祁山，时天水太守适出案行[7]，维及功曹梁绪、主簿尹赏、主记梁虔等从行[8]。太守闻蜀军垂至[9]，而诸县响应，疑维等皆有异心，于是夜亡保上邽[10]。维等觉太守去，追迟，至城门，城门已闭，不纳。维等相率还冀，冀亦不入维。维等乃俱诣诸葛亮。会马谡败于街亭，亮拔将西县千余家及维等还。故维遂与母相失。亮辟维为仓曹掾[11]，加奉义将军[12]，封当阳亭侯[13]，时年二十七。亮与留府长史张裔、参军蒋琬书曰："姜伯约忠勤时事[14]，思虑精密，考其所有，永南、季常诸人不如也[15]。其人，凉州上士也。"又曰："须先教中虎步兵五六千人[16]。姜伯约甚敏于军事，既有胆义，深解兵意。此人心存汉室，而才兼于人，毕教军事，当遣诣宫，觐见主上[17]。"后迁中监军征西将军[18]。

[1]冀：县名。故址在今甘肃省甘谷县东南。当时为天水郡治所。[2]郑氏学：即郑玄的经学。郑玄（127—200年）东汉人，字康成。曾入太学，师事张恭祖、马融，在外游学十余年，回乡后刻意研经，遍注之，并著书立说，共百余万言。弟子数千，成一代经学宗师。[3]上计掾：官名，汉制规定各郡国每年派属吏将计簿送朝廷审计，称作上计。上计掾即是负责上计事务的属吏。[4]冏（jiǒng）：姜维父姜冏。功曹：官名，汉郡守下设功曹史，简称功曹，为佐吏，分掌人事并参与一郡政务。[5]郡将：即郡太守。[6]中郎：官名，属光禄勋下三署郎将，为皇帝侍卫官。时姜维远离京都，不过虚领官衔而已。[7]案行：巡视。[8]主记：官名，主管记录及文书。[9]垂至：将要到达。垂，临近。[10]上邽：县名。故址在今甘肃省天水市。[11]仓曹掾：官名。公府有仓曹，掌管仓库粮食，有掾，有属。这里姜维是丞相府仓曹掾。[12]奉义将军：官名，蜀汉置的杂号将军。[13]当阳亭侯：亭侯名号之一。[14]忠勤时事：忠心耿耿，勤于职事。时事，这里指职事。[15]永南、季常：即李邵（字永南）、马良（字季常）。二人均为蜀汉辅臣，有才名。[16]中虎步：官名。卢弼认为："蜀汉有虎步监如羽林监一类的军官，虎步监分左中右三营。"中营长官即中虎步。[17]觐（jìn）见：朝见天子称觐见或朝觐。[18]中监军：官名。胡三省认为：中监军即中护军的职事。蜀汉置前、后、中三监军，位在三军师之下。

姜维，字伯约，天水郡冀城人。年幼丧父，与母亲一起生活。他喜欢郑玄的经学。后出任天水郡的上计掾，不久被凉州刺史征召任州从事史。因为父亲姜冏从前任郡功曹史时，正值羌、戎叛乱，以自己身体护卫郡太守，死在战场，所以赐官给姜维任中郎，参与天水郡的军事。建兴六年（228年），丞相诸葛亮兵出祁山，当时，天水郡太守正巧外出巡视，姜维和功曹史梁绪、主簿尹赏、主记梁虔等人随行。太守听到蜀汉大军将要来到，同时各县起而响应，怀疑姜维等人都怀有异心，因此夜里逃走，退保上邽县。姜维等发觉太守离去，立即跟随而去，迟了一步没赶上，到达上邽县城时，城门已闭，不放他们入内。姜维等人相继回到冀城，冀城也不放姜维进城。姜维等人就一同到诸葛亮那里去了。不久，恰值马谡失街亭，诸葛亮便迁西县千余家及姜维等人退回汉中。因此，姜维就和母亲失去了联系。诸葛亮征召姜维任丞相府仓曹掾，加授奉义将军，封当阳亭侯，当时年仅二十七岁。诸葛亮给留府长史张裔、参军蒋琬的信中说："姜伯约忠心耿耿，勤于职事，思虑精密，查考他平时所学，我觉得李邵、马良等人不如他。姜维这人，是凉州杰出的贤士。"又说："必须先让他训练中虎步监的五六千兵士。姜伯约对军事很有兴趣，既有胆气，又深解兵法。他心存汉室，才干又高于他人，军事训练完毕，应送他进宫，觐见主上。"后来，升任中监军、征西将军。

十二年，亮卒，维还成都，为右监军辅汉将军[1]，统诸军，进封平襄侯[2]。延熙元年，随大将军蒋琬住汉中，琬既迁大司马，以维为司马[3]，数率偏军西入。六年，迁镇西大将军，领凉州刺史。十年，迁卫将军，与大将军费祎共录尚书事。是岁，汶山平康夷反[4]，维率众讨定之。又出陇西、南安、金城界，与魏大将军郭淮、夏侯霸等战于洮西[5]。胡王治无戴等举部落降，维将还安处之。

十二年，假维节，复出西平，不克而还。维自以练西方风俗[6]，兼负其才武，欲诱诸羌、胡以为羽翼，谓自陇以西可断而有也。每欲兴军大举，费祎常裁制不从[7]，与其兵不过万人。

[1] 辅汉将军：官名，东汉置、蜀承汉制设置的杂号将军。 [2] 平襄侯：县侯的封爵名号之一。平襄，县名，故址在今甘肃省通渭县西北。[3] 司马：官名，这里是指大将军府司马，典兵。 [4] 汶山：郡名，刘备分蜀郡北部设置。治所在绵虒，今四川汶川西南。平康：县名，故址在今四川省松潘县西。 [5] 大将军：按郭淮没有担任过大将军，故“大将军”应为“大将”或“将军”。洮西：洮水之西。据胡三省说，洮西为羌虏所居之地。[6] 练：熟悉。西方风俗：指羌、戎等少数民族的风俗。 [7] 裁制：限制。

建兴十二年（234 年），诸葛亮去世，姜维回到成都，任右监军辅汉将军，统领各军，进爵平襄侯。延熙元年（238 年），随大将军蒋琬进驻汉中，蒋琬升任大司马后，任命姜维为司马，多次率领部分军队西进，无功而返。延熙六年（243 年），升任镇西大将军，兼任凉州刺史。延熙十年（247 年），升迁为卫将军，与大将军费祎共同总领尚书事。这一年，汶山郡平康县的少数民族叛反，姜维率军讨伐平定了这次叛乱。后来，又出师陇西、南安、金城一带，与曹魏将领郭淮、夏侯霸等人在洮西大战。少数民族首领治无戴等人带领全部族归降，姜维把他们带回安顿好。延熙十二年（249 年），后主赐姜维借符节，姜维又出师西平，无功而返。姜维平时总以为自己熟悉西部少数民族的风俗习惯，加上自负有文才武略，想诱降各羌、胡少数民族作为羽翼，认为这样的话，就能截断陇山以西并占有这个地区。姜维每想兴师动众，大举进兵，可费祎却经常限制和不同意他，每次给他的兵众不超过一万人。

十六年春，祎卒。夏，维率数万人出石营[1]，经董亭[2]，围南安，魏雍州刺史陈泰解围至洛门[3]，维粮尽退还。明年，加督中外军事。复出陇西，守狄道长李简举城降[4]。进围襄武[5]，与魏将徐质交锋，斩首破敌，魏军败退。维乘胜多所降下，拔河关、狄道、临洮三县民还[6]。后十八年[7]，复与车骑将军夏侯霸等俱出狄道[8]，大破魏雍州刺史王经于洮西，经众死者数万人。经退保狄道城，维围之。魏征西将军陈泰进兵解围[9]，维却住钟题[10]。

［1］石营：地名，在今甘肃省西和县西北二百里。［2］董亭：地名，在今甘肃省武山县西南。［3］洛门：地名，在今甘肃省甘谷县西。［4］狄道：县名，汉时曾为陇西郡治所，故址在今甘肃省洮县境内。［5］襄武：县名。故址在今甘肃省陇西县南。曹魏时陇西郡治从狄道移此。［6］河关：县名，曹魏废，蜀汉承汉制，仍称河关县。故城址在今甘肃省临夏县西北。临洮：县名，故址在今甘肃省岷县境内。［7］后十八年：即延熙十八年（255年）。［8］夏侯霸：夏侯渊次子，正始中，为讨蜀护军右将军，封博昌亭侯，后曹爽被诛，逃入蜀，后主大加爵宠。［9］征西将军：将军名号，四征将军之一。曹魏时四征诸将军地位在杂号将军之上。［10］钟题：即钟提。军镇名，在今甘肃省临洮县南洮水西。

延熙十六年（253年）春，费祎去世。这年夏天，姜维率军数万，兵出石营，经过董亭，围攻南安，曹魏的雍州刺史陈泰因解南安之围来到洛门，姜维军粮将尽，引军退回。第二年，加授督中外军事。后又出师陇西，代理狄道县长李简举城投降。姜维进军围困襄武县，与曹魏将领徐质交锋，斩杀徐质，大破敌军，曹魏军败撤退。姜维乘胜追击，投降的、攻克的县不少，迁移河关、狄道、临洮三县的百姓退回。后来，在延熙十八年（255年），又与车骑将军夏侯霸等一起出兵狄道县，在洮水之西大败曹魏雍州刺史王经，王经的兵众死伤数万。王经退保狄道城，姜维围攻它。曹魏征西将军陈泰进兵解围，姜维退驻钟提镇。

十九年春，就迁维为大将军[1]。更整勒戎马，与镇西大将军胡济期会上邽，济失誓不至[2]，故维为魏大将邓艾所破于段谷[3]，星散流离，死者甚众。众庶由是怨讟[4]，而陇已西亦骚动不宁，维谢过引负[5]，求自贬削。为后将军，行大将军事。

[1]就迁句：后主刘禅派人到姜维驻地升任他为大将军。就，就地。[2]失誓：失约，误期。 [3]段谷：山谷名，在今甘肃省天水市西南。[4]讟（dú）：诽谤，怨言。这里指怨恨。 [6]引负：引咎自责。

延熙十九年（256年）春，姜维在驻地被后主提升就任大将军之职。姜维又一次整顿人马，和镇西大将军胡济约定在上邽会师，胡济失约，逾期不至，所以姜维在段谷被曹魏大将邓艾击破，部众星散流离，死亡众多。朝野人士因此怨言四起，而陇西也骚动不安，姜维引咎自责，自己请求贬官削爵。任后将军，代理大将军职事。

二十年，魏征东大将军诸葛诞反于淮南，分关中兵东下。维欲乘虚向秦川，复率数万人出骆谷，径至沈岭[1]。时长城积谷甚多而守兵乃少[2]，闻维方到，众皆惶惧。魏大将军司马望拒之，邓艾亦自陇右，皆军于长城。维前住芒水[3]，皆倚山为营。望、艾傍渭坚围[4]，维数下挑战，望、艾不应。景耀元年，维闻诞破败，乃还成都。复拜大将军。

［1］沈岭：地名，在今陕西省周至县南。［2］长城：军镇名，在今陕西省周至县南。［3］芒水：河流名，即今陕西省周至县黑水。［4］坚围：坚守营寨。围，指筑有防御工事的营垒。

延熙二十年（257年），曹魏的征东大将军诸葛诞在淮南起兵叛反，司马昭从关中地区抽调兵力东下。这时，姜维想乘虚而入向秦川进军，又率军数万兵出骆谷，直抵沈岭。当时长城镇贮粮很多而守兵竟不多，他们听说姜维将到，都惶恐不安。曹魏大将军司马望率军抵御姜维，邓艾也从陇右地区赶到，都在长城镇驻扎。姜维进兵驻屯芒水，全军依山扎营。司马望、邓艾傍渭水而坚守营垒，姜维多次阵前挑战，司马望、邓艾终不应战。景耀元年（258年），姜维得知诸葛诞兵败被杀，就回到成都。后主再次授予姜维为大将军。

初，先主留魏延镇汉中，皆实兵诸围以御外敌[1]，敌若来攻，使不得入。及兴势之役[2]，王平捍拒曹爽，皆承此制。维建议，以为错守诸围[3]，虽合《周易》“重门”之义[4]，然适可御敌，不获大利。不若使闻敌至，诸围皆敛兵聚谷，退就汉、乐二城，使敌不得入平[5]，且重关镇守以捍之。有事之日，令游军并进以伺其虚[6]。敌攻关不克，野无散谷，千里县粮[7]，自然疲乏。引退之日，然后诸城并出，与游军并力搏之，此殄敌之术也[8]。于是令督汉中胡济却住汉寿[9]，监军王含守乐城，护军蒋斌守汉城，又于西安、建威、武卫、石门、武城、建昌、临远皆立围守[10]。

［1］围：指各军事据点。［2］兴势之役：延熙七年（244年），曹魏

大将军曹爽率兵十万进攻汉中，而蜀汉前监军、镇北大将军王平守兵不满三万。王平先派兵占据兴势山（今陕西省洋县北二十里），自己率军作为后援。后蜀汉大部队赶到，曹爽无功而退。［3］错守：交错防卫。［4］“重门”之义：“多重门”的本意。《周易·系辞》：“重门击柝，以待暴客。”（设置多重门、敲击木梆，来对待盗贼）。［5］平：平地，平原。［6］游军：机动部队。［7］县（xuán）：同“悬”。这里是维系、维持的意思。［8］殄（tiǎn）敌：歼灭敌人。［9］却：退。汉寿：县名，东汉叫葭萌县，蜀汉改名汉寿。故址在今四川省广元县西南。［10］建威：在今甘肃省西和县西，东汉末为军镇之一。武卫：在今甘肃省成县境内。武城：在今甘肃省武山县西南。西安、石门、建昌、临远各围所在地未详。卢弼认为在今甘肃省东南隅、陕西省西南隅一带。

早先，刘备让魏延留下镇守汉中，在各军事据点都充实兵士来防御敌人，敌人如来攻打，各据点奋起抗击，使敌人不能进来。等到兴势之役，王平抵御曹爽，都按照这个办法。这时，姜维建议，认为各据点交错防守，虽然符合《周易》里所说的“重门击柝，以待暴客”的本意，但只可防御敌人，收不到更多的好处。不如在听到敌人将要来进攻时，让各据点集合守兵，集聚粮食，退保汉、乐二城，使敌人不能进入平地，而且设立多重关口，加强镇守来抵御敌人。有情况时，命令机动部队齐头并进，全面出击来寻找敌人的弱点。敌人攻关不能成功，四野又无流散的粮食，千里运粮维持供给，自然疲乏得很。敌人被迫撤退之日，我方各城军队一齐出击，与机动部队并力战斗，这是歼灭敌人的战略战术。因此命令督汉中各军的胡济退驻汉寿县，监军王含守乐城，护军蒋斌守汉城，又在西安、建威、武卫、石门、武城、建昌、临远各处建立据点防守。

五年，维率众出汉、侯和[1]，为邓艾所破，还住沓中。维本羁旅托国[2]，累年攻战，功绩不立，而宦官黄皓等弄权于内，右大将军阎宇与皓协比[3]，而皓阴欲废维树宇。维亦疑之，故自危惧，不复还成都[4]。六年，维表后主："闻钟会治兵关中，欲规进取，宜并遣张翼、廖化督诸军分护阳安关口、阴平桥头以防未然。"皓徵信鬼巫[5]，谓敌终不自致[6]，启后主寝其事[7]，而群臣不知。及钟会将向骆谷，邓艾将入沓中，然后乃遣右车骑廖化诣沓中为维援[8]，左车骑张翼、辅国大将军董厥等诣阳安关口以为诸围外助[9]。比至阴平，闻魏将诸葛绪向建威，故住待之。月余，维为邓艾所摧，还住阴平。钟会攻汉、乐二城，遣别将进攻关口[10]，蒋舒开城出降，傅佥格斗而死。会攻乐城，不能克，闻关口已下，长驱而前，翼、厥甫至汉寿，维、化亦舍阴平而退，适与翼、厥合，皆退保剑阁以拒会。会与维书曰："公侯以文武之德[11]，怀迈世之略[12]，功济巴、汉[13]，声畅华夏[14]，远近莫不归名[15]。每惟畴昔[16]，尝同大化[17]，吴札、郑乔[18]，能喻斯好。"维不答书，列营守险。会不能克，粮运县远，将议还归。

[1] 汉：汉城，诸葛亮所筑，汉城即沔阳，故城址在今陕西省勉县东南。有人疑"汉"是衍文。有人认为汉即汉中。侯和：军镇名，在今甘肃省临潭县西南。 [2] 羁旅托国：客居在外，托身于国。这里指姜维常年在外，为国驱驰。 [3] 协比：勾结在一起，意同朋比。 [4] 不复还成都：不再回到成都。裴注引《华阳国志》说：姜维嫌恶憎恨黄皓恣肆专擅，启奏后主要杀他。后主说："黄皓不过是跑腿的小臣，以往董允对他切齿痛恨，我常怨他太过分，您也不必把黄皓这人放在心上。"姜维看出黄皓已是盘根错节，枝附叶连，连后主都这样替他说话，自觉失言，心中害怕，又说了几句逊谢的话，连忙告退出来。随后，后主命黄皓到姜维处谢罪。姜维告诉黄皓，自

己要求到沓中种麦，实际是要避开内部的压力。［5］徵信：考核证信，意为笃信、相信。［6］终不自致：始终不会来侵犯自己。［7］寝其事：搁置这件事。即留中不发。［8］右车骑：即右车骑将军。与下文“左车骑”，即左车骑将军。［9］辅国大将军：官名，蜀汉所置，职位次于诸公。［10］关口：即阳安关口。［11］公侯：钟会对姜维的尊称。当时姜维在蜀汉，位同公侯。［12］迈世：超过世人。［13］功济巴、汉：功业成于巴、汉。济，成功。［14］声畅华夏：名声播扬于中原。畅：传播。华复：这里指中原。［15］莫不归名：无人不推崇称赞。归，这里指推崇。名，称说，称赞。［16］畴昔：往昔，从前。［17］大化：指曹魏王朝的教化。因姜维与钟会曾同任曹魏的官职，所以称尝同大化。［18］吴札、郑乔：指春秋时的季札和子产。吴国的季札受聘于郑国，见到子产，一见如故，互送礼物，日见亲善。郑国子产名侨，所以称郑侨。

景耀五年（262年），姜维率军出汉城，进军侯和镇，被邓艾所败，退驻沓中。姜维本来长期在外为国驱驰，历年征战，没有建功立业，可是宦官黄皓等人在内弄权，右大将军阎宇与黄皓勾结在一起，而且黄皓想暗中罢黜姜维，另立阎宇。姜维也怀疑黄皓捣鬼，所以他怀有恐惧之感，便不再回到成都。景耀六年（263年），姜维上表后主，说：“传闻钟会在关中整顿军队，准备图谋进取，应当同时派遣张翼、廖化督领各军分别守护阳安关口、阴平桥头，从而防患于未然。”黄皓笃信鬼巫，认为敌人始终不会来侵犯自己的，启奏后主搁置姜维奏表，因而群臣不晓得这件事。等到钟会率军将要进攻骆谷，邓艾将要进入沓中，然后才派右车骑将军廖化往沓中作姜维的后援，派左车骑将军张翼、辅国大将军董厥等人往阳安关口作为各据点的外助。等他们到达阴平时，听到曹魏将领诸葛绪向建威进军，因此驻扎下来等待。过了一个多月，姜维被邓艾摧毁，退回阴平驻扎。钟会围攻汉、乐二城，派遣别的将领进攻阳安关口，蒋舒开城出降，傅佥格斗而死。钟会攻打乐城，不能攻克，听到阳安关口已攻下，便率军长驱直入。这时，张翼、董厥刚赶到汉寿，姜维、廖化也放弃阴平而退，恰好与张翼、董厥会合，全部退保剑阁来抵御钟会。钟会移兵向剑阁时，给姜维写信说："您以文武双全的德能，怀有超世的谋略，功业成于巴、蜀，名声播扬到中原，远近无人不推崇称赞。每思往昔，您我曾为同僚，吴季札、郑子产一见如故的典故，能比喻这种友好之情。"姜维看后，并不复信，照常安营扎寨，据险固守。钟会进攻剑阁，不能攻克，而粮运遥远，准备商议还师。

而邓艾自阴平由景谷道傍入[1]，遂破诸葛瞻于绵竹。后主请降于艾，艾前据成都。维等初闻瞻破，或闻后主欲固守成都，或闻欲东入吴，或闻欲南入建宁[2]，于是引军由广汉、郪道以审虚实。寻被后主敕令，乃投戈放甲，诣会于涪军前，将士咸怒，拔刀砍石[3]。

［1］景谷道：山路名。在今甘肃省文县南。［2］建宁：郡名，治所在今云南省宁县东。［3］将士咸怒句：裴注引干宝的《晋纪》载：钟会对姜维说："伯约来此何迟？"姜维脸色庄严，流着泪回答说："今日主降众散，我奉敕来此相见，是来得太快了！"钟会看到姜维这态度，感到很惊奇。

可是，邓艾从阴平由景谷道旁边辟山开路进入，于是在绵竹大破诸葛瞻。后主向邓艾请降，邓艾进兵占据成都。姜维等人刚听到诸葛瞻战死的消息时，有的传说后主准备固守成都，有的传说要东走入吴，有的传说想南奔建宁郡，因此姜维率军经由广汉郡、郪县的路上来查明真假虚实。不久，姜维接到后主的敕令，便让兵众投戈放甲，自己到涪县钟会的军前投降，蜀汉将士都很震怒，激愤之中，拔刀砍石。

会厚待维等，皆权还其印号节盖[1]，会与维出则同轝[2]，坐则同席，谓长史杜预曰：“以伯约比中土名士[3]，公休、太初不能胜也[4]。”会既构邓艾，艾槛车徵，因将维等诣成都，自称益州牧以叛[5]，欲授维兵五万人，使为前驱。魏将士愤怒，杀会及维，维妻子皆伏诛。

[1] 权：暂时。印号：印章。因印刻官职，故称印号。节：符节。盖：车盖，指车驾。 [2] 轝（yú）：车。 [3] 中土：中原。 [4] 公休：诸葛诞字公休。太初：夏侯玄字太初。二人均为当世名士。《三国志》有传。 [5] 自称益州牧以叛：裴注引《华阳国志》《晋阳秋》，都说姜维想乘钟会谋反之际恢复蜀汉，因此与钟会假意联合，一起策划。

钟会厚待姜维等降将，都暂时发还他们的官印、符节、车驾。钟会与姜维更是出则同车，坐则同席，钟会对长史杜预说：“以伯约与中原名士相比，诸葛诞、夏侯玄也比不上他。”钟会在陷害邓艾后，邓艾被关进囚车召回京都，便率领姜维等人往成都进发，后自称益州牧叛反。钟会想给姜维五万人马，让他为先锋。曹魏的将士愤怒，杀了钟会和姜维，姜维的妻子儿女都被杀害。

吴主传

吴主传

《吴主传》是孙权的传记，吴主即吴国之主。

孙权（182—252 年）字仲谋，吴郡富春（今浙江富阳）人。他的父亲孙坚在镇压黄巾起义的过程中逐步形成了自己的军事力量，后来又追随袁术讨伐董卓，最后在进击荆州刘表时被刘表部将黄祖射死。他的哥哥孙策率领父亲余部依附袁术。兴平二年（195 年）孙策率军渡江，削平当地割据势力，拥有吴、会稽、丹阳、豫章、庐陵五郡，创建了江东孙氏政权。建安五年（200 年）孙策遇刺身亡。孙权继承了父兄的事业，在张昭、周瑜、鲁肃、吕蒙等人的辅佐下，经营江东，终于建立吴国，与魏、蜀鼎足而峙，三分天下。

孙权的东吴政权拥有三峡以东、长江以南的广大地区，取得这些土地的过程大致是：剿灭黄祖，取得江夏郡；经过赤壁之战，取得荆州江陵以南地区，接着南向取得五岭以南地区；再通过与曹操争夺淮南，阻止了曹操南下渡江，使东南局势得以稳定；然后偷袭荆州，使三峡以东，尽归东吴。

作为一个政治家，孙权审时度势，对魏、蜀分别在不同的时期采取了不同的策略。对曹魏，孙权在军事上极力抵御，不允许他们越过长江，但在政治上却俯首称臣、献纳贡品。对蜀汉，孙权既与之争夺荆州，又先后两次联合他们共抗曹魏。直到曹丕为了控制东吴，要孙权送儿子孙登到魏国去作人质时，孙权才最终断绝了与曹魏的关系，确立了与蜀汉的联盟。

东吴政权的建立，有利于东南地区的开发，南方经济的发展并逐步成为全国经济的重心，东吴政权实在是开了先端。孙权重视农业，实行屯田，兴修水利，并发展造船业，扩大了海上交通。值得一提的是孙权派卫温、诸葛直航海，加强了大陆与台湾（当时称夷洲）的联系。

孙权是个封建君主，在他建立功业之前，能任用贤才，优礼士人，表现出一种恢宏大度的气概。但当天下三分的大局已定，就易猜疑，多杀戮，使朝廷谗言充斥，败行滋长，统治集团内部矛盾尖锐。这时，对广大人民更是赋役繁重，刑罚严酷，所以人民反抗不断。

本文节选了《吴主传》中孙权继业、赤壁之战、划江拒曹、偷袭荆州、屈身事魏、拒魏称帝、吴蜀联盟等内容，大致上反映了孙权一生的主要事迹。

孙权字仲谋。兄策既定诸郡[1]，时权年十五，以为阳羡长[2]。郡察孝廉[3]，州举茂才[4]，行奉义校尉[5]。

[1] 兄策：孙权的兄长孙策（175—200 年），字伯符，于兴平二年（195 年）率领父亲孙坚旧部渡过长江，削平当地割据势力，据有江东诸郡，是东吴孙氏政权的开创者。曹操以汉献帝的名义任命其为讨逆将军，封吴侯。[2] 阳羡长：阳羡县县令。阳羡，在今江苏宜兴南。长，人口不满万户的县，其县令称长。［3］郡察孝廉：吴郡太守朱治推荐孙权为孝廉。［4］州举茂才：扬州刺史严象推举孙权为茂才。［5］行奉义校尉：代行奉义校尉的职务。校尉是略低于将军的军官，奉义县校尉的名号。

孙权的字叫仲谋。他的兄长孙策平定江东诸郡时，他才十五岁，就被任命为阳羡县县令。吴郡太守推荐他为孝廉，扬州刺史选举他为茂才，代行奉义校尉的职务。

（建安）五年，策薨，以事授权，权哭未及息。策长史张昭谓权曰[1]：

“孝廉，此宁哭时邪？且周公立法而伯禽不师[2]，非欲违父，时不得行也。况今奸宄竞逐[3]，豺狼满道，乃欲哀亲戚[4]，顾礼制，是犹开门而揖盗，未可以为仁也。”乃改易权服，扶令上马，使出巡军。是时唯有会稽、吴郡、丹杨、豫章、庐陵[5]，然深险之地犹未尽从，而天下英豪布在州郡，宾旅寄寓之士以安危去就为意[6]，未有君臣之固。张昭、周瑜等谓权可与共成大业，故委心而服事焉[7]。曹公表权为讨虏将军[8]，领会稽太守，屯吴，使丞之郡行文书事。待张昭以师傅之礼，而周瑜、程普、吕范等为将率[9]。招延俊秀，聘求名士，鲁肃、诸葛瑾等始为宾客[10]。分部诸将，镇抚山越[11]，讨不从命。

[1] 长史：将军的属官，负责管理幕府。[2] 周公立法而伯禽不师：周公制定的礼法制度，他的儿子、受封于鲁国的伯禽却没有遵守。按裴松之的解释，伯禽在服丧期间，徐戎（周代居住在今徐州一带的少数民族）作乱，伯禽就停止服丧而率兵讨伐，平定了徐戎。[3] 奸宄（guǐ）：犯法作乱的人。竞逐：争逐。[4] 亲戚：父子兄弟也可称为亲戚。这里指兄长，即孙权之兄孙策。[5] 会稽：郡名，治所在今浙江省绍兴市。吴郡：治所在今江苏省苏州市。丹阳：郡名，治所在今安徽省宣城市。豫章：郡名，治所在今江西省南昌市。庐陵：郡名，孙策平定江东后从豫章郡中分出其西北部设置，治所在今江西省吉安市西南。[6] 宾旅寄寓之士：指投奔和借住在江东的中原人士。以安危去就为意：以江东政权的安危来考虑留下还是离去。[7] 委心：倾心。委，托付。[8] 讨虏将军：杂号（非正式名号）将军之一，负责征伐。[9] 将率：同“将帅”。[10] 宾客：这里指属下的官员。[11] 山越：汉时散居于今江浙皖赣山区的越族人。

建安五年（200年），孙策去世，把政事交给孙权，孙权哭泣还没有停息。孙策的长史张昭对孙权说:“孝廉,现在难道是痛哭的时候吗?而且周公制定礼法而他儿子伯禽却没有遵守,这不是伯禽要违背父亲,而是当时不能实行。况且如今犯法作乱的奸人相互争逐,凶如豺狼的强人布满道路,您还要哀伤兄长,顾全礼法制度,这好比是开门迎接强盗,不可以认为是仁义。”于是就让孙权换去丧服,扶着他上马,让他出去巡视军队。这时孙氏只占有会稽、吴郡、丹阳、豫章、庐陵,而深入险要的地方还没有服从,天下英雄豪杰分布在各州郡,投奔流寓在江东的人士正在观望安危而决定去留,还没有结成稳固的君臣关系。张昭、周瑜等认为可以辅助孙权共同成就大业,所以全心服从侍奉于他。曹操上奏汉献帝封孙权为讨虏将军,任会稽太守,驻屯在吴郡,派丞到吴郡管理文书等事。孙权用待师长的礼节来对待张昭,周瑜、程普、吕范等都做了将帅。招揽才学优秀的人才,聘请著名的士人,鲁肃、诸葛瑾等开始成为孙权属下的官员。孙权又分别部署诸将的军队,平定山越,讨伐不服从命令者。

(建安十三年)荆州牧刘表死,鲁肃乞奉命吊表二子,且以观变。肃未到,而曹公已临其境,表子琮举众以降。刘备欲南济江,肃与相见,因传权旨,为陈成败。备进住夏口,使诸葛亮诣权,权遣周瑜、程普等行。是时曹公新得表众,形势甚盛。诸议者皆望风畏惧,多劝权迎之[1]。唯瑜、肃执拒之议,意与权同。瑜、普为左右督[2],各领万人,与备俱进,遇于赤壁,大破曹公军。公烧其余船引退,士卒饥疫,死者大半。备、瑜等复追至南郡,曹公遂北还,留曹仁、徐晃于江陵,使乐进守襄阳。

[1] 多劝权迎之:裴松之注:《江表传》记载,曹操给孙权的信说:“近来我奉朝廷的命令,讨伐叛逆的人,大军向南,刘琮投降。现在我统率水军

八十万人，正待与将军在东吴会战。”孙权得到书信后给群臣看，没有人不震惊恐惧。［2］左右督：左右都督。都督是领兵的统帅。

建安十三年（208年），荆州牧刘表死去，鲁肃请求奉孙权的命令向刘表的两个儿子吊唁，将以吊唁的名义观察其变化。鲁肃还没有到达，而曹操已到达荆州境内，刘表的儿子刘琮率部下投降曹操。刘备准备渡长江向南，鲁肃与他相见，于是转达了孙权的想法，并陈说了决定成败的各种因素。刘备进驻夏口，派诸葛亮进见孙权，孙权派遣周瑜、程普等出发。这时曹操刚得到刘表的部下，势力强盛，议事的官员们都听说曹军的势力而畏惧，纷纷劝说孙权迎降曹操。只有周瑜、鲁肃坚持抵抗的主张，与孙权意见相同。孙权任命周瑜、程普为左右都督，各率领一万人，与刘备一起进军，与曹军在赤壁相遇，大破曹军。曹操烧掉战斗中尚未毁坏的船只，率军撤退，士兵们遭受饥饿疫病，死亡了一大半。刘备、周瑜等又追击至南郡，曹操于是回兵向北，留下曹仁、徐晃守江陵，派乐进守襄阳。

十六年，权徙治秣陵[1]。明年，城石头[2]，改秣陵为建业。闻曹公将来侵，作濡须坞[3]。

十八年正月，曹公攻濡须，权与相拒月余。曹公望权军，叹其齐肃[4]，乃退。初，曹公恐江滨郡县为权所略，征令内移。民转相惊，自庐江、九江、蕲春、广陵户十余万皆东渡江[5]，江西遂虚，合肥以南唯有皖城。

［1］权徙治秣陵：孙权把治所自京（今江苏省镇江市）迁到秣陵（今江苏省南京市），后改名建业，成为孙吴政权的首都。［2］城石头：修筑石头城。石头城故址在今南京市清凉山。［3］濡（rú）须坞：修建在濡须口

的堡坞，夹濡须水而筑。［4］叹其齐肃：据裴松之注：曹操见孙权军容整齐严肃，喟然叹息说："生子当如孙仲谋，刘景升（刘表）儿子若豚犬耳！"［5］九江：郡名，治所在今安徽省定远县西北。蕲春：郡名，孙权分江夏郡南境而置，治所在今湖北省蕲春县。广陵：郡名，当时治所在今江苏省清江市西南。东渡江：指渡过长江。长江中下游由西南向东北流，故东渡江为向东南渡过长江。下文"江西遂虚"之江西，指长江西北岸地区。

建安十六年（211年），孙权把治所迁徙到秣陵。第二年，修筑石头城，把秣陵改名为建业。听说曹操将要前来侵犯，建造了濡须坞。

建安十八年（213年）正月，曹操攻打濡须，孙权与他互相抗拒对峙了一个多月。曹操望见孙权的军队，感叹它整齐严肃，便撤退了。当初，曹操怕长江沿岸的郡县被孙权攻略，下令百姓向内地迁移。百姓们转辗传言相互惊吓，从庐江郡、九江郡、蕲春郡至广陵郡，十余万户都向南渡过长江，江北地区就民户空虚，合肥以南的地方只剩下皖城还比较充实。

（十九年）是岁刘备定蜀。权以备已得益州，令诸葛瑾从求荆州诸郡。备不许，曰："吾方图凉州，凉州定，乃尽以荆州与吴耳。"权曰："此假而不反[1]，而欲以虚辞引岁[2]。"遂置南三郡长史[3]，关羽尽逐之。权大怒，乃遣吕蒙督鲜于丹、徐忠、孙规等兵二万取长沙、零陵、桂阳三郡，使鲁肃以万人屯巴丘以御关羽[4]。权住陆口[5]，为诸军节度。蒙到，二郡皆服，唯零陵太守郝普未下。会备到公安，使关羽将三万兵至益阳，权乃召蒙等使还助肃。蒙使人诱普，普降，尽得三郡将守。因引军还，与孙皎、潘璋并鲁肃兵并进，拒羽于益阳。未战，会曹公入汉中，备惧失益州，使使求和。权令诸葛瑾报，更寻盟好[6]，遂分荆州，长沙、江夏、桂阳以东属权，南郡、零陵、武陵以西属备。备归，而曹公已还。

［1］假：借。反：返，归还。［2］以虚辞引岁：用虚假的言辞来拖延时间。引，拉长、拖延。岁，岁月、时间。［3］南三郡：指下文长沙、零陵、桂阳三郡。［4］巴丘：山名，在今湖南省岳阳县境内。［5］陆口：在今湖北省蒲圻县西北陆溪口。［6］更：再、又。寻：重新加温，引申为重修旧好。

（建安十九年）这年刘备平定蜀地。孙权认为刘备已取得益州，命令诸葛瑾去索要荆州各郡。刘备不肯，说："我正在谋取凉州，凉州平定后，就将荆州全部给东吴。"孙权听说后道："这是借了不还，还要用虚假的言辞来拖延时间。"就设置了南三郡的长史，关羽把他们全都赶走。孙权大怒，就派遣吕蒙率领鲜于丹、徐忠、孙规等带兵三万攻打长沙、零陵、桂阳三郡，派鲁肃率领一万士兵屯驻在巴丘山来抵御关羽。孙权自己驻在陆口，指挥调度各路军队。吕蒙到达，长沙、桂阳两郡都平服，只有零陵太守郝普没有攻下。刚好刘备到达公安，派关羽率三万兵到益阳，孙权就召回吕蒙等兵马去援助鲁肃。吕蒙派人诱降郝普，郝普投降，吕蒙得到三郡的全部守卫将士，就率军返回，和孙皎、潘璋与鲁肃的军队会合，齐头并进，在益阳抵抗关羽。战斗尚未开始，恰好曹操进攻汉中，刘备害怕失去益州，派使者求和。孙权命诸葛瑾回使刘备，又重新结盟友好，于是双方平分荆州，长沙郡、江夏郡、桂阳郡以东属于孙权，南郡、零陵郡、武陵郡以西属于刘备。刘备归去，曹操却已经回兵了。

二十一年冬，曹公次于居巢[1]，遂攻濡须。

二十二年春，权令都尉徐详诣曹公请降，公报使修好，誓重结婚[2]。

二十三年十月，权将如吴，亲乘马射虎于庱亭[3]。马为虎所伤，权投以双戟，虎却废[4]，常从张世击以戈[5]，获之。

二十四年，关羽围曹仁于襄阳，曹公遣左将军于禁救之[6]。会汉水暴起，羽以舟兵尽虏禁等步骑三万送江陵，唯城未拔。权内惮羽，外欲以为己功，笺与曹公[7]，乞以讨羽自效。曹公且欲使羽与权相持以斗之，驿传权书，使曹仁以弩射示羽。羽犹豫不能去。闰月，权征羽，先遣吕蒙袭公安，获将军士仁。蒙到南郡，南郡太守麋芳以城降。蒙据江陵，抚其老弱，释于禁之囚。陆逊别取宜都，获秭归、枝江、夷道，还屯夷陵，守峡口以备蜀[8]。关羽还当阳，西保麦城。权使诱之。羽伪降，立幡旗为象人于城上[9]，因遁走，兵皆解散，尚十余骑。权先使朱然、潘璋断其径路。十二月，璋司马马忠获羽及其子平、都督赵累等于章乡[10]，遂定荆州。是岁大疫，尽除荆州民租税。曹公表权为骠骑将军[11]，假节领荆州牧，封南昌侯。权遣校尉梁寓奉贡于汉[12]，及令王惇市马，又遣朱光等归[13]。

[1] 居巢：县名，故址在今安徽省巢县东北。 [2] 誓重结婚：曹操曾以侄女许配孙匡（孙权之弟），而曹操子曹彰又娶孙贲（孙权堂弟）之女。这次又准备与孙氏通婚。 [3] 庱（chěng）亭：故址在今江苏省丹阳市东。 [4] 却：后退。废：指受伤。 [5] 常从：官名，即贴身侍卫。 [6] 左将军：仅次于最高军事统率的高级将领，主持征伐之事，有前、后、左、右之分。 [7] 笺：信笔，此指写信。 [8] 峡口：指西陵峡口，在今湖北省宜昌市西。 [9] 幡旗：幡是长方形而下垂的旗。象人：假人。 [10] 章乡：故址在今湖北省当阳市东北。 [11] 骠骑将军：将军名号，位次大将军，职掌征伐反叛之事。 [12] 奉贡：进献贡物。 [13] 遣朱光等归：建安十九年闰五月，孙权攻克皖城，俘虏了庐江太守朱光及参军董和等，这

时把朱光等送回到曹操那里去。

建安二十一年（216年）冬，曹操驻军于居巢，进攻濡须坞。

建安二十二年（217年）春，孙权命令都尉徐详到曹操那里去请求降服，曹操回派了使者共订盟好，答应再一次与孙氏通婚。

建安二十三年（218年）十月，孙权将要去吴郡，亲自在庱亭骑马射击老虎。他的马被老虎伤害，孙权用双戟投掷，老虎受伤后退，常从张世用戈打击，捕获了老虎。

建安二十四年（219年），关羽将曹仁围困在襄阳，曹操派左将军于禁前去救援他。刚好遇到汉水洪水暴涨，关羽用水军将于禁等三万步、骑兵全部俘虏，送往江陵，只是襄阳城未被攻下。孙权内心担忧关羽，又想向外炫耀自己的功绩，就写信给曹操，要求让自己效劳去讨伐关羽。曹操也想让关羽与孙权相互争斗，就把孙权的信从驿站传递给曹仁，让曹仁用弩射给关羽看。关羽犹豫不决没有撤兵离去。闰十月，孙权出兵征讨关羽，先派吕蒙袭击公安，俘获了将军士仁。吕蒙兵临南郡，南郡太守麋芳开城投降。吕蒙占据了江陵，慰抚城中老弱百姓，释放了被囚的于禁。陆逊率领的另一支军队攻取宜都郡，取得了秭归、枝江、夷道，回兵屯驻夷陵，守卫西陵峡口来防备蜀兵增援。关羽还军当阳，向西保守麦城。孙权派人诱降。关羽伪装投降，在城上树立旗幡设置假人，自己乘机逃跑，士兵都瓦解离散，只剩下十几名骑兵。孙权预先派将军朱然、潘璋截断了关羽败退的小路。十二月，潘璋的司马马忠在章乡俘获了关羽和他儿子关平、都督赵累等，于是平定了荆州。这一年疫病大流行，免除荆州百姓全部租税。曹操上疏汉献帝任命孙权为骠骑将军，授予符节兼领荆州刺史，封南昌侯。孙权派校尉梁寓向汉朝廷进献贡物，并命王惇购买马匹，又把被俘的庐江太守朱光送回到曹操那里去。

二十五年春正月，曹公薨，太子丕代为丞相魏王，改年为延康……冬，魏嗣王称尊号[1]，改元为黄初。二年四月，刘备称帝于蜀。权自公安都鄂[2]，改名武昌，以武昌、下雉、寻阳、阳新、柴桑、沙羡六县为武昌郡[3]……八月，城武昌……自魏文帝践阼[4]，权使命称藩，及遣于禁等还。十一月，策命权曰："……今封君为吴王，使使持节太常高平侯贞[5]，授君玺绶策书、金虎符第一至第五、左竹使符第一至第十[6]，以大将军使持节督交州，领荆州牧事，锡君青土，苴以白茅[7]，对扬朕命[8]，以尹东夏[9]。其上故骠骑将军南昌侯印绶符策[10]。今又加君九锡[11]，其敬听后命[12]……"是岁，刘备师军来伐，至巫山[13]、秭归，使使诱导武陵蛮夷，假与印传[14]，许之封赏。于是诸县及五溪民皆反为蜀[15]。权以陆逊为督，督朱然、潘璋等以拒之。遣都尉赵咨使魏。魏帝问曰："吴王何等主也？"咨对曰："聪明仁智，雄略之主也。"帝问其状，咨曰："纳鲁肃于凡品[16]，是其聪也[17]；拔吕蒙于行陈[18]，是其明也；获于禁而不害，是其仁也；取荆州而兵不血刃，是其智也；据三州虎视于天下[19]，是其雄也；屈身于陛下，是其略也[20]"……

[1] 魏嗣王：指曹丕。 [2] 鄂：县名，故址在今湖北省鄂州市。 [3] 下雉县：故址在今湖北省阳新县东南。寻阳县：故址在今湖北省黄梅县北。阳新县：故址在今湖北省阳新县西南。柴桑县：故址在今江西省九江市西南。沙羡县：故址在今湖北省武昌西。 [4] 践阼：登上庙堂的阼阶，即登帝位。 [5] 高平侯贞：即邢贞。 [6] 玺绶策书：帝王的印称玺，玺上的丝带称绶，这里玺绞指赐给吴王的印。策书是皇帝封爵、授勋和升黜官员的文书。金虎符第一至第五：序号一至五的五个铜虎符。虎符是古代发兵所用的符信，因

虎形得名。金，古代称铜为金。左竹使符：汉代分与郡国守相的信符，右留京师，左与郡国。竹使符以竹制成，箭形，长五寸，上刻有篆书。汉代一般给郡国守相五枚，三国以来为对封王者进行褒奖和表示其地位显要，颁至十枚。［7］锡君青土两句：古人分别以青、赤、白、黑、黄五种颜色的土来代表东、南、西、北、四方和中央。天子分封诸侯时把某种颜色的土用茅草包好，授给受封的人，作为分得疆土的象征。孙权据有江东，所以赐以青土。苴（jū），包裹。［8］对扬：先秦时贵族习用的语词和礼仪动作，表示接受王的策命并表敬意。［9］尹：治理。东夏：中国的东方。［10］其：语气助词。上：这里是上缴、缴回的意思。［11］九锡：古代天子赐给诸侯大臣表示特殊荣宠的九种器物：一车马，二衣服，三乐器，四朱户，五纳陛，六虎贲，七铁钺，八弓矢，九秬鬯。封建社会等级森严，这九种器物的颜色、形制、数量、大小均有严格的规定，不是皇帝赐予，任何人不能擅自使用，否则被认为是大逆不道。［12］其敬听后命：下文是关于赐给九种器物的名称及用意，文长不录。［13］巫山：指巫县，今四川省巫山县北。［14］假：给予。传：符信。［15］五溪：指雄溪、樠溪、辰溪、酉溪、无溪，都是沅水（今称沅江，在湖南省西部）的支流。古称散居于这一带的少数民族为“五溪蛮”。为：归属。［16］纳：接受，这里有选拔的意思。凡品：平凡的人们。品，品藻，指当时的评品。［17］聪：听觉灵敏，引申为灵敏，这里有英明的意思。［18］拔：选拔。行陈：指士兵们。［19］三州：指荆州、扬州、交州。［20］略：谋略、策略。

建安二十五年（220 年）春正月，曹操去世，魏王太子曹丕代替他任丞相魏王，改年号为延康……冬季，继任的魏王曹丕称帝，改年号为黄初。黄初二年（221 年）四月，刘备在蜀地称帝。孙权将都城从公安迁到鄂县，改名为武昌，以武昌、下雉、寻阳、阳新、柴桑、沙羡六个县为武昌郡……八月，建造武昌城……自从魏文帝曹丕登上皇位，孙权派遣使者自称藩王，并送还于禁等人。十一月，曹丕下策命给孙权说："……今封您为吴王，派使持节太常高平侯邢贞，授给您印玺策书、第一至第五五颗金虎符、第一至第十十枚左竹使符，用大将军使持节的身份总督交州，并领荆州牧的职事，赐予您东方青土，用白茅草包裹，服从称扬我的策命，治理中国的东方。缴回过去封赠的骠骑将军南昌侯印绶符策。现在再加给您九锡，您恭敬地听好后面的命令……"这一年，刘备率军前来攻伐，到了巫县、秭归县，派使者引诱武陵郡的蛮夷，给予官印符信，向他们许诺封赏。因此，各县百姓及五溪蛮都反叛东吴而归属蜀国。孙权命陆逊为都督，统率朱然、潘璋等抵御。派遣都尉赵咨出使魏国。魏文帝问道："吴王是个什么样的主子？"赵咨回答说："是个英聪、高明、仁义、智慧，雄才大略的主子。"魏文帝问具体情况，赵咨说："从普通人中选纳鲁肃，这是他的英明；从士卒中间提拔吕蒙，这是他的高明；俘获了于禁但不伤害，这是他的仁义；夺取荆州却兵不血刃，这是他的智慧；据有荆、扬、交州而对天下虎视眈眈，这是他的雄武；向陛下您称藩臣，这是他的策略"……

黄武元年春正月，陆逊部将军宋谦等攻蜀五屯[1]，皆破之，斩其将。三月，鄱阳言黄龙见[2]。蜀军分据险地，前后五十余营，逊随轻重以兵应拒[3]，自正月至闰月[4]，大破之，临陈所斩及投兵降首数万人[5]。刘备奔走，仅以身免。

[1] 屯：驻防。这里指驻兵之处。 [2] 鄱阳：郡名，孙权分豫章郡置，治所在今江西省鄱阳县。 [3] 轻重：指兵力强弱。 [4] 闰月：黄武元年壬寅（222年），闰六月。 [5] 投兵降首：放下兵器，低下头，指投降。

黄武元年（222年）春正月，陆逊的部将宋谦等攻打蜀军五个屯兵之处，全都攻破，斩杀了统兵的将领。三月，鄱阳郡报告出现黄色的龙。蜀军分别占据险要的地方，前后共有五十多座营垒，陆逊根据对方兵力强弱，派兵对抗。从正月至闰六月，大破蜀军，战场上斩杀的和放下兵器投降的有好几万人。刘备逃跑，只能保住自身。

初，权外托事魏，而诚心不款[1]。魏欲遣侍中辛毗、尚书桓阶往与盟誓，并征任子[2]，权辞让不受。秋九月，魏乃命曹休、张辽、臧霸出洞口[3]，曹仁出濡须，曹真、夏侯尚、张郃、徐晃围南郡。权遣吕范等督五军，以舟军拒休等，诸葛瑾、潘璋、杨粲救南郡，朱桓以濡须督拒仁[4]。时扬、越蛮夷多未平集，内难未弭[5]，故权卑辞上书，求自改厉[6]，“若罪在难除，必不见置[7]，当奉还土地民人，乞寄命交州，以终余年。”文帝报曰：“君生于扰攘之际[8]，本有从横之志[9]，降身奉国[10]，以享兹祚[11]。自君策名已来，贡献盈路[12]。讨备之功，国朝仰成[13]。埋而掘之[14]，古人之所耻。朕之与君，大义已定，岂乐劳师远临江汉？廊庙之议[15]，王者所不得专；三公上君过失，皆有本末[16]。朕以不明，虽有曾母投杼之疑[17]，犹冀言者不信，以为国福。故先遣使者犒劳，又遣尚书、侍中践修前言，以定任子。君遂设辞[18]，不欲使进，议者怪之。又前都尉浩周劝君遣子，乃实朝臣交谋[19]，以此卜君，君果有辞，外引隗嚣遣子不终[20]，内喻窦融守忠而已[21]。世殊时异，人各有心。浩周之还，口陈指麾[22]，益令议者发明众嫌[23]，终始之本，无所据仗，故遂俛仰从君臣议[24]。今省上事[25]，款诚深至，心用慨然，凄怆动容。即日下诏，敕诸军但深沟高垒，不得妄进。若君必效忠节，以解疑议，登身朝到[26]，夕召兵还。此言之诚[27]，有如大江！”权遂改年，临江拒守。冬十一月，大风，范等兵溺死者数千，余军还江南。曹休使臧霸以轻船五百、敢死万人袭攻徐陵[28]，烧攻城车[29]，杀略数千人。将军全琮、徐盛追斩魏将尹卢，杀获数百。十二月，权使太中大夫郑泉聘刘备于白帝[30]，始复通也。然犹与魏文帝相往来，至后年乃绝。是岁改夷陵为西陵。

[1]诚心不款：内心并不诚心诚意。诚，真。款，诚、恳切。 [2]征任子：征聘孙权的儿子孙登为任子。汉代二千石以上大官任满一定年限，可保举子弟一人为郎官，称任子。这里曹丕表面上要征聘孙权之子为官，实际上是以孙权之子为人质。 [3]洞口：在今安徽省和县西南临长江处。 [4]濡须督：濡须坞的军事长官。 [5]内难未弭：内乱尚未消除。弭，停止、消除。 [6]改厉：改正过错。厉，过失、过错。 [7]必不见置：一定不被赦免。置，赦罪。 [8]扰攘之际：动乱时期。扰攘，混乱、动乱。 [9]从横之志：纵横天下的志向，即平定天下，开创帝王之业。从，通“纵”。 [10]降身奉国：指向魏国称臣。降身，屈身。奉国，侍奉魏国。 [11]兹祚：这个福泽。兹，此。祚，福。 [12]贡献盈路：指不断向魏帝进献贡物。 [13]仰成：仰仗功劳。成，成就、功劳。 [14]埋而掘之：源出《国语·吴语》：“狐埋之而狐搰（hú 挖的意思）之，是以无成功。”比喻人疑虑太多，不能成事。 [15]廊庙：指朝廷。 [16]本末：事实的始末详情。 [17]曾母投杼（zhù）：曾参的母亲在织布，连续听到三个人跑来说“曾参杀人”，于是信以为真，扔下杼（织布的梭子）跑掉了。其实杀人的是一个与曾参同姓名的人。比喻谣言多就会动摇人们的信任。 [18]设辞：设想好言辞来推托。 [19]朝臣交谋：朝廷中大臣共同谋划。交，交相、共同。 [20]隗嚣遣子不终：隗嚣是王莽末年割据陇西的地方势力，光武帝

刘秀进行统一战争时，隗嚣表面上臣服，并派长子隗恂为人质，但后来终不肯降。刘秀杀隗恂，并进兵灭隗嚣。［21］窦融守忠：窦融也是王莽末年的割据势力，占据河西。他服从光武帝刘秀，后来入洛阳，任大司空，封安丰侯。［22］口陈指麾：口说连带比画。指麾，用手比画。［23］发明众嫌：证明了各种怀疑。嫌，嫌疑。［24］俛仰：勉强的意思。俛同“俯”。［25］省：省阅，阅读。上事：上书。［26］登：孙登，孙权长子。［27］此言之诚两句：意谓对着大江发誓，我这话是诚心诚意的！［28］徐陵：亭名，在今安徽省当涂县西南东梁山之北。［29］攻城：车古代攻城器具，形如车，有轮，车身可作掩蔽体，尖头，并配有翻梯等登城器械。［30］太中大夫：掌朝廷议论的官员。聘：派遣使者访问以加强友好关系。

当初，孙权表面上臣服魏国，但内心不是真心归降。魏国就派遣侍中辛毗、尚书桓阶前往宣誓结盟，并征聘孙权的儿子为郎官，孙权推辞不肯接受。秋九月，魏国就命令曹休、张辽、臧霸出兵洞口，曹仁出兵濡须，曹真、夏侯尚、张郃、徐晃包围南郡。孙权派吕范等统帅五营军队，用水军抵抗曹休等，诸葛瑾、潘璋、杨粲率军解救南郡，朱桓任濡须督抗拒曹仁。当时扬州、越地的蛮夷大多尚未平定，内部动乱尚未消除，所以孙权以恭敬的言辞上书魏帝，请求让自己改正过错，“如果我的罪过难以消除，一定不被赦免，我将送还土地百姓，请求让我到交州去居住，以渡过余生。”魏文帝回答说：“您生在动乱时期，本来有纵横天下的志向，屈身侍奉我魏国，享受这福泽。自从您受策命以来，进献贡物不断，讨伐刘备的功劳，朝廷仰仗您的成就。疑虑太多，古人认为这是耻辱。我与您君臣的名分已定，怎么会乐意使军队劳苦，远征江汉？朝廷的议论，做皇帝的不能专制；三公上奏您的过失，都有事实详情。我尽管不英明，所以虽然像曾母投杼那样动摇了对您的信任，但还是希望议论的事不是事实，并把这作为国家的福佑。所以，先派遣使者前来慰劳犒赏，又派遣尚书、侍中来实施以前的约定，聘定任子。您又设想好言辞来推托，不想让儿子应聘，议论的朝臣责怪此事。再有以前都尉浩周劝您派遣儿子来朝廷，这实在是朝廷大臣共同谋划的，用此事来检验您的态度，您果然又有说辞，表面上引用了隗嚣派遣质子、最后不肯投降的例子，实际上只有将自己比喻为窦融信守忠节。世道各别时间不同，人心也各不一样。浩周回来后，边说边用手比画，更加使议论者证明了各种怀疑，你前前后后所做的事情，并无臣服的依据，所以我勉强听从了这些议论。现在阅读您的上书，真诚深切，使我内心感慨，悲伤激动。当天就下诏书，命令各路军队只是深挖壕沟高筑营垒，不许擅自进攻。如果您决心效忠朝廷，来解除对您怀疑的议论，孙登早晨到朝廷，我晚上就召回军队。我这话诚心诚意，可以对着大江起誓！”孙权就改年号，亲临长江前线抵抗守卫。冬十一月，有大风，吕范等的军队淹死者有几千人，剩下的士兵都回到长江南岸。曹休派臧霸率领轻舟五百艘、敢死队一万人袭击徐陵亭，烧毁攻城车，杀死俘虏了几千人。将军全琮、徐盛追击斩杀魏将尹卢，杀死俘虏了几百人。十二月，孙权派太中大夫郑泉为聘使，到白帝城去与刘备通好，与蜀国又开始了友好往来。但还是与魏文帝相互往来，一直到后年才断绝关系。这年改夷陵郡为西陵郡。

黄龙元年春，公卿百司皆劝权正尊号[1]。夏四月，夏口、武昌并言黄龙、凤凰见。丙申[2]，南郊即皇帝位[3]，是日大赦，改年。追尊父破虏将军坚为武烈皇帝[4]，母吴氏为武烈皇后，兄讨逆将军策为长沙桓王[5]。吴王太子登为皇太子。将吏皆近爵加赏。初，兴平中[6]，吴中童谣曰：“黄金车，班兰耳，闿昌门，出天子[7]。”五月，使校尉张刚、管笃之辽东。六月，蜀遣卫尉陈震庆权践位。

权乃参分天下[8]，豫、青、徐、幽属吴，兖、冀、并、凉属蜀。其司州之土，以函谷关为界[9]，造为盟曰[10]："……自今日汉、吴既盟之后，戮力一心[11]，同讨魏贼，救危恤患[12]，分灾共庆，好恶齐之，无或携贰[13]。若有害汉，则吴伐之；若有害吴，则汉伐之。各守分土，无相侵犯。传之后叶[14]，克终若始[15]……"秋九月，权迁都建业，因故府不改馆[16]，征上大将军陆逊辅太子登[17]，掌武昌留事。

［1］正尊号：指改王的称号为皇帝。正，改正。［2］丙申：黄龙元年（229年）夏四月甲申朔（初一），丙申是十三日。［3］南郊：都邑之外称郊，南郊是南面之郊。古代皇帝冬至在南郊圆丘祭天。这里指孙权在南郊祭天，举行即皇帝位的仪式。［4］武烈皇帝：谥号。武烈是平定祸乱、安民有功的意思。因孙坚早已去世，所以是追尊。［5］长沙桓王：孙策被追封为长沙王。桓是谥号，有开辟领土、使远方降服的意思。［6］兴平：汉献帝刘协的第三个年号，共两年，194—195年。［7］黄金车四句：这是一首预言性质的童谣，预言将有人在吴地称帝。古人常将此类歌谣作为上天降福或降祸的征兆。班兰耳，斑斓的车耳（车旁的屏藩）。闿同"开"。昌门，吴（今江苏省苏州市）西郭门，相传为吴王夫差所建。［8］参分天下：参酌着与蜀国分天下。按孙权参分天下是想象将来灭掉魏国以后，如何与蜀国分天下，并无实际意义，只不过表示吴蜀两国加强联盟的诚意而已。［9］函谷关：汉武帝后的函谷关，在今河南省新安县东。［10］造：建造，设立。［11］戮力一心：齐心协力。戮力，并力。［12］恤患：周济患难。［13］携贰：叛离。［14］后叶：后世。叶，世、时期。［15］克终：最终。克，完成、终了。［16］故府：指孙权为讨虏将军时在建业的府第。馆：房舍的通称，这里指宫殿。［17］上大将军：孙权在黄龙元年新设的官职，地位在三公之上。

黄龙元年（229年）春，公卿百官都劝孙权改称皇帝。夏四月，夏口、武昌都报告出现黄龙、凤凰。十三日，孙权在南郊祭天登皇帝位。这天实行大赦，改年号。追尊父亲破虏将军孙坚为武烈皇帝，母亲吴氏为武烈皇后，兄长讨逆将军孙策为长沙桓王。吴王太子孙登立为皇太子。文武官吏都进封爵位增加赏赐。当初，兴平年间，吴地有童谣说："黄金车子，斑蘭车耳，打开昌门，走出天子。"五月，派校尉张刚、管笃出使辽东。六月，蜀国派卫尉陈震庆贺孙权登帝位。孙权于是参酌着与蜀国分天下，豫州、青州、徐州、幽州属于吴国，兖州、冀州、并州、凉州属于蜀国。那司州的土地，以函谷关为边界，设立盟辞说："……从今天汉、吴结盟以后，齐心协力，共同讨伐魏贼，拯救危急，周济患难，分担灾祸，共享喜庆，爱憎一致，不得叛离。若有人损害汉国，吴国就讨伐他；若有人损害吴国，汉国就讨伐他。各自守卫划定的疆界，不相互侵犯。传到后世，始终如一……"秋九月，孙权迁都至建业，居住在原来的将军府官署，不另造宫殿，征召上大将军陆逊辅佐太子孙登，职掌武昌留守事宜。

二年春正月，魏作合肥新城[1]。诏立都讲祭酒[2]，以教学诸子。遣将军卫温、诸葛直将甲士万人浮海求夷洲及亶洲[3]。亶洲在海中，长老传言秦始皇帝遣方士徐福将童男童女数千人入海[4]，求蓬莱神山及仙药，止此洲不还。世相承有数万家，其上人民。时有至会稽货布，会稽东县人海行[5]，亦有遭风流移至亶洲者。所在绝远，卒不可得至，但得夷洲数千人还。

［1］合肥新城：在今安徽省合肥市西北。［2］都讲祭酒：吴所设置的学官。［3］夷洲：今台湾。亶（dǎn）洲：今在何地不详。据下文

约在今日本一带。［4］长老传言三句：徐福率童男女入海求仙药事见于《史记·秦始皇本纪》。有的学者认为徐福后来即是日本的神武天皇。［5］会稽东县：会稽郡东部沿海各县，在今浙东一带。

黄龙二年（230年）春正月，魏国修建合肥新城。孙权下诏书设立都讲祭酒，用来教诸子学习。派遣将军卫温、诸葛直率领战士一万人航海寻求夷洲和亶洲。亶洲在大海之中，老人们传说秦始皇派方士徐福率领童男童女几千人航海，寻求蓬莱神山和仙药，住在此洲不再回来。世代相传共有几万家，洲上人民经常有到会稽郡买布，会稽郡东部沿海各县人们航海，也有遭受台风漂流到亶洲的。它所在的地方非常遥远，终于不能到达，只征得夷洲几千人回来。

（嘉禾）三年春正月，诏曰："兵久不辍，民困于役，岁或不登[1]。其宽诸逋[2]，勿复督课[3]。"夏五月，权遣陆逊、诸葛瑾等屯江夏、沔口[4]，孙韶、张承等向广陵、淮阳[5]，权率大众围合肥新城。是时蜀相诸葛亮出武功，权谓魏明帝不能远出，而帝遣兵助司马宣王拒亮[6]，自率水军东征。未至寿春[7]，权退还，孙韶亦罢。秋八月，以诸葛恪为丹杨太守，讨山越。九月朔，陨霜伤谷。冬十一月，太常潘濬平武陵蛮夷，事毕，还武昌。诏复曲阿为云阳[8]，丹徒为武进[9]。庐陵贼李桓、罗厉等为乱。

［1］不登：指歉收。登，成熟。［2］逋（bū）：拖欠。指拖欠的租税。［3］课：赋税。［4］沔（miǎn）口：即夏口。汉水的中段又称沔水。［5］淮阳：《资治通鉴》作"淮阴"。淮阴是魏国广陵郡的治所，在今江苏省清江市。此处淮阳，当是淮阴之误。［6］司马宣王：即司马懿。当时任魏国大将军。［7］寿春：县名，

在今安徽省寿县。［8］曲阿：县名，在今江苏省丹阳市。［9］徒：县名，在今江苏省丹徒县。

（嘉禾）三年（234 年）春正月，下诏书说："战争长期不断，百姓困倦于劳役，有的年成歉收，放宽各种拖欠的租税，不要再督促赋税。"夏五月，孙权派陆逊、诸葛瑾等屯驻江夏、沔口，命孙韶、张承等向广陵郡淮阴县进发，孙权亲自率领大军包围合肥新城。这时蜀国丞相诸葛亮出兵武功，孙权以为魏明帝不能远出亲征，但是明帝却派兵援助司马懿抗拒诸葛亮，而亲自率领水军东征。明帝尚未到达寿春，孙权退回，孙韶也撤军。秋八月，任命诸葛恪为丹杨郡太守，讨伐山地越人。九月初一，降落的霜冻伤了谷物。冬十一月，太常潘濬平定武陵郡的蛮夷，战事结束，回到武昌。下诏恢复曲阿县为云阳县，丹徒县为武进县。庐陵郡贼人李桓、罗厉等作乱。

（神凤元年）夏四月[1]，权薨[2]，时年七十一，谥曰大皇帝。秋七月，葬蒋陵[3]。

［1］夏四月：这年是太元二年，二月，改元神凤，所以四月以神凤元年纪年。［2］权薨：据前文及裴注，孙权于太元元年（251 年）十一月冬至举行南郊祭天仪式后得"风疾"卧病。［3］蒋陵：因蒋山（钟山）而得名，陵在今江苏省南京市钟山南麓。

神凤元年（252 年）夏四月，孙权去世，当时年龄七十一岁，谥号大皇帝。秋七月，葬于蒋陵。

周瑜传

周瑜传

周瑜（175—210 年）是东吴的著名将领。他配合孙策征战，参与了东吴政权的开创。孙策去世，他又与张昭一起拥戴孙权，安定东吴。周瑜对东吴政权最大的贡献，是他与鲁肃一起，力主联合刘备、抗击曹操，并亲自指挥战斗，取得了赤壁之战的胜利。这说明周瑜的战略眼光远大，指挥才能杰出，是一位不可多得的优秀军事人才。赤壁之战后，周瑜又提出了箝制刘备、进取西蜀、并吞汉中，然后由襄阳北伐，以统一全国的远大计划。这个计划与诸葛亮的“隆中对”大同小异。可惜的是，周瑜在征得孙权的同意，刚开始准备实施这个计划的时候，不幸英年早逝。

周瑜在赤壁之战中的功绩，使他成为一位著名的历史人物；再经过《三国演义》的渲染和各种民间戏曲的传播，他的名字已经是家喻户晓了。

周瑜字公瑾，庐江舒人也[1]。从祖父景[2]，景子忠，皆为汉太尉。父异，洛阳令。

[1] 舒：舒县，当时是庐江郡的郡治，在今安徽省庐江县西南。
[2] 从祖父：叔伯祖父。

周瑜，字公瑾，庐江郡舒县人。堂祖父周景，周景儿子周忠，都曾任东汉的太尉。父亲周异，曾任洛阳县令。

瑜长壮有姿貌。初，孙坚与义兵讨董卓，徙家于舒。坚子策与瑜同年，独相友善，瑜推道南大宅以舍策[1]，升堂拜母，有无通共。瑜从父尚为丹杨太守，瑜往省之。会策将东渡，到历阳[2]，驰书报瑜，瑜将兵迎策。策大喜曰："吾得卿，谐也。"遂从攻横江、当利[3]，皆拔之。乃渡击秣陵[4]，破笮融、薛礼，转下湖孰、江乘[5]，进入曲阿。刘繇奔走，而策之众已数万矣。因谓瑜曰："吾以此众取吴会平山越已足[6]，卿还镇丹杨。"瑜还。顷之，袁术遣从弟胤代尚为太守，而瑜与尚俱还寿春。术欲以瑜为将，瑜观术终无所成，故求为居巢长，欲假涂东归[7]。术听之。遂自居巢还吴。是岁，建安三年也。策亲自迎瑜，授建威中郎将[8]，即与兵二千人，骑五十匹。瑜时年二十四，吴中皆呼为周郎。以瑜恩信著于庐江，出备牛渚[9]，后领春谷长[10]。顷之，策欲取荆州，以瑜为中护军，领江夏太守，从攻皖，拔之。时得桥公两女，皆国色也。策自纳大桥，瑜纳小桥。复近寻阳[11]，破刘勋，讨江夏，还定豫章、庐陵，留镇巴丘[12]。

[1] 推：让出。以舍策：给孙策居住。舍作动词。 [2] 历阳：县名，故址在今安徽省和县。 [3] 横江：即横江渡，在今安徽省和县东南，今名杨林渡口，是当时的渡江要津。当利：即当利口，又名利浦，在和县东。 [4] 秣陵：县名，故址在今江苏省江宁南。 [5] 湖孰：县名，故址在今江苏省南京市东南。江乘：县名，故址在今江苏省句容县北。 [6] 吴会：即吴郡和会稽郡。 [7] 假涂：借途。涂同"途"。 [8] 建威中郎将：中郎将名称之一。孙策自置。 [9] 牛渚：即牛渚山，在今安徽省当涂县北。山下有牛渚矶，又叫采石矶。 [10] 春谷：县名，故址在今安徽省繁昌县西南。 [11] 寻阳：县名，故址在今湖北省黄梅县西南。 [12] 巴丘：县名，故址在今江西省峡江县北。

周瑜成年后，仪表堂堂，容貌美好。起初，孙坚起义兵讨伐董卓时，将家眷迁徙到舒县。孙坚的儿子孙策与周瑜同岁，两人特别友好，周瑜让出路南一处大的住宅给孙策居住，带孙策一同上堂拜见自己的母亲，两人互通有无，不分彼此。后来，周瑜的叔父周尚任丹杨太守，周瑜去看望他。恰巧孙策将要东渡，来到历阳县，便派人驰马传书，告知周瑜自己的行止，周瑜就率兵前来迎接他。孙策大喜过望，说:“我得到你，大功便告成了。”于是，周瑜跟随孙策攻打横江、当利两渡口要津，全都攻占。于是渡过长江，袭击秣陵，打败下邳相笮融、彭城相薛礼，转而攻下湖孰、江乘，进入曲阿，刘繇败逃，而这时候，孙策的部众已好几万了。他便对周瑜说:“我以这支部队夺取吴郡、会稽郡，平定山越已足够了，您回去镇守丹杨郡。”周瑜率部众退回。不久，袁术派堂弟袁胤代替周尚为丹杨太守，因而周瑜和周尚一同回到寿春。袁术要任用周瑜为将，周瑜观察袁术，觉得他最终做不成大事，所以只求做居巢县长，想借道东归，袁术听他自便。于是，周瑜从居巢回到东吴。这一年是建安三年。当时，孙策亲自迎接周瑜，授职建威中郎将，立即拨给兵二千，马五十匹。周瑜这时不过二十四岁，吴郡的人都称呼他为周郎。不久，因周瑜在庐江郡以恩德信义著名，奉命外出，守备牛渚山，后来又兼任春谷县长。过后不久，孙策想夺取荆州，以周瑜为中护军，兼任江夏太守，随孙策攻打皖县，很快攻克。这时，在皖县得到桥公的两个女儿，都是美貌超群的女子，孙策自己娶了大桥，又让周瑜娶了小桥。孙策和周瑜又进军寻阳，打败刘勋，讨伐江夏太守黄祖，在夏口打败了他，回师平定豫章郡、庐陵郡，周瑜留镇巴丘。

五年，策薨，权统事。瑜将兵赴丧，遂留吴，以中护军与长史

张昭共掌众事。十一年，督孙瑜等讨麻、保二屯[1]，枭其渠帅，囚俘万余口，还备宫亭[2]。江夏太守黄祖遣将邓龙将兵数千人入柴桑，瑜追讨击，生虏龙送吴。十三年春，权讨江夏，瑜为前部大督[3]。

［1］麻屯：在今湖北省嘉鱼县西。保屯：在麻屯附近。［2］宫亭：湖名。它包括今江西省鄱阳湖的北部、安徽省的泊湖、大宫湖、龙湖以及湖北省的源湖等湖泊。［3］前部大督：官名。即前头部队的统帅。孙权临时设置的官职。

建安五年（200年），孙策被刺身亡，孙权统管事务。周瑜率军奔丧，于是在吴郡留下，以中护军之职与长史张昭共同执掌处理公事。建安十一年，督领孙瑜等人进讨麻、保二屯，杀了他们的首领，俘虏一万多人，退守宫亭湖。江夏太守黄祖派了将领邓龙带几千兵众进驻柴桑，周瑜追击征伐，活捉邓龙，押送吴郡。建安十三年春，孙权亲自征讨江夏，周瑜为前部大督。

其年九月，曹公入荆州，刘琮举众降，曹公得其水军，船步兵数十万，将士闻之皆恐。权延见群下，问以计策。议者咸曰[1]：“曹公豺虎也，然托名汉相，挟天子以征四方，动以朝廷为辞，今日拒之，事更不顺，且将军大势，可以拒操者，长江也。今操得荆州，奄有其地[2]，刘表治水军，蒙冲斗舰[3]，乃以千数，操悉浮以沿江，兼有步兵，水陆俱下，此为长江之险，已与我共之矣。而势力众寡，又不可论[4]。愚谓大计不如迎之[5]。”瑜曰：“不然。操虽托名汉相，其实汉贼也。将军以神武雄才，兼仗父兄之烈[6]，割据江东，地方数千里，兵精足用[7]，英雄乐业[8]，尚当横行天下，为汉家除残去秽[9]。

况操自送死，而可迎之邪？请为将军筹之：今使北土已安，操无内忧，能旷日持久，来争疆埸[10]，又能与我校胜负于船楫乎[11]闲？今北土既未平安，加马超、韩遂尚在关西，为操后患。且舍鞍马，仗舟楫，与吴越争衡，本非中国所长[12]。又今盛寒，马无藁草[13]，驱中国士众远涉江湖之间，不习水土，必生疾病。此数四者[14]，用兵之患也[15]，而操皆冒行之。将军禽操，宜在今日。瑜请得精兵三万人，进住夏口，保为将军破之。"

[1] 议者咸曰：议论的人都说。按"议者"为长史张昭等人。 [2] 奄有：尽有。奄：囊括，包括。 [3] 蒙冲斗舰：两种战舰。蒙冲呈狭长形，用生牛皮蒙舰的全身，可挡箭石，两侧有弩窗矛穴，敌人不能靠近。斗舰：大型的战舰，上建女墙，墙内建棚，与女墙齐，棚上又建女墙，树旗帜，置金鼓，舰大而进退灵活，为当时的指挥舰。 [4] 不可论：不能相提并论。[5] 迎：迎接。这里意为投降。 [6] 仗父兄之烈：凭父兄创立的基业。[7] 足用：物资充足。 [8] 乐业：乐于尽职。 [9] 除残去秽：意为铲除奸佞，消除腐败。 [10] 疆埸（yì）：疆界。大界称疆，小界叫埸。[11] 船楫：这里指水军。 [12] 中国：这里指中原。 [13] 藁草：喂马的干草。藁，指稻草、麦秆。 [14] 数四：几种。 [15] 患：忌讳，禁忌。

这年（建安十三年）九月，曹操进军荆州，刘琮率众投降，曹操得了他的水军，水军、步兵共几十万，东吴的将士们一听都恐慌不安。孙权召见群臣，询问对策。参加议论的都说："曹操这人，像豺狼猛虎似的，然而假借汉朝丞相的名义，挟持天子来征讨各地，动辄用朝廷的旨意作为借口，今天抵御他，在事理上更是不顺。况且将军您的优势，可以抗击曹操的，就是长江天堑。如今曹操得了荆州，全部占据这地区，刘表原来训练的水军，蒙冲斗舰，竟有千艘，曹操全部把它沿江排开，又有步兵，水陆两路同时东进，这就是说，长江之险他已经与我们共同享有了。而力量悬殊，又是不能相提并论的。我认为从国家大计出发，不如迎降他。”周瑜对孙权说：“不能这样。曹操虽然名义上是汉朝的丞相，实际上是汉朝的奸贼。凭将军您英明勇武、雄才大略，又靠父兄创立的基业，独霸江东，土地方圆几千里，兵精粮足，英雄乐于效力，本当纵横于天下，替汉室铲除奸佞、消除腐败。况且今天曹操自己来送死，怎么能投降他呢？请允许我给将军筹划一下：即使现在北方已经安定，曹操无后顾之忧，来这里与我们旷日持久地争夺疆土，可是，他又能与我们在船上较量胜负吗？目前北方既没有稳定，又加上马超、韩遂仍在关西，是曹操背后的大患；而且放弃骑兵，依靠水军来与我们争高低，这本来不是中原军队的长处；时下又是严寒季节，马无草料，驱使中原士兵远道而来，在南方江湖之间奔走，他们不服水土，必生疾病。这几种情况是用兵的大忌，可是曹操都冒险行事。将军您要捉拿曹操，就在今日。请拨给我三万精兵，进军屯驻夏口，我保证替将军您打败曹操。”

权拜瑜偏将军，领南郡太守。以下隽、汉昌、刘阳、州陵为奉邑[1]，屯据江陵。刘备以左将军领荆州牧，治公安。备诣京见权，瑜上疏曰：“刘备以枭雄之姿，而有关羽、张飞熊虎之将，必非久屈为人用者。愚谓大计宜徙备置吴，盛为筑宫室，多其美女玩好，以娱其耳目，分此二人，各置一方，使如瑜者得挟与攻战，大事可定也。今猥割土地以资业之[2]，聚此三人，俱在疆埸，恐蛟龙得云雨，终非池中物也。”权以曹公在北方，当广揽英雄，又恐备难卒制[3]，故不纳。

［1］下隽：县名，故址在今湖南省通城县西。汉昌：县名，是汉昌郡治所，故址在今湖南省平江县东。刘阳：县名，故址在今湖南省浏阳市东。州陵：县名，故址在今湖北省沔阳县南。奉邑：以某个县或几个县的租税收入作某个官的俸禄。奉邑不是封邑。［2］猥割：多割，割多。猥，滥。资业之：资助他的事业。［3］卒制：一下子制止住。

孙权任命周瑜为偏将军，兼任南郡太守。以下隽、汉昌、刘阳、州陵四县作为他的奉邑，周瑜据守屯驻江陵。当时刘备以左将军之职兼任荆州牧，以公安为治所。后来，刘备到京口拜见孙权，周瑜上奏章给孙权说："刘备有雄杰的架势，又有关羽、张飞两员如熊虎般勇猛的将领，一定不是久屈人下的人。我以为从国家大计出发，应当把他迁移到吴国安置，给他多筑宫室，送他许多美女和各种玩物，让他乐在其中，将关羽、张飞二人分开安置，各在一方，派遣与我差不多的人来挟制他，与他们一起攻战，这样，统一事业便能成功了。可是，我们现在割让了许多地方来资助他的事业，让这三个人都在疆界内聚集，恐怕像是蛟龙得云雨腾飞似的，终究不会是池中之物。"孙权认为曹操近在江北，自己应广泛招揽英雄，同时又担心刘备也难以一下子控制，所以不采纳周瑜的建议。

是时刘璋为益州牧，外有张鲁寇侵，瑜乃诣京见权曰："今曹操新折衄[1]，方忧在腹心，未能与将军连兵相事也。乞与奋威俱进取蜀[2]，得蜀而并张鲁，因留奋威固守其地，好与马超接援。瑜还与将军据襄阳以蹙操[3]，北方可图也。"权许之。瑜还江陵，为行装，而道于巴丘病卒[4]，时年三十六。权素服举哀，感动左右。丧当还吴，又迎之芜湖[5]，众事费度，一为供给[6]。后著令曰："故将军周瑜、程普，其有人客，皆不得问[7]。”初瑜见友于策，太妃又使权以兄奉之。是时权位为将军，诸将宾客为礼尚简，而瑜独先尽敬，便执臣节[8]。性度恢廓[9]，大率为得人[10]，惟与程普不睦[11]。

［1］折衄（nǜ）：挫败。［2］奋威：指奋威将军孙瑜。［3］蹴（cù）：紧迫，威逼。［4］巴丘：裴松之案：“周瑜准备进军夺取蜀地，回到江陵整理行装，他死的地方，应在现在的巴陵，与前面他曾镇守的巴丘，名同地异。”巴陵在今湖南省岳阳市。［5］芜湖：县名，故址在今安徽省芜湖市。［6］一为供给：一一为之供给，即全部供给。［7］人客：田客。问：鞫问，审讯。东吴政权优待豪强大族，有复客制度，即承认豪强大族的田客是他们的领民，不再向国家负担赋税徭役。田客与东汉的徒附一样，身份仍为农奴。［8］便执臣节：就以臣下的礼节尊奉孙权。［9］恢廓：宽宏。［10］大率为得人：大体上是得人拥护的。［11］惟与句：裴注引《江表传》说：程普以自己年长，屡次在周瑜面前显出傲慢的样子，言语相侵。周瑜却屈己自抑，始终不与他计较。后来程普从敬佩诚服变得特别亲近、推崇周瑜，竟对人说：“与周公交往，像饮浓香的美酒似的，不知不觉就陶醉了。”当时人们认为周瑜是如此谦让，使人佩服。

这时，刘璋任益州牧，外面受到张鲁的侵扰，周瑜到京口见孙权，说：“现在曹操新遭挫败，正在担心自己内部出现动乱，不能与将军接连攻战。我请求和奋威将军孙瑜一同进取西蜀，得蜀地之后再兼并张鲁汉中之地，便留下奋威将军固守已夺取的地区，好与马超相互接应声援。我退回与您占据襄阳来威逼曹操，这样就能谋取北方了。”孙权赞成他的主张。周瑜不久回江陵驻地，整理行装，可是途中抱病，在巴陵去世，当时年仅三十六岁。孙权身着素服，为周瑜举哀治丧，感动了身边文官武将。丧事应当回到吴郡举办，孙权又到芜湖迎接灵柩，丧事一切费用开支，都由国家供给。后来孙权写了命令说："故将军周瑜、程普，他们家的田客，都不许审讯。"早先，周瑜与孙策友好，太妃又让孙权把周瑜当自己的兄长看待。当孙权承继父兄之业时，职位是将军，因此，各将与宾客见孙权的礼节还是很简单，可是周瑜独自先尽敬重之意，便以臣下的礼节尊奉孙权。周瑜气度宽宏，大都能得人拥护，只是与程普不太和睦。

瑜少精意于音乐[1]，虽三爵之后[2]，其有阙误，瑜必知之，知之必顾，故时人谣曰："曲有误，周郎顾。"

[1]精意：精心、留意。 [2]爵：古代青铜酒器。这里三爵意为三杯。

周瑜年轻时精研音乐，即使饮了三杯酒后，奏乐时出现缺漏错误，他也必定发觉，发觉以后又必定回头看看演奏的人，指出错误，因此当时有民谣说："曲有误，周郎顾。"

吕蒙传

吕蒙传

吕蒙（178—219 年）是继周瑜、鲁肃以后东吴著名的将领。他从青少年起就跟随孙权征战，立有战功。吕蒙对东吴政权最大的贡献，是袭取了荆州。吕蒙的军事才能也在袭取荆州中得到了充分的发挥。他乘关羽与曹军在樊城作战之时，抓住战机；巧使计谋，蒙蔽了关羽；他又争取了民心乃至关羽部下将士家属，以军事袭击与政治攻势相结合，获得了成功。袭取荆州确定了吴蜀的疆域，加上吴魏争夺淮南的结束，使东吴政权转而致力于南方的开拓，有利于东吴政权的巩固和发展。吕蒙的成功，是与他长期坚持读书学习分不开的，本文在注释中全译了裴注引《江表传》关于孙权谕吕蒙读书的一节，相信读者会从中得到启发。

吕蒙字子明，汝南富陂人也[1]。少南渡，依姊夫邓当。当为孙策将，数讨山越。蒙年十五六，窃随当击贼，当顾见大惊，呵叱不能禁止。归以告蒙母，母恚欲罚之[2]，蒙曰："贫贱难可居，脱误有功[3]，富贵可致。且不探虎穴，安得虎子？"母哀而舍之。时当职吏以蒙年小轻之，曰："彼竖子何能为[4]？此欲以肉餧虎耳[5]。"他日与蒙会，又蚩辱之[6]。蒙大怒，引刀杀吏，出走，逃邑子郑长家[7]。出因校尉袁雄自首，承闲为言[8]，策召见奇之，引置左右。

［1］富陂：又作富波，县名，故址在今安徽省阜阳县南。［2］恚（huì）：恨，怒。［3］脱误：当时口语，意为假如，倘若，侥幸。［4］竖子：对

人的鄙称，犹谓“小子”。［5］餧：同“喂”，饲、哺食。［6］蚩（chī）辱：嘲笑侮辱。蚩通“嗤”。［7］邑子：同邑的人，即同乡。［8］闲：趁有空的机会。

吕蒙，字子明，汝南郡富陂县人。年少时南渡，依靠姐夫邓当。邓当是孙策的部将，多次奉命征讨山越。吕蒙十五六岁时，常偷偷地跟随邓当出击敌贼，邓当回头发现吕蒙，大吃一惊，呵叱不能禁止。出战回来后把情况告诉岳母，吕母气恨得要责罚吕蒙，吕蒙说：“家里贫贱难以生活，倘或侥幸得了功劳，富贵便可得到。况且不入虎穴，怎么能得虎子呢？”吕母怜惜而饶恕了他。当时邓当的一个属吏以吕蒙年少而轻视他，说：“那小子有什么能耐呢？这不过是把自己去喂老虎罢了。”有一天见到吕蒙，又当场嘲笑侮辱他。吕蒙大怒，抽刀杀了他，然后逃奔到同乡郑长家躲起来。不久，通过校尉袁雄伺机向孙策说情，出来自首，孙策召见他，觉得他很奇特，便安置在自己身边任侍卫。

数岁，邓当死，张昭荐蒙代当，拜别部司马[1]。权统事，料诸小将兵少而用薄者[2]，欲并合之。蒙阴赊贳[3]，为兵作绛衣行縢[4]，及简日[5]，陈列赫然，兵人练习，权见之大悦，增其兵。从讨丹杨，所向有功，拜平北都尉[6]，领广德长[7]。

［1］别部司马：官名。大将军部下按常制设五部，各部长官称军司马，其不按常制自己增设的别营，军司马称别部司马。时孙策为讨逆将军，也设别部司马。［2］料：这里意为清查。用薄者：指征战时不大启用的部队。［3］赊贳（shì）：借贷。［4］行縢（téng）：裹腿。［5］简：检阅。［6］平北都尉：官名，职掌军事，位次于将军。［7］广德：县名，故址在

今安徽省广德市。

几年后，邓当死亡，张昭推荐吕蒙代替邓当领兵，任别部司马。孙权统领江东军政事务后，清查各小将领兵少而又在征战时不大启用的部队，想予以合并。吕蒙得知消息后，暗中向人借贷，给部下制作红色军装和裹腿，等到孙权检阅的那天，吕蒙的士兵队列整齐威武，操练纯熟，孙权一见，十分高兴，给吕蒙增拨兵员。后随征丹杨，所向无敌，屡立战功，被任命为平北都尉，兼任广德县长。

鲁肃代周瑜，当之陆口，过蒙屯下。肃意尚轻蒙，或说肃曰："吕将军功名日显，不可以故意待也[1]，君宜顾之。"遂往诣蒙。酒酣，蒙问肃曰："君受重任，与关羽为邻，将何计略，以备不虞[2]？"肃造次应曰[3]："临时施宜。"蒙曰："今东西虽为一家，而关羽实熊虎也，计安可不豫定[4]？"因为肃划五策。肃于是越席就之，拊其背曰："吕子明，吾不知卿才略所及乃至于此也。"遂拜蒙母，结友而别[5]。

[1]故意待也：用旧眼光看待。 [2]不虞：没有意料之事或不测。[3]造次：随便。 [4]豫：通"预"。 [5]结友而别：结为朋友而后告别。裴注引《江表传》说：起初，孙权对吕蒙和蒋钦说："你们现在都身居要职，掌管政事，应当读书学习以开阔眼界，增长知识。"吕蒙回答说："在军中常常苦于事务繁忙，恐怕不能够再读书了。"孙权说："我难道是要你们去精研经书成为讲授经学的博士吗？只不过叫你们泛读群书，了解历史作为借鉴罢了。你们说事忙，谁还能比我忙呢！我年少时看过《诗经》《尚书》《礼记》《左传》《国语》，只是不读《周易》。到我主持国事以来，阅读三史、各家兵书，自己觉得大有收获。像你们二人，资质聪明，理解力强，学习后一定会有得

益，岂可不去学习呢？应赶紧去读《孙子》《六韬》《国语》和三史。孔子说过：‘整天不吃，整夜不睡，想入非非，是没有什么好处的，还不如去学习的好！’东汉光武帝在军务繁忙之中，手不释卷。曹操也自称老而好学。你们为什么不能自勉呢？”听了孙权的劝导后，吕蒙就开始读书学习，专心致志，忘了疲倦，他所看的书，连那些老儒生都不如他。后来鲁肃上任到陆口，代替周瑜的职务，路过吕蒙的驻地，与他交谈，常常被他折服。鲁肃拍拍吕蒙的背说：“我以前以为老弟只有军事谋略而已，到了今天，你学问渊博，见解高明，再也不是以前在吴郡时候的那个阿蒙了。”吕蒙说：“士别三日，即当刮目相看。老兄今天的议论，哪一点可与穰侯相称呢？愿您能像穰侯那样，使秦向东扩展土地、削弱诸侯，最后一统天下，使东吴也扩展土地而称雄啊！老兄今代公瑾，既然难以为继，又与关羽为邻。此人年龄虽大，却好学，读《左传》大抵都能背诵，刚直有英雄气概，然而性情骄傲，喜欢盛气凌人。如今与他做对手，应有出奇制胜的策略，用明暗两手来对付他。”说完，便秘密地向鲁肃提出了三条对策，鲁肃恭敬地接受了密策，从不泄露。孙权知道后，常常深有感慨地说：“人到了老年还能进一步增长学识，如吕蒙和蒋钦，大概一般的人是不能做到的啊！他俩富贵荣耀以后，仍能放下架子，刻苦学习，爱好书传，轻视财产，看重节义，这种行为值得人们作为榜样来学习，把他俩树为国士，不是很好吗？”

鲁肃代替周瑜之职，在他上任到陆口时，路过吕蒙驻地附近。鲁肃当时心里还不很看重吕蒙，有人向鲁肃建议说：“吕将军功名日益显赫，不能用老眼光看待，您应去拜访他。”于是鲁肃就去吕蒙军营拜访他。吕蒙设酒宴款待，畅饮之际，吕蒙问鲁肃说：“您身受重任，与关羽镇守之地相邻，准备运用什么谋略，以备不测呢？”鲁肃不加思索，随口答道：“临时根据情况，采取适当措施。”吕蒙说：“现在孙刘虽然联盟，可是关羽确实是位勇猛的上将，谋略怎么可以不预先确定呢？”说完，便替鲁肃筹划了五条对策。鲁肃当时就立即离席走近吕蒙，轻轻地拍拍吕蒙的背，说：“吕子明，我不知您的才学韬略竟达到这样的程度了。”于是拜见吕蒙的母亲，两人结为好朋友，而后告别。

是时刘备令关羽镇守，专有荆土，权命蒙西取长沙、零、桂三郡。蒙移书二郡，望风归服，惟零陵太守郝普城守不降。而备自蜀亲至公安，遣羽争三郡。权时住陆口，使鲁肃将万人屯益阳拒羽，而飞书召蒙，使舍零陵，急还助肃。初，蒙既定长沙，当之零陵，过酃[1]，载南阳邓玄之，玄之者郝普之旧也，欲令诱普。及被书当还，蒙秘之，夜召诸将，授以方略，晨当攻城，顾谓玄之曰：“郝子太闻世间有忠义事，亦欲为之，而不知时也。左将军在汉中，为夏侯渊所围。关羽在南郡，今至尊身自临之。近者破樊本屯，救酃，逆为孙规所破[2]。此皆目前之事，君所亲见也。彼方首尾倒悬[3]，救死不给[4]，岂有余力复营此哉？今吾士卒精锐，人思致命[5]，至尊遣兵，相继与道。今子太以旦夕之命，待不可望之救，犹牛蹄中鱼[6]，冀赖江汉，其不可恃亦明矣。若子太必能一士卒之心，保孤城之守，尚能稽延旦夕，以待所归者，可也。今吾计力度虑，而以攻此，曾不移日[7]，而城必破，城破之后，身死何益于事，而令百岁老母，戴白受诛[8]，岂不痛哉？度此家不得外问[9]，谓援可恃，故至于此耳。君可见之，为陈祸福。”玄之见普，具宣蒙意，普惧而听之。玄之先出报蒙，普寻后当至。蒙豫敕四将，各选百人，普出，便入守城门。须臾普出，蒙迎执其手，与俱下船。语毕，出书示之，因拊手大笑。普见书，知备在公安，而羽在益阳，惭恨入地。蒙留孙皎，委以后事，即日引军赴益阳。刘备请盟，权乃归普等[10]。割湘水，以零陵还之。

以寻阳、阳新为蒙奉邑[11]。

[1] 酃（líng）：县名，故址在今湖南省衡阳市东。 [2] 逆：顽敌，拟指关羽。按：这几句话不大好理解，前人疑有脱误。 [3] 首尾倒悬：头朝下，脚朝上倒挂着，形容处境极为困难。 [4] 救死不给：挽救危亡都来不及。[5] 致命：以死效力。 [6] 牛蹄中鱼：牛脚印内积水中的鱼。比喻命危在旦夕。 [7] 移日：逾日。即一天时间。 [8] 戴白：披着白发。指白发老人。[9] 此家：这个人，指郝普。 [10] 权乃归普等：孙权就放回郝普等。据考证郝普并未回到刘备那里去。 [11] 寻阳：县名，故址在今湖北省黄梅县西南。阳新：县名，故址在今湖北省阳新县西南。

这时，刘备独占了荆州，命关羽镇守，孙权命吕蒙西取长沙、零陵、桂阳三郡。吕蒙写信给长沙、桂阳二郡劝降，二郡望风归降，只有零陵太守郝普坚守城池，不肯投降。而刘备又亲自从蜀赶到公安，派关羽与吕蒙争夺这三个郡。孙权这时也住在陆口，派鲁肃率军万人驻扎益阳抵抗关羽，同时飞速传信，召回吕蒙，让他放弃零陵，立即回兵协助鲁肃。起初，吕蒙拿下长沙后，应当到零陵，军过酃县，请南阳的邓玄之上车同行，邓玄之是郝普的老朋友。吕蒙想让他诱降郝普。等接到孙权让他撤兵的书信，他秘而不宣，连夜召集各将，面授计谋，决定清晨攻城，布置完毕，回头对邓玄之说："郝子太知世上有忠义之事，也想这样去做，但他不识时务。左将军刘备远在汉中，被夏侯渊围困。关羽又在南郡，现在我主公御驾亲临。最近攻克关羽在樊口的大本营，解救了酃县，顽敌关羽被我将孙规所破。这都是眼前发生的事情，您亲眼所见的。他们现处极端困境之中，挽救危亡的全局都来不及，难道还有余力再营救这里吗？现在我方士兵精锐，人人都想以死效力，主公遣兵调将，源源不断。

如今子太早晚要被消灭，可他却等待那不能指望的救兵，就如牛脚印积水中的鱼，生命危在旦夕，还幻想长江、汉水的水来拯救它一样，其不能依赖也是显而易见的。如果子太完全能够统一士兵的思想，守此孤城，尚能拖延时日，来等待自己所归附的人，这也是可以的。今天我根据自己的兵力，充分估计，反复考虑后，觉得用我的兵力攻打这座城，也用不着一天的时间，此城必破，城破之后，即使郝普以身殉职，于事何益？反而让他百岁的白发老母遭到诛杀，难道不痛心吗？我估计他得不到外界消息，认为援军可以依恃，所以造成此种危难局面罢了。您可去见见他，替他分析祸福得失。”邓玄之奉命去见郝普，陈述形势，转达吕蒙的意思，郝普听后，心中恐惧，便听从邓玄之的劝告，决定投降。于是，邓玄之先出城向吕蒙报告，说郝普随后就来。吕蒙预先命令四位将领，各选百人，待郝普一出城门，就入城把守城门。不大会儿，郝普出城，吕蒙迎上前握住他的手，和他一同下船。吕蒙说完情况，拿出孙权的来信给郝普看，自己便在一旁拍手大笑。郝普看完信，知刘备已在公安，而关羽已在益阳，既惭愧又悔恨，巴不得钻到地里去。随后，吕蒙留孙皎守零陵，委托他处理日后事务，当天就率军赶赴益阳。不久，刘备请与东吴缔结盟约，孙权才放回郝普等人，孙刘双方疆域以湘水为界，孙权将零陵郡还给刘备。把寻阳、阳新两县作为吕蒙的奉邑。

鲁肃卒，蒙西屯陆口，肃军人马万余尽以属蒙。又拜汉昌太守，食下隽、刘阳、汉昌、州陵。与关羽分土接境，知羽骁雄[1]，有并兼心，且居国上流，其势难久……及蒙代肃，初至陆口，外倍修恩厚，与羽结好。

[1] 骁雄：骁勇威武。

鲁肃去世后，吕蒙受命向西驻扎陆口，鲁肃的一万多兵马全部归吕蒙统领。又被任命为汉昌郡太守，享用下隽、刘阳、汉昌、州陵四县的赋税收入。吕蒙与关羽的守地接壤，又知关羽骁勇威武，存有兼并东吴土地之心，而且所占土地又在吴国江河的上游，这种形势难以长久……等到吕蒙代替了鲁肃，初到陆口，表面上加倍修好，厚予恩惠，与关羽结成友好。

后羽讨樊，留兵将备公安、南郡。蒙上疏曰："羽讨樊而多留备兵，必恐蒙图其后故也。蒙常有病，乞分士众还建业，以治疾为名。羽闻之，必撤备兵，尽赴襄阳。大军浮江，昼夜驰上，袭其空虚，则南郡可下，而羽可禽也。"遂称病笃，权乃露檄召蒙还[1]，阴与图计。羽果信之，稍撤兵以赴樊。魏使于禁救樊，羽尽禽禁等，人马数万，托以粮乏，擅取湘关米[2]。权闻之，遂行，先遣蒙在前。蒙至寻阳，尽伏其精兵䑸䑿中[3]，使白衣摇橹，作商贾人服，昼夜兼行，至羽所置江边屯候[4]，尽收缚之，是故羽不闻知。遂到南郡，士仁、麋芳皆降。蒙入据城，尽得羽及将士家属，皆抚慰，约令军中不得干历人家[5]，有所求取。蒙麾下士，是汝南人，取民家一笠，以覆官铠[6]，官铠虽公，蒙犹以为犯军令，不可以乡里故而废法，遂垂涕斩之。于是军中震栗，道不拾遗。蒙旦暮使亲近存恤耆老[7]，问所不足，疾病者给医药，饥寒者赐衣粮。羽府藏财宝，皆封闭以待权至。羽还，在道路，数使人与蒙相闻，蒙辄厚遇其使，周游城中，家家致问，或手书示信。羽人还，私相参讯[8]，咸知家门无恙，见待过于平时，故羽吏士无斗心。会权寻至，羽自知孤穷，乃走麦城，西至漳乡[9]，众皆委羽而降。权使朱然、潘璋断其径路，即父子俱获，荆州遂定。

[1] 露檄（xí）：不加封缄的文书。用露檄召还吕蒙，是一种有意泄密行为，目的是引诱关羽中计。[2] 湘关：湘水上的关卡。吴蜀以湘水为界分荆州，在水上置关，以通商旅。[3] 鞲艫（gōu lù）：大型的船。[4] 江边屯候：长江边驻军的侦察兵和哨所。候，斥候，侦察兵。[5] 干历：骚扰，冒犯，抢夺。[6] 官铠：军队发的铠甲。[7] 耆老：老人。古称人六十岁者为耆，七十岁以上的为老。[8] 参讯：拜访询问。[9] 漳乡：地名，一作章乡，在今湖北省当阳市东北。

后来关羽攻打樊城，留了兵众将领防守公安和南郡。吕蒙上奏章给孙权说："关羽攻打樊城，可是留下众多的防守兵士，这一定是担心我图谋攻取他后方的缘故。我经常有病，请求以我治病为名分出一部分士兵回建业。关羽听到这个消息，一定会撤出防守的士兵，全部赴襄阳增援。那时，我们大军从长江逆流而上，日夜行驶，趁他兵力空虚发动袭击，那么南郡可以攻下，关羽也可擒获了。"于是吕蒙声称自己病重，孙权就发出露檄召吕蒙回建业，暗中与吕蒙策划夺取荆州的计划。关羽果然相信吕蒙得了重病，便逐步撤兵调赴樊城。魏王曹操派于禁救援樊城，关羽全部活捉了于禁等人，俘虏人马几万，于是关羽借口军粮缺乏，擅自夺取湘关转运的大米。孙权听到这一消息，就立即率军出发，派吕蒙率部众在前先行。吕蒙到达寻阳江口，把精兵全安置在大船内埋伏起来，让一些士兵穿上商人的白衣摇橹，日夜兼程，到达关羽设置在长江边驻军的哨所，把哨所内的士兵全部捆绑住，因此关羽听不到后方的消息了。于是吕蒙到达南郡，士仁、麋芳都投降。吕蒙进入江陵城，全部俘获关羽和他部下将士们的家属，一律加以抚慰，并命令军中不得骚扰各家或有所索取。当时吕蒙部下一个兵士，是汝南人，与吕蒙同乡，他随便拿了老百姓家的一顶斗笠，用来遮盖铠甲，铠甲虽然是公家所有，吕蒙仍认为是违反军令，不能以同乡关系而自废法令，终于流着泪杀了这个士兵。因此军中将士震惊恐惧，连路上东西也不敢捡。吕蒙在江陵城内，早晚都派亲随去慰问、救济那些老年人，问他们缺什么，有病的给予治疗送药，饥寒的赐给衣服粮食。至于关羽府库所藏的财宝，全部封存，等候孙权到达后处理。关羽得知荆州有变，从樊城撤军回来，在途中，几次派人与吕蒙交涉，吕蒙就厚待来使，让他在城内周游，问候各家情况，有的家属亲笔写信托使者捎回，表示所言真实可信。关羽的使者回去后，将士们私下拜访询问使者，都知道家中平安无事，受到待遇超过平时，因此关羽的从吏兵士失去斗志。恰逢孙权不久也到了南郡，关羽知道自己势孤力穷，就西奔麦城，到达漳乡时，部众都丢下关羽而投降。孙权又派朱然、潘璋断了关羽必经之路，关羽父子一同被擒获，荆州就这样平定了。

以蒙为南郡太守，封孱陵侯[1]，赐钱一亿，黄金五百斤。蒙固辞金钱，权不许。封爵未下，会蒙疾发，权时在公安，迎置内殿，所以治护者万方[2]，募封内有能愈蒙疾者[3]，赐千金……年四十二，遂卒于内殿。时权哀痛甚，为之降损[4]。蒙未死时，所得金宝诸赐尽付府库，敕主者命绝之日皆上还[5]，丧事务约。权闻之，益以悲感。

[1] 孱陵侯：县侯封爵名号。孱陵：县名，故址在今湖北省公安县西南。[2] 万方：千方百计。[3] 封内：封土之内，即东吴疆域之内。[4] 降损：意指孙权的享用降格、减少。[5] 主者：这里指主管府库的官吏。

孙权任吕蒙为南郡太守，封爵孱陵县侯，赐钱一亿，黄金五百斤。吕蒙坚辞不受金钱，孙权不同意。当时封爵诏书没有正式下达，恰值吕蒙旧病复发，这时孙权尚在公安，派人迎吕蒙到公安行宫内殿，千方百计医治吕蒙，孙权招募国内，有能治好吕蒙疾病的，赏赐千金……吕蒙终因医治无效，在内殿去世，终年四十二岁。当时孙权十分哀痛，为此各种享用降格，数量减少。吕蒙生前将所得的金银财宝和各种赏赐全都交付府库封存，命令主管府库的官员在他死的当天都要上还国家，又遗嘱丧事从简。孙权听到这些事后，更加悲伤。

陆逊传

陆逊传

陆逊（183—245年）出身于江东大族。江东士族是孙吴政权的支柱之一。但陆逊成为东吴名将，官至上大将军、丞相，却并不仅仅因为他是江东士族的代表人物，更是因为他自身的才能。陆逊靠镇压山越起家，在吕蒙袭取荆州时，他先是向吕蒙献策，吕蒙装病，他代吕蒙领军，并致书关羽，态度谦恭，诱使关羽轻敌上当，最后又率军进攻，一直打到宜都。如果说袭取荆州时，陆逊还是协助吕蒙；那么在夷陵之战时，陆逊已独立率军，指挥了整个战役。陆逊面对人数上占优势的蜀军，采取诱敌深入、后发制人的方法，利用蜀军弱点，火烧连营，终于以少胜多，赢得了胜利。本文节录了陆逊身世起家、夷陵之战和论嫡庶遭谴后逝世等内容，以反映他对巩固东吴政权的功绩和忠心。

陆逊字伯言，吴郡吴人也。本名议，世江东大族。逊少孤，随从祖庐江太守康在官。袁术与康有隙，将攻康，康遣逊及亲戚还吴。逊年长于康子绩数岁，为之纲纪门户[1]。

[1] 纲纪门户：治理家事。

陆逊，字伯言，吴郡吴县人。原名陆议，世代是江东大族。陆逊年幼丧父，随叔伯祖父庐江太守陆康在官署生活。袁术与陆康有仇隙，将要攻打陆康，陆康遣送陆逊和亲戚回原籍吴县。陆逊比陆康之子陆绩大几岁，替他治理家事。

孙权为将军，逊年二十一，始仕幕府，历东西曹令史[1]，出为海昌屯田都尉[2]，并领县事。县连年亢旱，逊开仓谷以振贫民，劝督农桑，百姓蒙赖[3]。时吴、会稽、丹杨多有伏匿[4]，逊陈便宜，乞与募焉。会稽山贼大帅潘临，旧为所在毒害，历年不禽。逊以手下召兵[5]，讨治深险，所向皆服，部曲已有二千余人。鄱阳贼帅尤突作乱，复往讨之，拜定威校尉，军屯利浦[6]。

［1］东西曹令史：东曹、西曹令史，为将军府的属吏。［2］海昌：县名，故址在今浙江省海盐县南。［3］蒙赖：受利。赖，利。［4］伏匿：躲避赋税徭役而逃亡之人。［5］手下召兵：自己召募来的兵士。按“召”字可能是衍文。［6］利浦：即当利浦或当利口。见《周瑜传》注。

孙权任将军时，陆逊二十一岁，开始出仕将军府的幕僚，历任东西曹令史，外出到海昌县任屯田都尉，并兼管县里事务。海昌县连年大旱，陆逊打开仓谷来赈济贫民，又劝督农桑，百姓因此得到了利益。当时吴郡、会稽郡和丹杨郡有许多为躲避赋役而藏匿起来的人，陆逊请求给予方便，在那儿招募士兵。会稽郡山越首领潘临，早就在当地作乱，为害很大，好多年没有抓到。陆逊以自己招募来的兵士，前往征讨，深入险阻，所到之处，纷纷降服，而部曲也发展到二千余人。后鄱阳县贼首尤突作乱，陆逊又奉命去征讨他，被任命为定威校尉，屯军当利口。

权以兄策女配逊，数访世务，逊建议曰："方今英雄棋跱[1]，豺狼窥望，克敌宁乱，非众不济。而山寇旧恶，依阻深地。夫腹心未平，难以图远，可大部伍，取其精锐。"权纳其策，以为帐下右部督[2]。会丹杨贼帅费栈受曹公印绶，扇动山越，为作内应，权遣逊讨栈，栈支党多而往兵少，逊乃益施牙幢[3]，分布鼓角[4]，夜潜山谷间，鼓噪而前，应时破散。遂部伍东三郡[5]。强者为兵，羸者补户[6]，得精卒数万人，宿恶荡除，所过肃清，还屯芜湖。

[1] 棋跱：相持，对峙，不相上下。因棋局对峙为常见，便称对峙局面为棋跱。跱通“峙”。 [2] 帐下右部督：官名，孙吴置，掌宿卫。 [3] 牙幢（chuáng）：牙旗，军旗之一。一说将军之旗，竿用象牙装饰，所以叫牙旗。一说军前的大旗就叫牙旗。 [4] 鼓角：战鼓和号角。军中用以号令、报警或督阵助战。 [5] 东三郡：即指丹杨、新都、会稽三郡。这三郡为当时山越聚居之处。 [6] 羸（léi）：衰弱，瘦小。

孙权将兄长孙策的女儿许配给陆逊，陆逊多次访求当世事务，他向孙权建议说：“如今英雄对峙，豺狼之辈，伺机而动，要克敌制胜，平定内乱，兵众不多是难以成功的。可是山越为寇已久，他们凭依险阻，深入腹地。心腹之患不除，难以谋求发展，可以扩大军队，从中选拔精锐。”孙权采纳了他的建议，任命他为帐下右部督。这时丹杨郡贼首费栈接受曹操所封官号，煽动山越作乱，作为曹操的内应。孙权派陆逊征讨费栈，费栈的党羽很多，而陆逊带去的士兵却不多，于是陆逊就多布牙旗，分散鼓角，夜里潜入山谷之间，突然鼓噪呐喊进攻，山越即刻被击破逃散。于是陆逊就在东三郡扩大军队。山越中强壮的当兵，瘦弱的补入民户，这样陆逊得到精兵数万，之前作乱的人都被消除，经过之地乱贼肃清，于是回军屯驻芜湖。

黄武元年，刘备率大众来向西界，权命逊为大都督、假节，督朱然、潘璋、宋谦、韩当、徐盛、鲜于丹、孙桓等五万人拒之。备从巫峡、建平连围至夷陵界[1]，立数十屯，以金锦爵赏诱动诸夷，使将军冯习为大督，张南为前部，辅匡、赵融、廖淳、傅彤等各为别督，先遣吴班将数千人于平地立营，欲以挑战。诸将皆欲击之，逊曰："此必有谲，且观之[2]。"备知其计不可，乃引伏兵八千，从谷中出。逊曰："所以不听诸君击班者，揣之必有巧故也[3]。"逊上疏曰："夷陵要害，国之关限[4]，虽为易得，亦复易失。失之非徒损一郡之地，荆州可忧。今日争之，当令必谐，备干天常[5]，不守窟穴，而敢自送。臣虽不材，凭奉威灵，以顺讨逆，破坏在近。寻备前后行事[6]，多败少成，推之论之，不足为戚。臣初嫌之，水陆俱进，今反舍船就步，处处结营，察其布置，必无他变。伏愿至尊高枕，不以为念也。"诸将并曰："攻备当在初，今乃令入五六百里，相衔持经七八月，其诸要害皆以固守，击之必无利矣。"逊曰："备是猾虏，更尝事多，其军始集，思虑精专，未可干也。今住已久，不得我便，兵疲意沮，计不复生，掎角此寇[7]，正在今日。"乃先攻一营，不利。诸将皆曰："空杀兵耳。"逊曰："吾已晓破之之术。"乃敕各持一把茅，以火攻拔之。一尔势成[8]，通率诸军同时俱攻，斩张南、冯习及胡王沙摩柯等首，破其四十余营。备将杜路、刘宁等穷逼请降。备升马鞍山[9]，阵兵自绕。逊督促诸军四面蹙之，土崩瓦解，死者万数。备因夜遁，驿人自担，烧铙铠断后[10]，仅得入白帝城。其舟船器械，水步军资，一时略尽，尸骸漂流，塞江而下。备大惭恚，曰："吾乃为逊所折辱，岂非天邪！"

[1] 巫峡：巫峡首尾160里，在巫县境内。建平：东吴孙休在永安三年（260年）分宜都郡所置的郡名，夷陵之战时尚未有建平之名。这里可能是修史者

追书，也可能是传抄者将注文混杂入正文。巫县属建平郡。［2］“且观之”句：裴注引《吴书》说：各将都要迎击刘备，陆逊认为不可，说：“刘备举兵东进，锐气正盛，况且他据高守险，一下子难以进攻，攻战即使拿下，还是难以全胜，若有不利，损伤我军声势，不是小小的损失。现在只要褒奖将士，激励士气，多方施展谋略，来观察敌方动静。如这里是平原旷野，恐怕会有遭受失败之忧，如今刘备沿山布阵，军势不得施展，自己在山林之间疲于奔命，我们慢慢找出他们的弊端来制服他们。”各将不理解，以为陆逊畏惧刘备，各自心中愤怒。［3］巧故：诈伪的缘故。［4］关限：关卡边界。夷陵在西陵峡的东口，地扼三峡和长江最险要之处，为吴、蜀交界的重要关口，所以称为“国之关限”。［5］备干天常：刘备冒犯天理常规。干，冲犯、冲击。［6］寻：追溯，总括，探求。［7］掎角：意为夹击敌人。详见《张辽传》。［8］一尔势成：一下子造成有利的形势。一尔，一下子这么办。［9］马鞍山：在今湖北省宜昌市西北。与今安徽马鞍山同名异处。［10］铙：军用乐器，如铃，鸣之可止击鼓。铠：铠甲。

黄武元年（222年），刘备率领大军攻向东吴的西部边界，孙权任命陆逊为大都督，借给符节，督领朱然、潘璋、宋谦、韩当、徐盛、鲜于丹、孙桓等五万兵马抵御刘备。刘备从巫峡、建平郡（当时为宜都郡）连营直至夷陵一带，筑起几十个屯寨，用金银、锦缎、官爵等赏赐来引诱住各少数民族，派将军冯习为大督，张南为先锋，辅匡、赵融、廖淳、傅彤（tóng）等各为别督，先派遣吴班率领几千人在平地立营，准备向吴军挑战。东吴各将都想迎战蜀军，陆逊说：“其中必有诡诈，暂时观察一下再说。”刘备觉得自己的计策不能实现，就把八千伏兵从山谷里撤出。陆逊对各将说：“我所以不听从各位迎战吴班的主张，是估计到他们必有诈伪的缘故。”后来，陆逊上奏章给孙权说：“夷陵地处要害，国家边关门户，虽说是收复容易，不过也容易再丢失。丢失了它不仅是白白地失去一郡之地，而是整个荆州就会令人担忧了。今日与他争夺这块地方，一定要马到成功。刘备冒犯天理常规，不老老实实守住自己的老巢，居然胆敢前来送死。我虽不才，但是凭您的神威，顺从天意民心来讨伐叛逆，他们末日已近。我研究了刘备前后行军作战的情况，他是失败居多，成功机会很少，以此推论，不足为忧。开始，我还担心他水陆两路同时并进，今天反而离船登陆，处处设营，分散兵力，我观察他的部署安置，必无其他变动。请您高枕无忧，不要为此挂念了。”将领们都说：“应在一开始就攻打刘备，今天竟使他深入国土纵深五六百里，相互对峙达七八个月，那些险要之处他们都筑营固守，现在进击他必定对我们不利了。”陆逊说：“刘备是狡猾的敌人，加上阅历丰富，他的军队刚积集时，考虑十分精细周密，不可冒犯。现在，他们驻扎已久，没有得到便宜，兵士疲惫，士气低落，再无好的计谋，夹击这种敌人，就在今天。”于是先攻击刘备的一个营寨，失利。将领们都说：“白白地让士兵送死罢了。”陆逊说：“我已晓得破敌之术。”就命令士众各拿一把茅草，用火攻的方法攻拔蜀军营寨。一下子造成了有利的战机，陆逊率军全面出击，斩杀张南、冯习及少数民族首领沙摩柯等，攻破敌营四十余座。刘备的将领杜路、刘宁等被追军逼得走投无路，请求投降。刘备登上马鞍山，陈兵环绕山下。陆逊督促各路兵众四面围攻，步步进逼，刘备军队土崩瓦解，战死的达万人。刘备乘夜逃遁，让驿站人员自担溃兵丢下的铙铠，在各隘口焚烧，来隔断追兵，才保得进入白帝城。刘备的舟船器械和水陆两军的物资，一时间丧失殆尽，整个江面尸体漂浮，顺流而下。刘备十分羞愧恼怒，说：“我居然被陆逊所辱，难道不是天意吗！”

初，孙桓别讨备前锋于夷道，为备所围，求救于逊。逊曰：“未可。”诸将曰：“孙安东公族[1]，见围已困，奈何不救？”逊曰：“安东得士众心，城牢粮足，无可忧也。待吾计展，欲不救安东，安东自解。”及方略大施，备果奔溃。桓后见逊曰：“前实怨不见救，定至今日[2]，乃知调度自有方耳。”

[1] 公族：孙桓是安东中郎将，所以被称为“孙安东”。其父孙河，本姓俞，孙策赐姓为孙，列入属籍，所以这里称孙桓为“公族”。 [2] 定至今日：直到今天。胡三省说：“言至今日而事始定。”

初战时，孙桓另率军讨伐刘备的前锋部队，在夷道县遭刘备围困，向陆逊求救。陆逊说：“不行。”将领们说：“安东中郎将是公族，被敌围攻，处境困难，为何不救？”陆逊回答说：“安东得到士众的拥护，城池牢固，粮食充足，不用为他担忧。等我计策施展，准备不去救援安东，他那里的围困也会自动解除。”等到陆逊的谋略完全实施时，刘备果然全军崩溃，四散逃奔。后来，孙桓去见陆逊，说：“以前我确实埋怨您见死不救，直到今天，才知您调度有方啊！”

当御备时，诸将军或是孙策时旧将，或公室贵戚，各自矜恃，不相听从。逊案剑曰：“刘备天下知名，曹操所惮，今在境界，此强对也[1]。诸君并荷国恩，当相辑睦，共翦此虏，上报所受，而不相顺，非所谓也[2]。仆虽书生，受命主上。国家所以屈诸君使相承望者[3]，以仆有尺寸可称[4]，能忍辱负重故也。各在其事，岂复得辞！军令有常，不可犯矣。”及至破备，计多出逊，诸将乃服。权闻之，曰：“君何以初不启诸将违节度者邪？”逊对曰：“受恩深重，任过其才。又此诸将或任腹心，或堪爪牙，或是功臣，皆国家所当与共克定大事者。臣虽驽懦[5]，窃慕相如、寇恂相下之义[6]，以济国事。”权大笑称善，加拜辅国将军，领荆州牧，即改封江陵侯。

［1］强对：强大的对手，强敌。［2］所谓：就难说了，就不是说说而已。［3］承望：顺从。［4］尺寸可称：有小小的长处可以称道。尺寸，形容短小。［5］驽懦：比喻才能低劣，性情怯懦。这里是陆逊自谦之词。［6］相如：蔺相如，战国时赵国上卿，名将廉颇不服，宣称要是见到相如，必辱之。相如自此躲避他，后有“负荆请罪”的故事，两人结友，共辅赵王。寇恂：东汉初颍川太守，执金吾贾复时在汝南，他部将杀人被寇恂捕杀，贾复记恨，扬言见到寇恂要杀了他。寇恂躲避，不与相见。光武帝知后替他俩和解。

当陆逊奉命抵御刘备时，陆逊军中将领们有的是孙策时的旧将，有的是王室的贵戚，他们都很骄傲自负，不听从调遣。陆逊手按佩剑，严肃地对他们说：“刘备是天下知名人物，连曹操都怕他，如今在边界，这是一个强敌。诸君都深受国恩，应当和睦团结，共灭强敌，报答朝廷的恩德，但是不服指挥，不听调遣，就不好说了。我虽是书生，但是受主上的命令。朝廷之所以委屈诸君让大家听从我，是因为我有一点长处可以称道，就是能忍辱负重。各在其位，各负其职，怎能再推卸责任！军令为军中常制，不可违犯了。”等到打败了刘备，知道破刘的计谋多数出于陆逊，众将才心悦诚服。孙权了解这件事后，对陆逊说：“你当初为什么不把众将不受约束、不听指挥的事告诉我呢？”陆逊回答说：“我受恩深重，任职超过了自己的才能。再说这些将军有的是您左右亲随，有的堪称国家武臣，有的是功臣，都是国家能与他们共商大事、完成统一大业的人。我虽然才疏学浅，懦弱无能，但内心思慕蔺相如、寇恂那种甘居下风、暂时忍辱的道德行为，来共成大事。”孙权听了一边大笑，一边说好，又加官任他为辅国将军，兼任荆州牧，随即改封为江陵侯。

又备住白帝，徐盛、潘璋、宋谦等各竞表言备必可禽。乞复攻之。权以问逊，逊与朱然、骆统以为曹丕大合士众，外托助国讨备，内实有奸心，谨决计辄还。无几[1]，魏军果出，三方受敌也[2]。

[1] 无几：没过多久，不久。 [2]“三方受敌”句：指哪三方不详。裴注引《吴录》说：刘备听魏军大出，写信给陆逊说：“魏军已在江陵（应为江、汉），我准备再次东进，您说这样行吗？”陆逊给刘备复信说：“只不过担心您新近战败，创伤没有恢复，刚遣使通好，况且您应好好补养，没有空穷兵黩武吧！如不好好计划，又要率残兵败将，老远地送到我这里，那么，无处逃命了。”

又有，刘备住在白帝城时，徐盛、潘璋、宋谦等竞相上表奏说刘备可以活捉。请求再发动进攻。孙权便问陆逊，陆逊与朱然、骆统认为曹丕大肆集合兵众，表面上托言帮助我们讨伐刘备，骨子里确实包藏祸心，应谨慎地决策，立即就撤军回去。不久，魏军果然出动，东吴三方受敌。

备寻病亡，子禅袭位，诸葛亮秉政，与权连和。时事所宜，权辄令逊语亮，并刻权印，以置逊所。权每与禅、亮书，常过示逊，轻重可否，有所不安[1]，便令改定，以印封行之。

[1] 不安：这里指不妥，不当，不贴切。

不久，刘备病死，儿子刘禅即位，诸葛亮秉政，与孙权结为盟好。根据当时的需要，孙权就让陆逊全权代表自己与诸葛亮谈判，并刻了自己的御玺，放在陆逊的驻地。孙权每给刘禅、诸葛亮写信，常常送过来让陆逊看看，言语轻重与否，如有不妥之处，便令更改定稿，用驻地的御玺加封后发往蜀汉。

黄龙元年，拜上大将军、右都护[1]……

赤乌七年，代顾雍丞相……

先是，二宫并阙[2]，中外职司，多遣子弟给侍。全琮报逊，逊以为子弟苟有才，不忧不用，不宜私出以要荣利[3]；若其不佳，终为取祸。且闻二宫势敌[4]，必有彼此[5]，此古人之厚忌也。琮子寄，果阿附鲁王，轻为交构[6]。逊书与琮曰："卿不师日磾[7]，而宿留阿寄[8]，终为足下门户致祸矣。"琮既不纳，更以致隙。及太子有不安之议[9]，逊上疏陈："太子正统，宜有磐石之固，鲁王藩臣，当使宠秩有差，彼此得所，上下获安。谨叩头流血以闻。"书三四上，及求诣都，欲口论適庶之分，以匡得失。既不听许，而逊外生顾谭、顾承、姚信，并以亲附太子，枉见流徙。太子太傅吾粲坐数与逊交书，下狱死。权累遣中使责让逊，逊愤恚致卒，时年六十三，家无余财。

[1] 上大将军、右都护：均为官名。上大将军，孙吴黄龙元年初置，位在三公之上。又置左右都护。都护总领内外军事。 [2] 二宫：指太子孙和的东宫和孙霸所居的鲁王宫。这里代孙和和孙霸。阙：宫殿。 [3] 私出：私自凭关系钻营求取官职。 [4] 势敌：势均力敌。 [5] 必有彼此：一定产生矛盾，争夺天下。 [6] 交构：相互构陷。 [7] 不师日磾（mì dī）：不学金日磾。金日磾为匈奴王休屠之子，休屠王以不降被杀。日磾与母亲、

弟弟一起没入宫。后因善养马，被汉武帝信用，任侍中驸马都尉、光禄大夫。金日磾儿子为武帝的弄儿（供人玩弄的幼童），行为不谨，日磾恨他淫乱，就怒而杀子。［8］宿留：纵容包庇。［9］不安：心中不安。指太子担心弟弟鲁王孙霸有夺嫡之心而不自安。

黄龙元年（229年），孙权任命陆逊为上大将军、右都护……

赤乌七年（244年），孙权让陆逊代顾雍为丞相……

早先，太子孙和与鲁王孙霸并立，两宫的内外事务，大多派宗室或王室姻亲的子弟充任。全琮把情况告诉陆逊，陆逊认为这些子弟如有才能，不用担心不被任用，但不宜于私自凭借关系钻营来求取荣华富贵；如他没有什么能力，最终要招致祸害。况且听说太子和鲁王势均力敌，必定生事，争夺高下，这种事古人也是很忌避的。全琮的儿子全寄，果然奉承讨好鲁王，轻率地参与两宫相互构陷之事。陆逊得知后，写信给全琮说："您不学金日磾，而包庇纵容阿寄，最终要给您家门招惹祸患了。"全琮既不听陆逊的劝告，还因此结了怨恨。等到太子孙和产生了不安的想法后，陆逊上奏章陈述说："太子是正统，应坚如磐石，鲁王是藩臣，理当使宠爱与官秩有所区别，彼此各得其所，上下得到安宁。我叩头流血，谨以此上闻。"写这样的奏章上达三四次，甚至要求进京面奏，论说嫡庶之分，以匡正得失之误。孙权没有听从，而且陆逊的外甥顾谭、顾承、姚信，都以亲附太子的罪名遭冤屈，被流放。太子太傅吾粲因与陆逊书信交往几次而犯了罪，下狱处死。孙权多次派宫中使者来责备陆逊，陆逊愤怒致死，死时年六十三岁，家无余财。

陈稼禾（1944—1991）

上海人，北京大学历史系毕业，原上海古籍出版社历史编辑室主任。

名家精译史学经典

《国语选译》
《战国策选译》
《左传选译》
《史记选译》
《汉书选译》
《后汉书选译》
《三国志选译》
《资治通鉴选译》